U0734952

新世纪

全国普通高等院校公共课"十二五"规划教材

# 大学生职业发展与规划

## Daxuesheng Zhiye Fazhan Yu Guihua

主编 陈炜 黄跃鹏

副主编 陈争平 林奇清 林梁效 梁瑜华

大连理工大学出版社

**图书在版编目(CIP)数据**

大学生职业发展与规划 / 陈炜,黄跃鹏主编. — 大连:大连理工大学出版社,2012.9(2016.7重印)
全国普通高等院校公共课"十二五"规划教材
ISBN 978-7-5611-7260-5

Ⅰ. ①大… Ⅱ. ①陈… ②黄… Ⅲ. ①大学生-职业选择-高等学校-教材 Ⅳ. ①G647.38

中国版本图书馆 CIP 数据核字(2012)第 203792 号

大连理工大学出版社出版
地址:大连市软件园路 80 号  邮政编码:116023
发行:0411-84708842  邮购:0411-84708943  传真:0411-84701466
E-mail:dutp@dutp.cn  URL:http://www.dutp.cn
大连业发印刷有限公司印刷    大连理工大学出版社发行

幅面尺寸:185mm×260mm    印张:13    字数:284 千字
印数:22501~25000
2012 年 9 月第 1 版    2016 年 7 月第 6 次印刷

责任编辑:李作鹏    责任校对:白 雪
封面设计:张 莹

ISBN 978-7-5611-7260-5    定 价:28.00 元

# 前 言

《大学生职业发展与规划》是新世纪应用型高等教育教材编审委员会组编的全国普通高等院校公共课"十二五"规划教材之一。

近年来,大学生就业一直困扰着众多的学生、家长和学校,也引起了教育主管部门、人力资源管理部门的高度重视。2007年12月,教育部颁布了《大学生职业发展与就业指导课程教学要求》(以下简称《课程教学要求》),对课程性质与目标、主要内容、课程设置、教学模式、教学评估、教学管理与条件支持等做出了明确的规定,提倡各高等院校把大学生职业发展与规划课程纳入教学计划。因为科学的职业生涯规划不仅能够帮助大学生正确认识自己、合理定位,提高职业竞争力,发掘自身的潜能,而且还有利于帮助大学生树立正确的人生观和价值观,促进个体的全面发展。

《大学生职业发展与规划》和《大学生求职与创业指导》这一丛书是由厦门大学嘉庚学院、福建师范大学协和学院和华侨大学厦门工学院等多所福建省独立学院一线的就业指导教师,在总结多年来开展大学生职业发展和就业指导的教学经验和个体咨询经验,以及吸收和借鉴国内外大量素材的基础上,严格按照《课程教学要求》精心编写而成的。本丛书主要介绍大学生职业生涯规划的基本理论知识,职业规划的基本技能和方法,帮助学生树立科学合理的职业规划理念。在教材编写过程中,编者注重把理论介绍和实际演练相结合,在普通案例中阐明深层的理论内涵,力图做到既有较好的可读性,同时又有理论深度,避免经验之谈。

作为丛书之一,《大学生职业发展与规划》分为三篇九讲。第一、二讲为生涯认知篇,介绍职业生涯的基本理念和理论,阐述大学生涯规划方法的轮廓;第三讲至第七讲为生涯探索篇,采用测评与理论阐述相结合的方式,以"未来职业预测"为指导目标,帮助大学生结合自己个性和专业特点初步探索拟定的职业目标;第八、九讲为生涯规划篇,旨在帮助大学生明确职业发展任务和目标,合理规划

新世纪

学习和生活。

《大学生职业发展与规划》由陈炜、黄跃鹏担任主编,负责拟订全书大纲,并进行最终的统稿;陈争平、林奇清、林梁效、梁瑜华担任副主编并协助主编进行统稿工作。具体编写分工为:陈炜编写第一讲、第二讲;林梁效编写第三讲、第四讲、第六讲;李航编写第五讲;黄俊毅编写第七讲;梁瑜华编写第八讲、第九讲。

在本教材的编写过程中,我们参阅并吸收了国内外大量研究成果和文献资料,在此谨对这些成果的作者致以诚挚的谢意。同时,对大连理工大学出版社的大力支持表示感谢。由于水平有限,书中疏漏与不足之处在所难免,敬请广大读者和同仁提出宝贵意见。

编　者

2012 年 9 月

所有意见和建议请发往:dutpbk@163.com

欢迎访问教材服务网站:http://www.dutpbook.com

联系电话:0411-84708445　84708462

# 目录

## 第一篇 生涯认知篇

第一讲 职业规划是什么？——认识职业规划 …………………………… 3

第一节 职业生涯规划相关概念 …………………………………… 4

第二节 职业生涯规划的意义 ……………………………………… 6

第三节 大学期间生涯规划的方法 ………………………………… 12

第二讲 如何选择职业？——职业选择与择业指导理论 ……………… 22

第一节 特性与因素理论 …………………………………………… 23

第二节 个性—职业类型匹配理论 ………………………………… 24

第三节 发展理论 …………………………………………………… 27

第四节 社会学派职业指导理论 …………………………………… 32

## 第二篇 生涯探索篇

第三讲 你适合做什么？——人格特征探索 …………………………… 37

第四讲 你喜欢做什么？——兴趣探索 ………………………………… 100

第五讲 你能做什么？——职业技能探索 ……………………………… 117

第六讲 你想做什么？——价值观探索 ………………………………… 143

第七讲 社会需要什么？——工作环境探索 …………………………… 148

## 第三篇 生涯规划篇

第八讲 你的理想自我是什么？——生涯目标的拟定与决策 ………… 173

第一节 理想自我与职业生涯目标的拟定 ………………………… 174

第二节 大学生职业生涯目标的拟定 ……………………………… 178

第三节 大学生职业生涯的决策 …………………………………… 180

**第九讲　如何实施生涯规划？——大学生生涯规划的实施方案** ·················· 191

第一节　制定生涯规划的实施方案 ·················· 191

第二节　把握职业生涯的方向——职业决策平衡单 ·················· 195

第三节　自我定位　规划人生 ·················· 198

**参考文献** ·················· 202

# 第一篇　生涯认知篇

# 第一讲
## 职业规划是什么？——认识职业规划

人要有生活的目标，一辈子的目标，一段时期的目标，一个阶段的目标，一个月的目标，一个星期的目标，一天的目标，一个小时的目标，一分钟的目标。

——列夫·托尔斯泰

## 学习目标

通过本章的学习，理解生涯规划的概念和重要作用；认清职业生涯规划和大学生涯规划的区别和联系；学习大学生涯规划的步骤和方法。提高对生涯规划意义的认识，从而积极地对自己的大学生涯及职业发展生涯进行探索和规划。

## 开篇案例

回想迈入大学的那个夏末，我怀着对大学、对未来无限美好的憧憬步入了美丽的大学校园。今天，夏日微风将心中记忆打开，引起我回味四年的经历和成长旅程。

大学里有成长的艰苦，也有奋斗后的快乐。大一，疯狂参加社团活动。大学丰富的社团活动为我创造了一个实现自己愿望的平台。参加话剧社和报社，每天都把时间排得满满的，忙而不乱，乐在其中。心在向前，脚步在向前，生活没有顾虑也没有忧虑，很快乐。

大二，学会管理，有了责任和压力。人说压力和责任是孪生兄弟，有责任的人必然会有压力。进入大二，我成了社团领导，没有什么经验，只是有一颗充满热情的心和自己的很多构想。有过很多挫折，但因为有目标，因为有憧憬，还是一路风雨无阻地走了过来。那时候晚上我经常11点才回宿舍，大家都睡了，我在窗外透过来的微弱灯光中吃个面包和火腿肠，那就是我的晚饭。在压力中成长，虽然有泪水，有汗水，但回忆起来却为自己心志的成长而高兴。

大三，加油学习。大一和大二忙碌而充实，想参加的活动都参加了。实现了自己的演员梦，也在各种舞台上展示了自己。大三专业课开始增加，我对自己所选的专业越来越感兴趣。一个有知识有修养的女性才是最美丽的，漂亮的外表仅是招牌，丰富的内涵才是实力。经历了大二的心志磨炼，大三我致力于增加自己的专业知识和提高文化修养上。

大四，寻找工作，自我定位。四年的大学学习生活，最终目标只有一个——找份好工作。最初感觉找工作不难,投份简历,公司面试,签就业协议,毕业去工作,感觉很简单也会很顺利。可实际上却困难重重。

我面试的第一家单位是渤海财产保险有限公司,怀着凑热闹的想法去面试,连简历都没有。可是,一切都是那样快,第二天就让我去上班。上班后,我发现工作没有意思,我们整天处理些很原始的工作,没有电脑,公司员工大多没有学历,第一次办公室的工作经历,没有工作方向,没有职业生涯畅想,没有对工作环境的期望,一句话——我没有工作目标。

于是,我就问自己:想找什么样的工作?我选择本专业还是选择营销工作?面对网上众多企业,我该选择哪个城市作为自己的起点?自己期望的工作环境是怎么样的?我开始思考,要选择自己喜欢的、适合自己的,把精力放在适合自己的方向上,效率也会很高。

接下来,在网上、在学校招聘会上投过很多简历,回应的却很少。在找工作的热情快要被消磨光的时候,我在网上聊天时遇到了曾经实习过的那个单位的主管。她给了我一个在天津工作的机会。

即将毕业,不能再指望别人为自己考虑什么,一切都要靠自己去承担,自己要对自己负责。可以说我的工作之路并不是很顺利,但我从来没有因为一次次的挫折而苦恼、而放弃自己的责任。我相信风雨后总会有彩虹,即使没有彩虹也会在雨后呼吸到新鲜的空气。

大学四年,经历了丰富多彩的生活,经历过了一个又一个小的插曲,这使得我在挫折中更加坚强,更加成熟。

### ◆ 问题导入

1. 读完以上的故事,你有哪些想法和体会?
2. 你认为故事中的主人公有哪些值得借鉴的成功经验?
3. 结合自己的情况,想想如何安排自己的大学生活?
4. 大学四年后毕业时,你想要收获什么?
5. 从现在开始,你要怎样去实现自己的大学目标?

# 第一节 职业生涯规划相关概念

职业生涯规划起源于西方。1908年,美国波士顿大学教授帕森斯(F.Parsons)在波士顿创建职业指导局。他提出了"选择一项职业"要比"找一份工作"重要的理念,并设计了职业辅导的步骤。而在我国内地,从第一本系统阐述职业生涯规划的专著问世并在企业中应用至今,仅仅是最近十年的事情。随着社会政治、经济、文化的发展,社会对个人素质的要求逐渐提高,人们越来越重视职业生涯规划,同时也引起了国内外学者的广泛研究兴趣。

## 一、职业

美国社会学家赛尔兹认为，职业是一个为了不断取得个人收入而连续从事的具有市场价值的特殊活动；姚裕群认为，职业是指人们从事的相对稳定的、有收入的、专门类别的工作。这些界定强调了职业满足个体物质要求、维持个体生命与生活的功能，突出了活动与报酬的交互性。

我国管理专家程社明认为，职业是"参与社会分工，利用专门知识、技能为社会创造物质财富、精神财富，获取合理报酬作为物质生活来源，并满足精神需求的工作"。他强调职业的个人与社会、知识技能与财富创造、财富创造与获得报酬、工作与生活四种关系。他兼顾了职业对个人与社会的物质和精神功能，但对从事职业的主体缺乏明确的界定，对职业的时限特征缺乏必要的说明。

综上所述，职业的合理界定应包括从事职业的主体、职业的个体与社会功能、职业的时限以及职业的性质等要素。由此可知，职业是指导具备劳动能力的个体，运用自身的知识、技能，从事社会生产或服务，为社会创造物质财富与精神财富，并获取合理的个人报酬，以满足自身的物质与精神需求的持续性活动。

## 二、职业生涯

目前对职业生涯的含义还没有统一的认识，不同的学者从不同的角度对它进行了界定。法国的权威词典将职业生涯界定为"表现为连续性的分阶段、分等级的职业经历"。美国学者雷蒙德. A. 诺伊（Raymond A. Noe）认为职业生涯是指一个人一生经历的与工作相关的经验方式，工作经历包括职位、职务经验和工作任务；罗斯·威尔（Willian J. Roth Well）和思莱德（Henry J. Sredl）将职业生涯界定为人的一生中与工作相关的活动、行为、态度、价值观、愿望的有机整体；我国有学者认为，职业生涯是一个人一生中所有与职业相联系的行为与活动，以及相关的态度、价值观、愿望等连续性经历的过程，也是一个人一生中职业、职位的变迁及工作理想的实现过程。

我们也可以将职业生涯理解为"一个人在其一生中所承担职务的相继历程"。它有几方面的重要含义：

（1）职业生涯是个体的概念，是指个体的行为经历，而非群体或组织的行为经历。

（2）职业生涯是一个系统的动态过程，是一个人一生中在各种职业岗位上所度过的整个经历。简单地说就是指一个人终身的职业经历。

（3）职业生涯不仅仅是一个行为活动的过程，还需要强调态度、价值观等方面。要充分了解一个人的职业生涯必须从主观和客观两方面理解：表示职业生涯客观特征的概念是"外在职业生涯"，是指一个人在工作阶段进行的各种活动和表现的各种举止行为的连续体；"内在职业生涯"则表示职业生涯的主观特征，涉及一个人的价值观、态度、需要、动机、气质、能力、发展取向等。

（4）职业生涯受多方因素的影响。例如，自己对职业生涯的设想与计划、与自己有关系的人的理解与支持、组织的需要与人事计划、社会环境的变化等都会对职业生涯有所影响。因此，职业生涯可以看做是多方面因素相互作用的结果。

### 三、大学生职业生涯规划

职业生涯规划就是指个人和组织相结合，在对一个人职业生涯的主客观条件进行测定、分析、总结、研究的基础上，确定其最佳的职业奋斗目标，并为实现这一目标作出行之有效的安排。

职业生涯规划一般包括自我剖析、目标设定、目标实现策略、反馈与修订四个方面内容。在自我剖析的基础上，设立明确的职业目标。目标实现策略是指通过各种积极的具体行动和措施争取职业目标的实现。反馈与修订是在实施职业生涯目标的过程中，根据实际情况自觉地总结经验和教训，修正对自我的认知和对职业目标的界定。

职业生涯规划要根据自身的现实条件，决定职业选择的外界机遇、制约因素以及对机遇与制约因素发展变化的预测，确定自己的职业方向、职业目标，选择职业生涯发展道路，制订发展计划、学习计划及实现职业生涯目标的具体行动方案，包括行动的具体策略与进程等。它要求根据自身的兴趣、特点，详细估量内外环境的优势和限制，将自己定位在一个最能发挥自己长处的位置来选择最适合自己能力的事业。从这个意义上来说，最初的专业选择和最初的职业选择最为关键。大学时期正是个人职业生涯最早的学习探索阶段，在这一时期内，个人要认真地探索各种可能的职业选择，对自己的天资和能力进行现实的评价，并根据未来的职业选择做出相应的教育决策，并最终完成自己的初次就业。因此，要在大学里开展职业指导工作，让大学生对自己、对未来、对职业都有明确的认识，只有尽早开展科学的职业生涯规划，才能使他们掌握自己未来的命运。

大学生职业生涯规划属于个人职业生涯规划的范畴，其规划主体是大学生。大学生是一个特殊的群体，具有高素质、宽见识、年轻化、高期望值以及心智逐渐成熟等特点，因此，其职业生涯规划过程应体现出这些特点。大学生职业生涯规划是指大学生根据自身情况，结合发展机遇，对决定个人职业生涯的主客观因素进行分析、测评、总结，确定其事业奋斗目标，选择合适的职业，制定相应的教育和培训计划，并对每一步骤的时间、顺序和方向做出合理的安排。通过大学生的自我认识，进行自我肯定和自我成长，最终达到自我实现的个人发展过程。总的来说，大学生职业生涯规划具有个性化、连续性、预期性、系统性、目标性等基本特点。

# 第二节　职业生涯规划的意义

## 一、明确大学任务

大学生涯既需长远的方向性规划，也要有阶段性的具体打算，应针对不同年级的任务和特点有侧重地去规划，目的是为四年后的就业或继续求学打好基础。

### (一)大学规划的基本要点

#### 1.具备规划的意识

大学阶段短暂而重要。大学四年，如果只是上网、打球、交友，等到面临就业的时候，就会体会到竞争的残酷,大学阶段如果不做好自身的职业发展规划,那么进入社会之后将要消耗更多的时间和精力来弥补。

因此,同学们要有强烈的大学规划与设计的意识,在知己的基础上,审时度势,规划自己的职业生涯,确立自己的职业目标。在目标的指引下,积极完善自己的性格、锻炼自己的能力、培养自己的综合素质,为自己职业生涯的成功打下良好的基础。

**2. 发挥个人特长**

大学规划不是千篇一律,一定要结合个人的特点,不盲从、不跟风。进行大学规划,事先一定要了解自己的兴趣、性格、理想与价值观等,分析自己的长处与弱项,在此基础上设计符合自身条件的大学生涯发展规划。

**3. 结合所学专业领域**

大学四年的学习主要是为实现专业目标而安排的,每个专业都有自己的培养目标、相应的就业领域。因此,大学规划与设计一定要立足于自己所学的专业。

**4. 注意全程性和变动性**

进行大学规划和设计时必须考虑到生涯发展的全过程,否则就不是一个有效的设计。由于事物都是发展变化的,这就要求设计一定要有弹性和缓冲性,以适应未来各方面因素的变化。并且,大学规划的每一步都要具体可行、操作方便,这样才有利于一个个小目标的实现,最终实现人生的大目标。

**5. 广泛征求意见**

大学规划与设计对同学们职业生涯发展非常重要,因此,在进行大学规划时一定要谨慎,不能马虎从事。大学生由于社会阅历少等原因对社会的了解有一定的片面性,因此,在进行大学规划与设计时,多方面征求意见就显得非常必要,而家长、老师与亲朋好友等,就是很好的咨询对象。

**(二)大学阶段的主要任务**

大学四年的规划,就是一个不断攀爬"金字塔"的过程,不同年级都有阶段性的目标与任务,同学们在学习的不同阶段,要针对学业能力及职业生涯发展阶段的特征,进行针对性的规划,打好基础。

在大学的"金字塔"中,大一是"探索期",要对大学四年的学习生活有一个初步的认识和合理的规划,对未来的职业发展方向做好定位;大二是"提升期",注重夯实基础,分析自我优势和局限性,进行自我完善和塑造;大三是"准备期",根据职业目标和社会需求,学习与实践各种职业发展技能,做好求职择业的准备;大四是"冲刺期",即将开启职业大门,应厚积薄发,一鼓作气,为职业生涯的发展开个好头。

**1. 大一——探索期**

(1)阶段目标:适应大学生活,确立规划意识。

(2)实施策略:

①适应大学生活,树立新的奋斗目标。如果之前的努力是尽力考上大学,那么现在的任务就是为了以后的就业和职业发展作准备。

②完成从高中生到大学生的角色转换。虚心请教老师、师兄、师姐,积极参与集体活动,建立新的人际关系圈。熟读学生手册,关注辅修专业和第二学位的申请条件,保证较

好的学习成绩。

③开启自我和职业的探索,树立职业规划意识。通过职业测评等工具全面客观地探索自己,思考有哪些职业与自己所学的课程、专业相吻合,通过互联网、报纸杂志和访谈等渠道进一步了解这些职业。

**2. 大二——提升期**

(1)阶段目标:确定主攻方向,培养综合素质。

(2)实施策略:

①虚心请教师长和校友,根据自己发展意愿选定专业和主攻方向。

②建立合理的知识结构,注重专业能力的培养,参加英语等工具性证书的考试。

③积极参加学生会或社团工作,培养自己的组织协调能力和团队合作精神,提升自己的综合素质。

④尝试兼职、实习等,积累一定的职业经验。

**3. 大三——准备期**

(1)阶段目标:提升求职技能,做好职业准备。

(2)实施策略:

①加强专业知识学习的同时,取得与职业目标相关的职业资格证书。

②增强兼职、实习的职业针对性,积累对求职择业有利的实践经验。

③扩大校内外交际圈,加强与校友、职场人士的交往,提前参加校园招聘会,与用人单位招聘人员进行沟通。

④学习求职技巧,学习制作简历、求职信,了解面试技巧和职场礼仪。

**4. 大四——冲刺期**

(1)阶段目标:充分掌握资讯,实现毕业目标。

(2)实施策略:

①留意学校就业中心的通知和其他重要的招聘渠道,不要遗漏关键的招聘信息。

②登录招聘单位网站或通过咨询、访谈等方式,了解招聘单位的相关信息,为面试做好准备。

③选择实用性高的毕业设计(论文)题目,借此证明自己的应用研究能力。

**课堂阅读**

## 大学四年必做的十件事情

1. 掌握一定的专业知识,这是自己的立足之本。

2. 至少要认真阅读 100 本好书。这些书包括中外名著、名人传记、成功学等方面的书籍。

3. 取得几个必要的证书。如英语、计算机等级证书以及专业技能方面的证书。

4. 要有运动的习惯。运动能使人健康、快乐、减少压力、丰富课余生活、保持好的身材等。

5. 充分利用图书馆和互联网,通过它们帮助自己增长知识、开阔视野。

6.学会解决生活中的种种事情，自己解决不了的，要学会向他人求助。

7.好朋友是一生的财富，不要忘了多结交朋友，并和他们保持联系。找一位师兄或师姐或老师，当你生活、学习的向导。

8.每学年至少参加一次与专业有关的活动，检验并以此提升自己的专业水平。

9.每年至少参加一次社会实践活动，了解社会，锻炼自己各方面的能力。

10.最好每学期到人才招聘会或者人才市场上去看看。知道社会、用人单位需要什么样的人才，查找自己有哪些方面不足，进而努力完善自己。

## 二、探索职业道路

德国著名作家克雷洛夫曾经说过："现实是此岸，理想是彼岸，中间隔着湍急的河流，行动则是架在这河流上的桥梁。"再美好的理想，也只能是一种向往，而不是现实。要把理想变成现实，必须从现在做起，从身边的小事做起。

成才之路总是和职业联系紧密，"求学"也是"求职"的前提和基础，在成长的道路上，目标的确定、时间的安排、素质的拓展都是至关重要的规划内容。

### (一)管理好自己

大学的意义在于学会认知(Learn to know)、学会做事(Learn to do)、学会共同生活(Learn to live together)、学会生存(Learn to be)。

认知方面，在学习知识的同时要学会如何学习，如何认真把握学习的方向，如何利用学校教育来开发自己的潜能，增强解决问题的能力。

学习方面，要学会安排自己的时间。大学中，很多时间都是学生自主安排的，要学会统筹规划，把学习、做作业、锻炼身体、娱乐及休息时间安排好。

生活方面，要学会共同生活。大学生活既是集体生活，也是独立的生活，必须树立正确的生活观念，有序生活，有益娱乐，有度交往，怀着宽容和理解的心去处理生活中的各种小摩擦、小矛盾。

思想方面，要注意全面发展，即身心、智力、责任感、精神、价值观等方面的协调发展；具备掌握自己命运所需的基本能力，即思考、判断、想象、表达、情绪控制和社会交往等方面的能力，不断提升自身综合素质，获得未来职业发展的通行证。

### (二)提升竞争力

成才、成功的关键在于竞争力。竞争力是大学生职业生涯中参与职业活动所必需的、最基本的能力。竞争力必须具有普遍的适应性和广泛的可迁移性，其影响辐射到行业通用技能领域和专业特定技能领域，对大学生的终身发展和终身成就影响深远。

人才的竞争越来越激烈，大学生自身的综合素质成为决定其能否顺利就业的关键因素。如美国宝洁公司招人打破专业限制，不管学文、理、医、工，也不管专业，只要符合招聘条件都能被录用。他们的观点是：在技术和素质关系问题上，素质起决定性作用。他们认为有优良素质就能很快掌握好技能；反之，一个技术熟练的人没有良好的素质将不会有什么发展潜力，在两者不可兼得的情况下，公司首选素质优良的人才。这就要求同学们必须正确认识自己，并根据社会需求来调整自己的知识结构和综合素质，在校期间不但要学好科学文化知识,同时还应努力提高自身竞争力,为顺利就业创造条件。

**1. 文字表达能力**

在现代职场中,一个文字表达能力差的人,将很难胜任工作,更别提取得多大成就了。因此,同学们应该充分意识到提高自己文字表达能力的迫切性和重要性,抓住机遇,刻苦学习、勤于练笔,即使学校尚未开设有关的写作课程、不能提供必要的机会,也应该抓紧时间去研读有关著作和范文,多做练习,使自己的文字表达能力得到相应的锻炼和提高。

**2. 人际交往能力**

良好的人际关系,是成功的保证。在搞好专业学习的同时,同学们应该注意培养自己的人际交往能力,积极参与人际交往活动,既可以充分地展示自我,也能够培养自身的综合素质。在人际交往过程中,一定要诚实守信、尊重他人,学会用一颗宽容的心去包容别人,当你用真诚打动了别人的时候,别人也会同样地对待你。

**3. 组织管理能力**

虽然毕业后不可能马上走上领导岗位从事管理工作,但是,在未来的工作中将会不同程度地参与组织管理工作。组织管理能力,是现代社会对人才提出的基本要求。

在大学学习生活中,同学们必须有意识地锻炼自己的组织管理能力。小到一个宿舍的"舍长",大到学生会主席,都可能使你的组织管理能力得到一定程度的锻炼。同时还可以积极倡导组织一些集体活动,如举办舞会、开展友谊赛等创造各种机会锻炼和提升组织管理能力,在此过程中可以取长补短,接受同学的建议,发现自己的缺点。

**4. 开拓创新能力**

所谓创新能力就是人们产生新认识、新思想和创造新事物的能力。创新能力涉及一个人的多种能力,如认识能力、观察能力、记忆能力、判断能力、分析能力、想象能力、实验能力、自学能力、吸收知识能力、信息素养等,是一个人综合能力的具体体现。大学生创新意识和创新能力的高低,直接决定了竞争力的强弱。

那么应该如何培养创新能力呢?这就要求大学生必须做到以下几个方面:

(1)积累知识,增加才干。没有知识的积累,缺乏必要的才干,开拓创新则无从谈起。同学们的知识和经验积累得越多,开拓创新的能力就会越旺盛,这样才能接受新思想,吸纳新知识,抓住新机遇,创造新成果。

(2)发挥想象,培养发散思维。想象力是创新的源泉,同学们在校期间应多涉猎一些有利于激发想象力的课程,如哲学、艺术等,培养和激发自己的想象力。发散性思维又称为创造性思维,这是创新能力的集中表现。创造性思维方式就是采用创新方法,多角度、全方位、多层次地解决问题。

(3)从琐事做起,从身边做起。有的大学生缺乏创新进取的精神,集中地体现为"大事做不了,小事不愿做"。连身边的小事都不愿去做,还能创造什么大事儿呢?反之,对于大家习以为常的事情,同学们若能"花样翻新"、频出"奇招",久而久之,自然会形成"创新"的欲望和习惯。

**(三)设计职业路**

选择理想的职业是同学们普遍关心的问题,而职业理想是引导同学们走好人生道路的关键。体现人生价值的活动主要是职业活动与实践，大学期间，多参加与职业相关的实践活动，是未来走向职业成功的保障。

同学们在进行规划与设计的时候，不宜把轻松的专业、理想的职业当做追求享受的手段，而应把它当做一项可开创的事业，选择社会最需要的职业可以说是实现人生理想的一条重要的途径。从社会发展的角度看，往往哪里最有需要，哪里就最容易出成绩，就最能实现自我价值。

规划与设计大学生涯，还应树立正确的职业态度。良好的职业态度是人生成功的动力。同学们的潜力是无止境的，在职业活动中不断挖掘自身的潜力，发挥自己的才能，恪尽职守、认真对待，就一定会取得成功。哈佛大学的一项研究显示：成功的原因85%是由于态度，而仅有15%是由于专业和技术。因此，虽然我们无法预知生活和职业的各种情况和变化，但可以用良好的态度来适应变化。不管什么职业，只要用热情、进取的精神来对待，总会有收获的。

### 三、完成生涯规划

职业生涯规划不是简单地帮助同学们获得一份工作，更重要的是帮助同学们真正地了解自我、更好地挖掘自身潜能，在客观分析内在素质和外在环境的基础上科学规划人生，从而确定合理、可行的职业生涯发展方向和行动纲领。

#### （一）正确认识自我，坚定职业目标

中国有句古训："志当存高远"，这是勉励青少年在人生刚刚起步时就要树立宏图大志。无论做什么事，首先要确立目标，只有这样才会有清晰的前进方向和充足的动力及热情。怎样设定人生目标并通过努力达到目标，这就需要对自己的职业生涯做出合理规划，这是迈向成功的第一步。

有许多同学对自己了解不够，没有清晰地认识到自身的优势和劣势，在职业选择过程中，具有较大的盲目性，不切实际，这极易导致奋斗目标模糊、易变。通过有效的职业生涯规划，可以使学生认识到自身的个性特质、现有和潜在的资源优势，并进行对比分析，着力培养职业所需的特质，树立适合自身情况的职业发展目标和职业理想，从而规划自己的学习，指导自己的实践，制定合理的行动计划，并为获得理想的职业而去做各种准备。

#### （二）充分了解社会，提升个人竞争力

"物竞天择，适者生存。"当今社会处在变革的时代，到处充满着激烈的竞争。要想在这场激烈的竞争中脱颖而出，立于不败之地，职业生涯规划是最强大的武器和法宝。生活在"象牙塔"里的大学生们，常常因缺乏对社会和外部职业世界的了解，而不能适时、合理地调整职业目标和行动计划，进而在职业竞争中处于劣势。

在职业生涯规划的过程中，同学们需要不断地获取外部的信息，包括职业、组织、社会等多方面的信息。获得的外部信息越多，心理上的准备也就越充分，在规划自己未来发展的时候，也能够根据社会的需要并结合眼前利益和长远发展，有的放矢。

#### （三）实现自我价值，成就美好人生

马斯洛的需求理论指出，人的需要是由低级向高级层次推进的，即生理需求→安全

需求→友爱和归属的需求→受尊敬的需求→自我实现的需求。所有这些需求必须通过职业活动来实现。也就是说,我们可以通过一份合适的职业来获得生理、安全、友爱、归属、尊敬的需求,但我们更需要的是通过从事一份职业来发挥自己的潜力,实现自我价值。但仅仅有一份工作,并不能保证我们能实现所有的需求。由于社会的发展,竞争的不断加剧,令许多即将踏入社会的同学们手忙脚乱,不知何去何从。有效的解决方法就是进行职业生涯规划。正确的职业生涯规划,能为实现自我价值创造机会,并扬长补短,最终迈向成功。

# 第三节　大学期间生涯规划的方法

一般来说,大学生毕业的去向主要分就业、创业和深造等几种类型,这就是读大学的主要目标,也是学习的动力所在。大学生在基本确定好自己的毕业去向(生涯目标)之后,就应该根据这一目标,进行详细的规划。规划的主要方法可分为按内容规划和按时间段(阶段)规划,也可以以内容为主线来进行规划。到底选择哪种方法,可根据自己的具体情况而定。

## 一、确定职业生涯目标

### (一)生涯规划

生涯规划是针对个人职业生涯发展的问题,经过严谨的思考和慎重的分析后,对个人职业生涯发展进行规划与设计的过程。生涯决策有助于大学生坚定自己的目标,让自己朝着目标不断努力前进。

### (二)确定职业生涯目标的意义

职业生涯目标是个人职业生涯规划的重要内容,如大海中的灯塔,是人生的指向标。没有目标的人生如同在茫茫大海中的孤舟,没有方向,不知所终。

哈佛大学曾有一个关于目标的著名跟踪调查,调查对象是一群条件相似的年轻人,调查者得出的结论是:目标对人生有巨大的导向性作用。对于职业生涯而言,最重要的就是目标。这也就是大学生制定自己的职业生涯发展规划的目的所在。

### (三)运用SWOT分析法进行大学期间的生涯规划

SWOT分析法又称为态势分析法,是一种能够比较客观而准确地分析和研究一个单位或个体现实情况的方法。SWOT四个英文字母分别代表:优势(Strength)、劣势(Weakness)、机会(Opportunity)、威胁(Threat)。从整体上看可以分为两部分:第一部分为SW,主要用来分析内部条件;第二部分为OT,主要用来分析外部条件。

我们在职业生涯规划中也可以利用这种方法,充分做好自我认知和环境认知,从中找出对自己有益的、值得运用的因素,以及对自己不利的、需要避开的因素,找出解决的方法,在"知己""知彼"的基础上确定自己的目标。

**1. 我的优势**

(1)自我条件的优势是什么？结合前文的自我认知分析，给自己做一个详细的描述，找出自我的优势。

(2)我的专业特长有哪些？将自己在大学里所学到的专业知识、专业技能和在大学里所取得的各种资格证书做一个详细的描述。

(3)我获得了哪些社会经验？列举自己在大学中加入过的社团，参加的各种实践活动以及所取得的社会经验。

(4)我曾经做得最好的事情是什么？总结自己成长过程中经历过的事情，找出自己做得最成功的事，分析成功点在哪里，自己又是如何取得成功的。通过分析，找出自己通往成功之路的智慧之源。

**2. 我的劣势**

(1)自我条件的弱点是什么？结合前文的自我认知分析，给自己做一个详细的描述，找出自我条件的弱势。

(2)我的社会经历还有哪些不足？盘点自己的成长经历，找出自己还缺乏哪些实践经验，缺少哪些资历和资格。

(3)我做过的最失败的事情是什么？总结自己曾经经历的事情，找到自己最失败的经历。通过分析，找出失败的原因，并从中找出哪些方面是客观因素导致的，哪些方面是主观因素导致的。从而对自己有个更加清楚的认识。

在做生涯决策时，我们运用 SWOT 分析法可以给自己做一个客观的分析，找到自己生涯发展中的优势所在，本着充分发挥个人优势、避免个人弱点的原则，通过科学的分析，确定自己的合理目标。

确定自己的目标之后，我们可以按照以下方法分段制定自己的生涯规划方案。

## 二、按时间段制定自己在校期间的生涯规划

按时间段（阶段）制定自己在校期间的生涯规划是以时间（阶段）为主线来规划大学生涯的一种方法，可在分阶段自我认知和环境认知的基础上，分段制定自己的生涯目标规划，结合第一、第二、第三章的内容，我们可分为新生期规划、低年级规划和高年级规划，也可以进一步分为大一、大二、大三、大四的规划，还可再细分为上学期、下学期，甚至月计划、周计划、日计划等。在时间（阶段）规划的基础上，再对内容（学业、成长和实践）进行规划，称为以时间（阶段）为纲、内容为目的的规划。

一般来说，学生应首先进行自我评估，认清自己的优缺点；其次，确定短期和长期的目标；然后开始制订行动计划，根据需要，采取相应的方式和途径，按时间进行。这里要特别指出两方面：一方面，所制定的规划要切实可行；另一方面，在拟好了规划后，还需要提醒自己去努力实行，在行动中具体实施目标时也会碰到困难，如有难以预料的或者难以控制的事情发生，像社会经济衰退、生病、生活环境突然发生变化等，在这种情况下，同学们要调整自己的心态来适应社会的需求，以社会的需要和发展变化为前提来实现个人的终极目标。

## 王茜的目标

王茜是某大学计算机专业的大一新生，为了避免大学毕业后就业走弯路，她根据自己所掌握的职业生涯规划知识为大学生活做了一个规划。

她根据大家的评价和各种测验，发现自己是一个较为外向开朗的人，对社会经济问题感兴趣，擅长分析，对数字很敏感。弱点：气势压人，难与他人合作；考虑问题深度不够，文字表达能力欠佳。据此，她确定的毕业目标是：毕业后进入知名管理顾问公司。而要达到这个目标，她必须加强文字表达和沟通能力的提升，要加强英语表达能力的提高，并且在专业学习上有成果。然后，她制订了如下的计划：

一年级的目标：初步了解职业，提高人际沟通能力。主要内容有：和学长们进行交流，询问就业情况；在学好基础知识的前提下，积极参加学校活动，增加交流技巧，了解一些关于管理方面的知识。

二年级的目标：对将来的职业要有一定的想法，提高自己的英语水平，扩大自己的交际范围。主要内容有：仍然以学习为主，同时参加英语角或英语兴趣班，提高自身英语水平；逐渐开始对自己将来职业所涉及的领域进行探寻；参加一些社会公益活动，结识一些能对自己将来有帮助的人；辅修管理专业的课程。

三年级的目标：努力学习专业知识，提高专业素质，为自己将来从业打下坚实的基础。主要内容有：努力学习本专业的知识，考取一些对自己将来有帮助的证书；继续参加社会实践活动，同时在假期做一些与自己专业相关的兼职，锻炼自己的能力；完成管理专业的辅修，获得学位证。

四年级的目标：顺利毕业，并获得一份比较满意的工作。主要内容有：顺利完成毕业设计；收集职业信息，选择就业单位和就业岗位；凭借前几年积累的人际关系和工作经验，找到一份令自己满意的工作。

当毕业去向已基本确定后，无论就业、创业、留学、考研都可以用表1-1对自己的大学生涯进行规划。

**表1-1　　以时间（阶段）为纲、内容为目的制定的大学期间职业生涯与发展规划表**

| 规划时段 | | 规划内容 | 具体目标 |
|---|---|---|---|
| 大一 | 上学期 | 学业规划 | |
| | | 成长规划 | |
| | | 实践规划 | |
| | 下学期 | 学业规划 | |
| | | 成长规划 | |
| | | 实践规划 | |

（续表）

| 规划时段 | | 规划内容 | 具体目标 |
|---|---|---|---|
| 大二 | 上学期 | 学业规划 | |
| | | 成长规划 | |
| | | 实践规划 | |
| | 下学期 | 学业规划 | |
| | | 成长规划 | |
| | | 实践规划 | |
| 大三 | 上学期 | 学业规划 | |
| | | 成长规划 | |
| | | 实践规划 | |
| | 下学期 | 学业规划 | |
| | | 成长规划 | |
| | | 实践规划 | |
| 大四 | 上学期 | 学业规划 | |
| | | 成长规划 | |
| | | 实践规划 | |
| | 下学期 | 学业规划 | |
| | | 成长规划 | |
| | | 实践规划 | |

### 三、按内容制定自己在校期间的生涯规划

按内容制定自己在校期间的生涯规划是以内容为主线来规划大学生涯的一种方法，具体可分为学业规划、成长规划和社会实践规划。内容又可以分段（年度、学期、月、周、日）进行规划。

学业规划主要是大学期间对学习方法、学习内容、学习成绩、学习进度、毕业去向等方面做出的规划。

成长规划主要是对世界观形成、思维模式、身体健康、良好心态的养成、理财能力、时间管理和人际往来、交友恋爱等方面制定在校期间的生涯规划。

社会实践规划主要包括以参加校园社团、参加公益活动、见习实习、假期社会服务与兼职等内容为载体而制定的在校期间的生涯规划。

大学期间，不同学年有着不同的学业内容、成长内容和社会实践内容，而且每个人的实际情况也不一样，所以每个人应该根据自己的实际情况确定符合自己的生涯规划目标，制定适合自己的职业生涯和发展规划。

当毕业去向已定后，无论就业、创业，还是深造，都可以用表 1-2 对自己的大学生涯进行规划。

表 1-2　　　　以内容为纲、时间为目制定的大学期间职业生涯与发展规划表

| 规划主题 | 规划时段 | | 具体目标 |
|---|---|---|---|
| 学业规划 | 大一 | 上学期 | |
| | | 下学期 | |
| | 大二 | 上学期 | |
| | | 下学期 | |
| | 大三 | 上学期 | |
| | | 下学期 | |
| | 大四 | 上学期 | |
| | | 下学期 | |
| 成长规划 | 大一 | 上学期 | |
| | | 下学期 | |
| | 大二 | 上学期 | |
| | | 下学期 | |
| | 大三 | 上学期 | |
| | | 下学期 | |
| | 大四 | 上学期 | |
| | | 下学期 | |
| 实践规划 | 大一 | 上学期 | |
| | | 下学期 | |
| | 大二 | 上学期 | |
| | | 下学期 | |
| | 大三 | 上学期 | |
| | | 下学期 | |
| | 大四 | 上学期 | |
| | | 下学期 | |

## 课后练习

### 舒伯生涯彩虹图

**彩虹图——我们看到的不一样的人生规划**

　　著名职业生涯规划大师舒伯(1953)依照年龄将每个人的人生阶段与职业发展相配合,将生涯发展阶段划分为成长、试探、建立、保持和衰退五个阶段,之后又提出一个更为广阔的新观念——生活广度、生活空间的生涯发展观,这就是彩虹图。在生涯彩虹图中,纵向层面代表的是纵观上下的生活空间,由一组职位和角色组成。它分成儿童、学生、休闲者、公民、工作者、家长六个不同的角色,他们相互影响交织出个人独特的生涯类型。

舒伯(1953)根据自己"生涯发展形态研究"的结果,参照布勒(Bueller)的分类,也将生涯发展阶段划分为成长、试探、建立、保持与衰退五个阶段,其中有三个阶段与金斯伯格的分类相近,只是年龄与内容稍有不同,舒伯增加了就业以及退休阶段的生涯发展,具体分述如下:

成长阶段:从出生至14岁,该阶段孩童开始发展自我概念,开始以各种不同的方式来表达自己的需要,且经过对现实世界不断地尝试,修饰他/她自己的角色。

这个阶段发展的任务是:发展自我形象,发展对工作世界的正确态度,并了解工作的意义。这个阶段共包括三个时期:一是幻想期(4岁至10岁),它以"需要"为主要考虑因素,在这个时期幻想中的角色扮演很重要;二是兴趣期(11岁至12岁),它以"喜好"为主要考虑因素,喜好是个体抱负与活动的主要决定因素;三是能力期(13岁至14岁),它以"能力"为主要考虑因素,这一阶段能力逐渐具有重要作用。

试探阶段:从15岁至24岁,该阶段的青少年,通过学校的活动、社团休闲活动、打零工等机会,对自我能力及角色、职业作了一番探索,因此选择职业时有较大弹性。

这个阶段发展的任务是:使职业偏好逐渐具体化、特定化并实现职业偏好。这个阶段共包括三个时期:一是试探期(15岁至17岁),考虑需要、兴趣、能力及机会,作暂时的决定,并在幻想、讨论、课业及工作中加以尝试;二是过渡期(18岁至21岁),进入就业市场或专业训练,更重视现实,并力图实现自我观念,将一般性的选择转为特定的选择;三是试验并稍作承诺期(22岁至24岁),生涯初步确定并试验其成为长期职业生活的可能性,若不适合则可能再经历上述各时期以确定方向。

建立阶段:从25岁至44岁,由于经过上一阶段的尝试,合适者会谋求变迁或作其他探索,因此该阶段较能确定在整个职业生涯中属于自己的"位子",并在31岁至40岁,开始考虑如何保住这个"位子"及将其固定下来。

这个阶段发展的任务是统整、稳固并求上进。

这个阶段细分又可包括两个时期:一是试验——承诺稳定期(25岁至30岁),个体寻求安定,也可能因生活或工作上若干变动而尚未感到满意;二是建立期(31岁至44岁),个体致力于工作上的稳固,大部分人处于最具创意时期,由于资深往往业绩优良。

保持阶段:从45岁至65岁,个体仍希望继续维持属于他的工作"位子",同时会面对新的人员的挑战。

这一阶段发展的任务是维持既有成就与地位。

衰退阶段:65岁以上,由于生理及心理机能日渐衰退,个体不得不面对现实,从积极参与到隐退。这一阶段往往注重发展新的角色,寻求不同方式以替代和满足需求。

**舒伯的循环式发展任务**

在上述舒伯的生涯发展阶段中,每一阶段都有一些特定的发展任务需要完成,每一阶段都需达到一定的发展水准或成就水准,而且前一阶段发展任务的达成与否关系到后一阶段的发展。

在以后的研究岁月中,舒伯对发展任务的看法又向前跨了一步。他认为在人一生的生涯发展中,各个阶段都要面对成长、探索、建立、保持和衰退的问题,因而形成"成长——探索——建立——保持——衰退"的循环。

举例来说,如一个大学一年级的新生,必须适应新的角色与学习环境,经过"成长"和"探索",一旦"建立"了较固定的适应模式,同时"维持"了大学学习生活之后,又要开始面对另一个阶段——准备求职。原有的已经适应了的习惯会逐渐衰退,继而对新阶段的任务又要进行"成长"、"探索"、"建立"、"保持"与"衰退",如此周而复始。

**一生生涯的彩虹图**

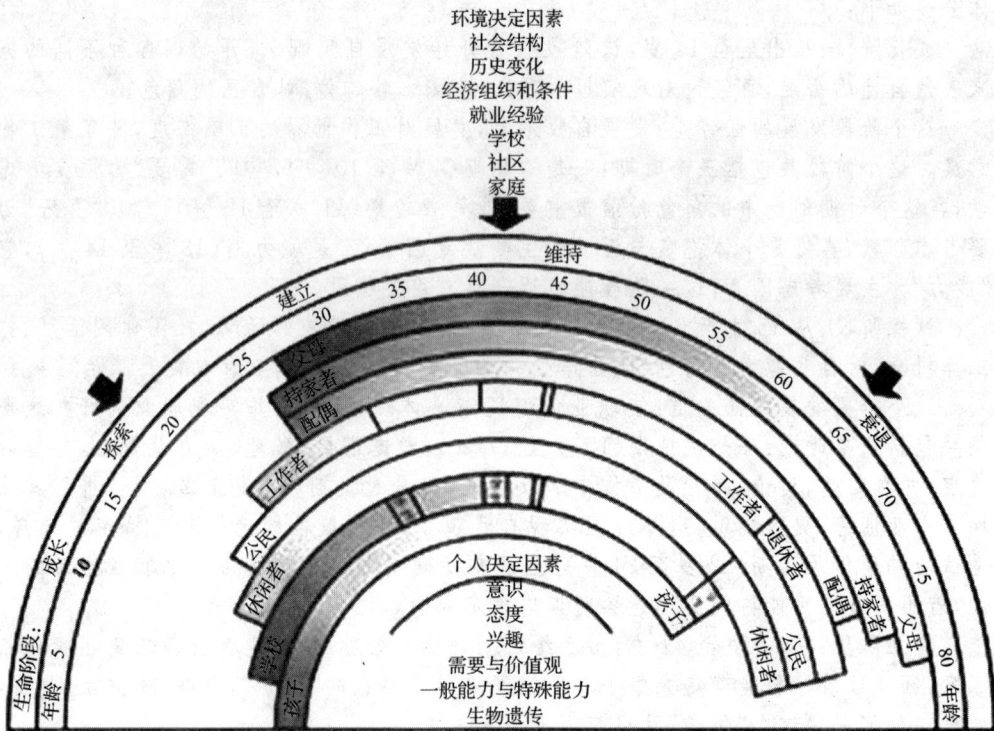

图1-1　一生生涯的彩虹图

1976到1979年间,舒伯在英国进行了为期四年的跨文化研究,之后他提出了一个更为广阔的新观念——生活广度、生活空间的生涯发展观(Life—span,Life—space career development)(1981),这个生涯发展观,除了原有的发展阶段理论之外,较为特殊的是舒伯加入了角色理论,并将生涯发展阶段与角色彼此间交互影响的状况,描绘出一个多重角色生涯发展的综合图形。这个生活广度、生活空间的生涯发展图形,舒伯将它命名为"一生生涯的彩虹图"(Life—career rainbow)。一生生涯的彩虹图,如图1-1所示。

(1)横贯一生的彩虹——生活广度

在一生生涯的彩虹图中,横向层面代表的是横跨一生的生活广度。彩虹的外层显示人生主要的发展阶段和大致估算的年龄:成长期(约相当于儿童期)、探索期(约相当于青春期)、建立期(约相当于成人前期)、保持期(约相当于中年期)以及衰退期(约相当于老年期)。在这五个主要的人生发展阶段内,各个阶段还有小的阶段,舒伯特别强调各个时期年龄划分有相当大的弹性。应依据个体不同的情况而定。

(2)纵贯上下的彩虹——生活空间

在一生生涯的彩虹图中,纵向层面代表的是纵贯上下的生活空间,是由一组职位和角色所组成的。舒伯认为人在一生当中必须扮演九种主要的角色,依序是:儿童、学生、休闲者、公民、工作者、夫妻、家长、父母和退休者。

**推** 荐阅读

## 通过职业规划看周杰伦

你可以不喜欢周杰伦,但你不会不知道周杰伦。因为你身边的大部分人一定都知道他。这个有点沉默、家世平平的歌手,用他的音乐席卷了整个华语地区,成为流行乐坛的巨星。他的音乐风格灵动,开拓了流行音乐的新领域,他在流行乐坛引领了"中国风",甚至在某种程度上带动了中国古典文学的复兴。"每个年轻人至少听过10首他的歌曲,对于中国内地来说,他应该是继邓丽君后普及率最高的歌手。"在一次颁奖典礼上,司仪这样说道。

作为一个职业规划师,穿过巨星耀眼的光环,我看到了一个职业发展优秀的人。在周杰伦的身上,到底有什么过人之处? 又有什么特点可以运用到我们自己的职业发展上?

职业培养期:成绩平平的他,专注于自己的音乐天赋。

周杰伦,1979年1月18日出生于台北。爸爸是生物老师,妈妈是美术老师。从小,周杰伦对音乐就有着独特的敏感,听到音乐就会随着节奏兴奋地摇晃,有时候一边看电视,一边学高凌风唱歌。母亲见他在音乐方面很有天赋,便毫不犹豫地拿出家里所有的积蓄,给他买了一架钢琴。这一年,周杰伦才4岁。

虽然是教师之子,周杰伦的学习成绩却不尽如人意。小时候,成绩栏上红颜色比蓝颜色多,数学考试成绩经常是40分左右,只能用"对音乐有天赋的人,好像数学都不太好"来安慰自己。英语老师甚至认为他学习有障碍。高中联考时,周杰伦的成绩还是很差,只考了100多分。当时淡江中学第一届音乐招生,周杰伦抱着试试的心理参加了考试,竟然考上了。

在高中能学习音乐,周杰伦幸福无比,他的音乐天赋和才华在这里得到了认同。他的高中同学回忆,那个时候,周杰伦弹钢琴、唱歌和打篮球的样子迷倒了很多女孩子。虽然父母在他14岁时离异,但是躲在音乐世界里的周杰伦却并没有受到太大的冲击。他回忆说:"12岁到16岁的日子是我最开心的日子,音乐让我的心灵得到安慰。"

周杰伦的高中钢琴老师说,周杰伦十多岁时已经培养出远远超越他实际年龄的即兴演奏能力——他将庄严肃穆的音乐节奏,以一种很有意思的方式重新演绎,听上去就像流行歌曲。

纵观周杰伦的职业培养期——学生时代,有两点特别引人注目。首先是对自己音乐天赋的忠诚和投入。音乐对于他而言,与其说是一种兴趣,不如说是另一个世界。在这个世界里,音乐帮助他消除父母离异、成绩不好等所有青春期的烦恼,让他自信、健康地成长。一个人能够在自己的天赋中自由舞蹈,这无疑是一种幸福,这能抵挡住一切成长的动荡。爱因斯坦在这个年纪正幻想与光赛跑,傅聪则生活在小提琴音符中……

其次是高中时代选择就读音乐班,这是一个很重要的职业规划。高中时代是个人重要的职业培养和探索期,这个时候,孩子刚刚开始有社会意识,如果天赋在自己的小群体里获得认同,就会极大地推动未来把这种天赋作用于社会的想法。如果周杰伦上的是普通高中,也许他的音乐才能只会变成一个差生聊以自慰的"小把戏"。而音乐班的氛围,让他的这种天赋很顺利地从个人兴趣发展成社会技能。

职业适应期:在餐厅做侍应生的日子,坚持音乐梦想。

由于偏科严重，还屡屡挂科，周杰伦没能考上大学。是先择业还是先就业？这个问题被今天的大学毕业生千万次地问，当年的周杰伦也面临这个走出校门后进入职业适应期的经典问题。

如果择业，最吸引他的一定就是成为一名歌手，但一个普普通通的 17 岁的孩子，如何成为歌手？周杰伦几次碰壁以后，无奈地选择了在一个餐厅做侍应生——先生存，再谋发展。

机会终于来了。老板为了提高餐厅档次，决定在大堂放一架钢琴，但连续尝试了几个琴师都不满意。周杰伦在空闲的时候偷偷试了试，他的琴声震惊了不少同事，也包括他的老板。老板拍着周杰伦的后背说："你可以在这两个小时不用干活了。"

可以说，先去餐厅打工，是周杰伦的正确选择。好的职业规划强调先生存再发展：其一，完美的工作不是一下子就能获得的，它需要长期的技能和经验的积累，这是一个漫长的时期，如何度过它？先就业，让自己生存下来是关键。其二：大部分学生毕业的时候，最需要补的能力不是专业能力，而是适应社会的心态。这堂心态课程可以在任何工作里面学到，往往比能力更加重要。可以说，毕业后最好的职业规划应该是：找一份自己能做的工作，培养自己适应社会的心态。同时，注意培养进入思想工作的能力，把完美工作作为长期目标来努力。

试想，如果周杰伦坚持寻找自己喜欢的完美工作——唱歌，那么，他的音乐之路能坚持多久？没有经济支持、没有能够证明自己的履历、没有明确的方法和方向，最大的可能就是一个音乐梦想随之破碎无可修复。当前的大学毕业生中也有这样一些人：我要做管理、我要做导演、我拒绝做一份自己不喜欢的工作。于是，把自己塞进了现实与梦想的夹缝中间，动弹不得。他们忘记了，完美的工作是从不完美处开始的。

职业发展期：面对挫折不言败，历经风雨终成功。

在餐厅里打工和弹琴让周杰伦慢慢开始有公开演奏的机会，也慢慢开始积累起自己的听众。如果没有那个意外出现，他也许会觉得，这样的工作也挺好。但是，机遇从不会忘记那些执着于梦想的人。

1997 年 9 月，周杰伦的表妹瞒着他，偷偷给他报名参加了当时台湾著名娱乐主持人吴宗宪的娱乐节目《超猛新人王》。当时的周杰伦非常害羞，他甚至不敢上台唱自己的歌，只好找了一个朋友来唱，自己用钢琴伴奏，两个人的演出"惨不忍睹"。但主持人吴宗宪路过钢琴的时候，惊奇地发现这个连头都不敢抬的小伙子谱着一曲非常复杂的谱子，而且抄写得工工整整！他意识到这是一个对音乐很认真的人。节目结束以后，他问周杰伦："你有没有兴趣参加我的唱片公司，担任音乐制作助理？"

很多人往往把这一瞬间定义为周杰伦生命的转折点。因为他过人的天赋加上吴宗宪的慧眼识珠，周杰伦终于成功啦！笔者则不以为然，因为通过短短的几秒钟看乐谱根本无法判断某人是否具有音乐天赋，真正让吴宗宪感动的是这个年轻人对自己乐谱的认真程度。打动吴宗宪的，与其说是才气，不如说是认真。很多时候，不管能力有多大，机会往往只选择那些认真对待自己工作的人，这本身是一种最重要的能力。

作为唱片制作助理，在负责唱片公司所有人的盒饭之余，周杰伦在那间 7 平方米的隔音间里开始了自己的创作生涯。半年下来，他写出来的歌倒是不少，但曲风奇怪，没有一个歌手愿意接受。其中包括拒绝《眼泪不哭》的刘德华和拒绝《双截棍》的张惠妹。当然两年后他们后悔不已。

　　吴宗宪有些着急，他决定给这个年轻人一些打击。他让周杰伦来到自己的办公室，告诉他写的歌曲很烂，当面把乐谱揉成一团，丢进纸篓里。这是周杰伦在音乐道路上遭受的重大打击。然而，吴宗宪第二天走进办公室的时候，惊奇地看到这个年轻人的新谱子又放在了桌上，第三天、第四天……每一天吴宗宪都能在办公桌上看到周杰伦的新歌，他彻底被这个沉默木讷的年轻人打动了。

　　1999 年 12 月的一天，吴宗宪把周杰伦叫到房间说："如果你能 10 天内拿出 50 首新歌。我就从里面挑出 10 首，做成专辑——既然没人喜欢唱你的歌，你就自己唱吧。"10 天之后，周杰伦安安静静地拿出 50 首歌，于是有了周杰伦一举成名的专辑《JAY》。从这张专辑开始，周杰伦便一发不可收拾。

　　周杰伦从此进入他职业的第三个时期：职业发展期。从很多成功人士的经历来看，这个阶段的开始往往是由于链接到了业内的第一个平台。周杰伦联系到当时的台湾娱乐界名人吴宗宪；王宝强在这个阶段开始拍《士兵突击》；爱因斯坦在这个阶段联系上了科学伯乐奥斯特瓦尔德；打工皇帝唐骏在这个时期写信联系到了比尔·盖茨；而比尔·盖茨在这个阶段正磕磕巴巴地在 IBM 的董事会面前展示了他的 Windows1.0。几乎每一个成功人士背后都有一个登上行业第一个平台的故事。所以这也是职业规划的重要原则：进入行业的第一个平台，并展示自己。

　　周杰伦的职业经历说来传奇，其实也普通。每个人进入职场的时候，都会遇到类似的问题。领导的批评，不被人认同……如何对待和处理这些问题，比问题本身更加重要。没有被上司讽刺打倒的周杰伦，用更多的努力获得了认同。胜利者不一定总是赢的人，能够接受打击，能够更加积极地对待事业，才能取得最终的胜利。

　　纵观周杰伦的职业发展，经历了三个时期：在学校期间的职业培养期、餐厅打工的职业适应期和之后的职业发展期，在每个时期，他都做了很好的示范。在职业培养期，他选择了专注自己的天赋，没有被"大而全"的教育模式平庸化。在职业适应期，他明智地选择了先就业再择业，先养活自己，再慢慢培养自己的能力，期待在最高平台展示的机会。在职业的发展期，他调整好自己的心态，用认真、踏实的精神和态度打动公司的同时，也打动了所有的听众。这些道理都很简单，只是简单并不代表容易做。周杰伦也许有一些你我没有的天赋，但成功的路上绝对没有偶然。

# 第二讲
## 如何选择职业？——职业选择与择业指导理论

虽然我们做了几十年的研究，但预测个人职业选择最有效的方法却是询问这个人自己想做什么。

——约翰·霍兰德

## 学习目标

通过本章的学习，掌握职业选择的特性与因素理论，个性—职业类型匹配理论，发展理论，社会学派职业指导理论，并学会根据自己的实际情况，做出适合自己的职业选择。

## 开篇案例

18 岁，高中毕业典礼上，小刚发誓要当李嘉诚第二、中国首富！

20 岁，春节老同学聚会上，小刚想创立自己的公司，想要在 30 岁时拥有资产 2000 万元。

23 岁，在某工厂当技术员的小刚，第二职业是炒股。"在这里工作太没前途了，我将全力炒股，三年内要将 5 万元炒到 300 万元。"

25 岁，炒股失意、情场得意的小刚，开始准备结婚。希望一年后能有 10 万元，风风光光地结婚。

26 岁，在不太风光的婚礼上，小刚的理想是生一个胖小子，将来当个车间主任，别的不多想。

28 岁，工厂效益下滑，正逢妻子怀胎十月，小刚希望这次下岗名单里千万不要有自己的名字。

从 18 岁的中国首富，到 28 岁的不要下岗，短短十年，小刚的理想差距怎么这么大呢？原因很简单：设定目标时不顾自身条件，设定了一些很难实现或根本就不可能实现的目标。目前有一些大学生高估了自己，毕业前夕设定了一个月收入 8000 元的职位，但他低估了达成目标所需要的条件，这些条件包括基本素质、知识、能力、经验条件、外语条件等，毕业后，才发现没有人愿意每月花 8000 元雇佣他。我们要根据自身的实际情况，设定通过自己的努力可以实现的目标，避免出现目标过低或过高的情况。

# 第一节 特性与因素理论

特性与因素理论是最早出现的职业选择理论，该理论所提出的职业选择方法至今仍为人们广泛接受和采用。特性与因素理论是由帕森斯创立，威廉姆逊发展和成型的。

1908年，帕森斯在美国波士顿创办职业局，从事职业咨询与指导工作。帕森斯认为，学校应该为所有学生提供职业指导，以使他们能顺利地完成从学生到职业人的转换。职业指导的主要内容就是帮助个人发现他们的长处，并决定如何把这些长处应用到不同的工作中去。1909年，帕森斯在其著作《选择一个职业》中提出了职业指导的一个三步骤模式，第一次为特性与因素理论奠定了基础，并在其后的几十年中得到更加充分的发展。帕森斯提出，把自我分析、工作分析和科学咨询进行匹配，作为一个人进行职业选择决策的基础，即"第一，应清楚地了解自己的态度、能力、兴趣、智谋、局限和其他特性；第二，成功的条件及所需知识，在不同工作岗位上所占有的优势、不足以及补偿、机会和前途；第三，上述两个条件的平衡。"帕森斯的这三点建议被认为是职业选择的至理名言，并作为择业的基本原则一直影响着今天的职业指导实践。

帕森斯之后，许多职业咨询人员、教育人员和心理学家继续发展和倡导其理论。这时期差异心理学发展起来，差异心理学主要研究具体特性与素质的不同，强调通过科学测量来鉴定个性特质。以佩特森为首的明尼苏达大学一批心理学家编制、发展了许多特殊能力倾向测验和个性量表。这些测量工具为职业咨询人员提供了人员分析的方法，同时也为特性与因素理论提供了心理学基础，威廉姆逊则成为该理论最主要的倡导者。

特性与因素理论的核心是人与职业的匹配，其理论前提是：①每个人都有一系列独特的特性，它们是可以客观而有效地进行测量的；②为了取得成功，不同职业需要具备不同特性的人员；③选择一种职业是一个相当易行的过程，而且人职匹配是可能的；④个人特性与工作要求之间配合得愈紧密，职业成功（工作效率和满意度）的可能性就愈大。

特性与因素理论可操作性极强。根据此理论，可以把职业选择与职业指导过程分为三个步骤：首先要进行人员分析，评价个体的生理与心理特征（特性）；第二步是分析职业对人的要求（因素），职业因素分析一般采用工作分析方法，研究有关职业所要求的人员条件，职业和环境的各种特征，尤其注重人员条件的分析，了解社会上各种不同职业对人员的能力、技能及兴趣等的要求；最后一步则是人职匹配，个人在了解了自身特点和职业要求的基础上，借助职业指导者的帮助，来选择一项既适合自身特点，又有可能获得成功的职业。

特性与因素理论产生近百年来经久不衰，并不断发展和完善，成为最具有影响力，最为人们广泛使用的理论和方法。在实施职业指导的国家，特性与因素理论一直占据着主流地位即是其有效性的很好证明。在职业决策中广为使用的各种心理测验，测量的也都是人的各种心理特性（能力、兴趣、气质等），并根据测量结果与具体职业的要求相匹配。此外，我们还可以从官方正式出版的职业词典中看到这种模式的存在。如DOT中把每一种职业对人员特性的要求分为能力倾向、气质、兴趣和爱好、体力要求等几方面因素。

特性与因素理论的合理性与有用性主要表现在以下几个方面：

首先，该理论所依据的理论基础，即强调人的个体差异已是为人们普遍接受的事实。这一理论为建立合理的职业指导模式奠定了基础。心理学的发展，尤其是差异心理学和心理测验的产生和发展，不仅证明了人的心理是可以测量的，而且测量手段、方法和内容也日趋丰富和完善，这为特性与因素理论及其实际应用提供了有利条件。

其次，从具体的指导方法来看，特性与因素理论将其分为三个步骤：人员分析、职业分析和合理匹配。这一方法也是符合职业选择和指导的逻辑与一般过程的。

此外，特性与因素理论与其他职业指导理论相比更易于操作和实施，这也是其被人们广为采用的原因。一方面，心理测验在西方已成为一门专门学科，各种专门用途的心理测验工具层出不穷，且人们极易接受专门的心理测量机构所提供的服务，因而能比较准确地了解人们的心理和生理特点；另一方面，西方国家出版了大量职业书刊，能帮助人们获得较多的职业信息。因而根据心理测验和职业书刊所提供的人员和职业信息，再辅之以一定的决策能力，就可以进行人职匹配了。

特性与因素理论遇到的主要问题是：人们所获得的工作要求的信息往往是不完全的，而且该理论所依赖的技术基础——心理测验也不能保证绝对的效度。由于在职业信息和人员评估中存在着误差，因而就可能做出不恰当的职业选择决策。而且，该理论试图找到个体特性与职业要求之间的一一对应关系，没有充分考虑到个体特性中的可变因素，且工作要求也会随时间而改变。因而，这种人职匹配的过于静态的观点与现代社会的职业变动也是相违背的。此外，同其他心理学派倡导的职业选择与指导理论一样，特性与因素理论只把职业选择看做是个体单向的选择过程，忽视了社会因素对它的影响和制约作用。

# 第二节　个性—职业类型匹配理论

该理论为美国职业指导专家约翰·霍兰德所创立，其理论体系较为完整，也易于操作。霍兰德是美国约翰·霍普金斯大学的心理学教授，长期从事职业咨询工作，是该领域里程碑式的人物。1959年，他以自己从事职业咨询的经验为基础，通过对自己职业生涯和他人职业道路的深入研究，在一篇文章中首次提出了其职业选择理论，阐述了个性与环境类型相匹配的思想。在其后的几十年中，霍兰德和其助手对该理论又进行了多次补充和修订，形成了一套系统的职业指导模式，包括个性与职业类型的划分、职业分类、类型鉴定表等。个人可以通过自我评定来发现自己的个性类型，并依据个性类型来选择相应的职业。1973年，霍兰德的名著《做出职业选择》问世，在这本书中，霍兰德全面阐述了他的职业选择理论。

## 一、基本假设

霍兰德的职业选择理论是建立在下面四个基本假设的基础上的。

**1.六种基本的个性类型**

霍兰德把个性类型划分为六种：现实型（Realistic）、研究型（investigative）、艺术型（artistic）、社会型（social）、企业型（enterpring）、常规型（conventional）。他认为，绝大多数人都可以被归于这六种类型中的一种。

**2.六种基本的环境类型**

对应于上述六种个性类型，霍兰德把环境也划分为相应的六大基本类型。任何一种环境大体上都可以归属于这六种类型的一种或几种类型的组合。

**3.个性—环境类型的匹配**

人们一般都倾向于寻找与其个性类型相一致的环境，这种环境能让他们运用自己的技巧能力，表达自己的态度与价值观，并且承担令人愉快的工作和角色。同样，环境也寻求与其类型相一致的人。

**4.人的行为是可预测的**

一个人的行为是由其个性与所处环境特征之间的相互作用所决定的。因而如果知道了一个人的个性类型及其所处的环境类型，我们就可以根据有关知识对人的行为进行预测，包括职业选择、工作转换、工作绩效以及教育和社会行为等。

由于霍兰德是一名职业咨询人员，他主要关注的是职业环境，因而也存在着六种职业环境类型，个性—环境类型的匹配也表现为个性—职业类型的匹配。

## 二、个性类型与职业类型的划分及匹配

**1.现实型（R 型）**

该类型的人具备机械操作能力或一定的体力，适合与机械、工具、动植物等具体事物打交道；相适应的职业主要是熟练的手工工作和技术工作，运用手工工具或机器进行工作。

**2.研究型（I 型）**

该类型的人具备从事调查观察、评价、推理等方面活动的能力；相匹配的职业类型主要是指科学研究和实验工作，研究自然界和人类社会的构成和变化。

**3.艺术型（A 型）**

属于艺术型的人具备艺术性的、独创性的表达和直觉能力，不喜欢结构性强的活动，富于情绪性；适合于从事艺术创作。

**4.社会型（S 型）**

这种类型的人人际交往技能强，喜欢从事与人打交道的活动，避免过分理性地解决问题；社会型职业即指为人办事的工作，通过说服、教育、培训、咨询等方式来帮助人、服务人、教育人。

**5.企业型（E 型）**

该类型的人具备劝说、管理、监督、组织和领导等能力，并以此来获得政治、经济和社会利益；企业型职业是指那些劝说、指派他人去做事情的各级各类管理者和组织领导者。

**6.常规型（C 型）**

属于常规型的人注重细节，讲求精确性，具备记录和归档能力；适合从事办公室工作

和一般事务性工作。

## 三、六边形模型

霍兰德在个性与环境（职业）类型划分的基础上，作出了另外一个极有价值的贡献，即六边形模型的提出。霍兰德用六边形表示六种类型之间的关系，掌握六边形模型是理解其理论、工具和分类系统所不可缺少的。

如图 2-1 所示，六边形的六个角分别代表霍兰德所提出的六种类型。六种类型之间具有内在的联系，它们按照彼此的相似性程度定位，相邻两个维度之间在各种特征上最接近，相关程度最高；距离越远，两个维度之间的差异越大，相关程度越低。因而，每种类型与其他五种类型之间存在着三种相关关系，我们分别用高、中、低来表示。

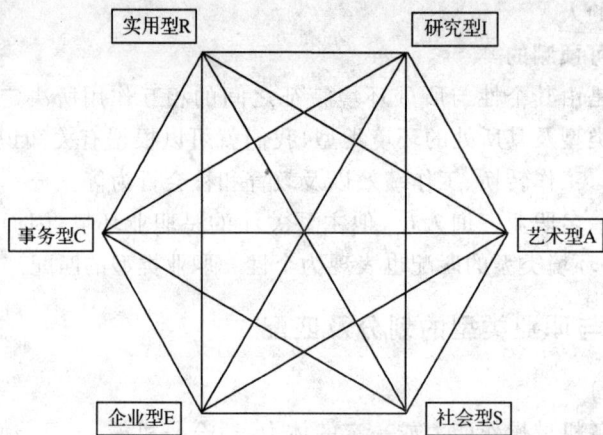

图 2-1  六角型模型

我们可以依据这个六边形模型来理解人与职业的不同匹配方式。最为理想的职业选择就是个体选择与其个性类型相一致的职业环境：如研究型的人在研究型环境中学习和工作，这称为人职协调，因为在这种环境中工作，个人最可能充分发挥自己的才能并具有较高的工作满意感。如果个体选择与其个性类型相近的职业环境，如现实型的人在研究型或常规型环境中工作，由于两种类型之间有较高的相关关系，则个人经过努力和调整也能适应职业环境，这属于人职次协调。最坏的职业选择是个人在与其个性类型相斥的职业环境里工作，在此情况下，个人很难适应职业，也不太可能从工作中得到乐趣，这称为人职不协调。如研究型的人在企业型环境中工作。总之，个性类型与职业类型的相关程度越高，个体的职业适应性越好；相关程度越低，个体的职业适应性就越差。因而，六边形模型的提出有助于人们更好地理解和进行职业选择。

## 四、类型测定

霍兰德是职业咨询和指导的实践者，他主要制定了两种类型的测定工具。一是职业选择调查表（Vocational Preference Inventory，简称 VPI），另一个是自我指导探索（SDS）。VPI 是职业倾向测定量表，由霍兰德于 1953 年编制，1975 年和 1977 年又分别进行了修订。该量表要求被试者在一系列职业中作出选择，然后根据测定结果确定个人的职业倾向领域。SDS是霍兰德影响最大的一个类型鉴定量表。

霍兰德的个性—职业类型匹配理论把人作为一个整体来加以研究，揭示出个性的整体结构并加以分类，克服了特性与因素理论把个性分解为各种简单要素的片面性，这是其方法论上的可取之处。同时，霍兰德六种个性类型的划分，是基于经验的概括，并经过长期的实验研究，不断修正和发展而来的。他所提出的六种职业类型包括了美国职业词典上所收集的所有行业。因而，其个性类型与职业类型的划分是具有一定的科学性和可行性的，但是，霍兰德把众多的职业只划分为六种类型，无论是采用一字母码、二字母码，还是三字母码，最终确定的都是与一个人的个性一致的职业类型或职业群，而每种职业类型和职业群又包括一系列具体职业。同时，根据六边形模型，一个人不仅可以选择与其个性类型协调的职业环境类型，也能适应与其个性类型次协调的两种职业环境类型，这就进一步扩大了人的职业选择范围。这一方面使霍兰德理论具有了一定的实用性，但从另外一方面来看，职业选择的范围太多，就可能会削弱职业测定和职业指导的意义。因为如果一个人将六种职业类型中的三种作为自己职业选择所要考虑的对象，每种职业类型又有许多具体职业，则很难说其择职方向是明确的。因而，从这一角度来看，霍兰德的类型分类及测定工具只能作为职业咨询和人才挑选的初步依据。

# 第三节　发展理论

特性与因素理论和个性—职业类型匹配理论虽然研究的角度不同，但都可看做是一种静态的职业选择和指导理论，它们都强调人的心理特征与职业的合理匹配，但没有注意研究人的职业心理的发展过程及其对职业选择的影响。事实上，无论从人的心理自身发展的内在规律来看，还是从社会生活的变化对职业产生的影响来看，人的职业心理总是处于一种动态的发展过程中的，因而个性与职业的匹配也不是一次就可以完成的。发展理论就是从动态角度来研究人的职业行为和职业发展阶段的。

## 一、发展理论的新贡献

发展理论对职业指导理论和实践的贡献主要表现在：

职业选择并不是个人面临择业时所出现的单一事件，它是一个过程。职业选择和职业发展在个人生活中是一个长期的、连续的过程。同样，人的职业选择心理在童年时期就已经产生了，随着个人的年龄、教育、经验及社会环境等因素的变化，人们的职业心理也会发生变化。因而，可以把一个人的职业发展分为连续的几个阶段，每个阶段都有自己的特征和相应的职业发展任务。对于个人而言，如果前一阶段的职业发展任务不能顺利完成，就会影响后一阶段的职业成熟，导致最后职业选择时发生障碍。根据发展理论的观点，由于人的职业发展贯穿于人的一生，职业指导也是一个系统而长期的过程，职业指导应根据人的不同职业发展阶段，实行不同方式和内容的指导。

发展理论的代表人物是金兹伯格和萨帕。金兹伯格主要研究的是个人在正式就业前，从童年到青少年阶段的职业心理发展；萨帕则建立了一个宏大的理论体系，研究并划分了个人整个一生的职业生涯。还有的学者进而分为三个阶段。

## 二、金兹伯格的职业发展理论

金兹伯格是职业发展理论的先驱。1949 年,金兹伯格及其同事首次提出了他们的职业选择理论的要点,1951 年,专著《职业选择》问世,在这本书中,提出了他们职业选择理论的基本观点如下:

1. 职业选择是一个发展过程,它不是一个单一的决定,而是一个在一段时间里做出的一系列决定。在这个过程中,每一个步骤都与前后的步骤有着一种有意义的联系。

2. 这个职业选择过程大部分是不可逆转的,因为在这个过程中做出的每一个决定都依赖于个人的年龄和发展。

3. 这个过程以一种折中的方式结束,一系列内外部因素影响个人的决定,一个人必须在影响择业的主要因素(兴趣、能力和现实机会)之间取得平衡。

金兹伯格以美国富裕家庭的白人作为自己的研究对象,因为他们具有相当大程度的选择自由。通过比较他们在从儿童期到成年早期的教育和成熟过程中的各个关键点上有关职业选择的想法和行动,金兹伯格把人的职业选择心理的发展分为三个主要时期:幻想期( fantasy period)、尝试期(tentative period)、现实期(realistic period)。在尝试期和现实期中又进一步划分为几个阶段。

### 1. 幻想期(11 岁以前)

这个时期,儿童往往会想象他们将来会成为什么样的人,并且在儿童游戏中扮演他们所喜欢的角色。在这个时期,儿童的职业期望是由其兴趣所决定的,并不考虑也不可能考虑自己的能力和社会条件。

### 2. 尝试期(11 岁—18 岁)

这个时期,一个人正在中学学习,处于由少年向青年过渡的时期。在这期间,年轻人开始有规律地扩大对自己职业选择因素的考虑,不仅注意自己的职业兴趣,而且已经能较客观地认识自己的能力和价值观,并注意到职业角色的社会意义。金兹伯格按照年轻人考虑择业因素的顺序把尝试期又分为如下四个阶段:兴趣阶段、能力阶段、价值阶段和过渡阶段。与幻想期联系,兴趣是一个人职业选择心理的主要的甚至是唯一的基础,但随着时间的推移,新的因素出现了。年轻人开始意识到他的兴趣是在不断变化的,并且新的兴趣也出现了。同样重要的是,他开始考虑自己的能力是否与兴趣相一致,认识到在选择职业时必须考虑自己的能力。到了十五六岁时,年轻人开始考虑其价值观,当他搞清楚哪些价值观对他来说更重要一些时,他将会放弃某种尝试性的选择,并且不得不进行其他选择以求更好地进行职业匹配。

尝试期的最后一个阶段——过渡阶段和现实期的第一个阶段——探索阶段,给年轻人提供了一次重新开始职业选择过程的机会。在这些阶段中,一个人开始从考虑非常主观的个人兴趣、能力和价值观,转向不断关心现实所提供的机会和限制。

### 3. 现实期(18 岁以后)

在现实期,一个人开始由中学进入大学或直接步入社会从事职业活动。在这个时期,他们已经开始把自己的主观愿望、主观条件与社会现实协调起来,兴趣、能力、价值观等个体化因素不再是择业的唯一决定因素,人们必须面对现实作出抉择。在现实期,核心的决策包含在明确阶段中,由探索阶段进入明确阶段后,个人最终能够综合与职业选择决定有关的许多内外部因素。当一个人即将从中学毕业时,教育与就业的压力迫使他们做出决定。当一个人把择业目标集中在几个具体的职业上时,就进入了最后一个阶段——明确阶段。

金兹伯格对人的早期职业生涯的发展作了精心的研究和独到、具体的分析。由于他是以美国中产阶级的子女作为自己的研究对象的,因而其具体的时期和阶段划分不一定符合其他阶层和文化背景的年轻人。但撇开具体年龄阶段的划分不谈,金兹伯格对一个人职业选择心理发展过程的研究还是具有相当的合理性和科学性的。而且,值得一提的是,金兹伯格虽然着重研究的是一个人的早期职业发展,但并没有因而否认职业选择的长期性。起初,金兹伯格认为,当一个人开始从事自己的第一份稳定职业时,他的职业选择过程也就结束了,后来经过多年研究又修正了早期的观点。1983年,金兹伯格在一篇文章中对他的职业选择理论进行了重新阐述,其中着重强调的一点是:对于那些从工作中寻求主要满足感的人来说,职业选择是一个终生的决策过程,这是他们不断地重新评价如何能够增进自己正在变化的职业目标和工作现实之间的配合。同时,金兹伯格提出了终生选择过程中的三个因素:最初的职业选择,最初选择与后来工作经验之间的反馈以及经济和家庭情况。如果一个人最初的职业选择没有导致所期望的满意度,他就很可能要重新进行一次职业选择,而这种选择过程要依次受到家庭情况和经济状况所允许的自由度的制约和影响。

### 三、萨帕的职业发展理论

萨帕是职业发展研究领域中最具权威性的人物,提出了一套完整的职业发展阶段模式。1953年,萨帕提出了其职业发展理论的10条基本内容,1957年又扩展到12条。这12条基本假设代表了萨帕理论的核心。

(1)人在其能力、兴趣和性格上各不相同。

(2)由于这些特性,每个人都适应于不同的职业。

(3)每一种职业都要求一种独特的能力、兴趣和性格特质。

(4)职业爱好和能力、人们生活和工作的环境以及自我认识都随时间和经验而发生着变化,因而使得职业选择和调整成为一个连续的过程。

(5)这个变化过程可以用一系列生活阶段来表示,每一个阶段又可依次划分为几个次阶段。

(6)一个人的职业生涯模式,即所达到的职业层次、试验性和稳定性工作的顺序、职业变动频率和持续时间,取决于父母的社会经济地位、个人的智能、个性特点以及所掌握的机会。

(7)一个人生活阶段的发展可以从两方面进行指导:一方面使个人能力、兴趣的成熟更加顺利,另一方面在现实考察和自我认识的发展上进行帮助。

(8)职业发展过程基本上是自我认识的发展和完善过程。

(9)角色扮演的过程就是个人和社会因素、自我认识和现实之间综合和协调的过程。

(10)工作和生活满意感主要依靠个人能力、兴趣、性格特征和价值观的实现,并依据个人在某一工作中取得的绩效、工作环境和生活地位等得以实现,还与以往工作经验和生活习惯有关。

(11)人们从工作中所获得的满意感程度与其自我认识的实现程度是成正比例关系的。

(12)工作和职业为大多数人提供了一个个性活动中心。

萨帕经过二十多年的大量实验研究,提出了人一生的完整的职业发展阶段模式,这是他对职业发展研究的最主要的贡献,也是其理论最有影响的部分。

**1. 成长阶段(Growth stage,0—14岁)**

在成长阶段,通过家庭和学校中关键人物的影响并加以认同,儿童会逐渐发展其自我概念。在这个阶段的早期,需要和幻想占统治地位,随着参与社会和了解现实的增加,兴趣和能力也变得更加重要。

成长阶段的任务是:逐渐认识自己是个什么样的人,同时对工作和工作的意义有一个初步的理解。

萨帕接受了金兹伯格关于人早期职业生涯发展阶段划分的合理之处,把成长阶段又进一步划分为三个时期:①幻想期(Fantasy,4—10岁),需要占统治地位,在幻想中扮演自己喜爱的角色;②兴趣期(Interest,11—12岁),喜好成为职业期望和活动的主要决定因素;③能力期(Capacity,13—14岁),开始更多地考虑自己的能力以及工作要求。

**2. 探索阶段(Exploration stage,15—24岁)**

在探索阶段,一个人开始通过学校学习、业余活动和兼职工作进行自我考查、角色鉴定和职业探索。该阶段包括三个时期:

(1)尝试期(Tentative,15—17岁)。个人对需要、兴趣、能力、价值观以及就业机会等因素都有所考虑,并通过幻想、讨论、课外工作等方式进行择业的尝试性选择,鉴定出可能的、合适的工作领域和工作层次。尝试期的主要任务是明确一种职业偏好。

(2)过渡期(Transition,18—21岁)。青年进入劳动力市场或专门培训机构,更多地考虑现实并试图补充对自我认知的看法。该时期的发展任务是明确一种职业倾向。

(3)初步试验承诺期(Trial—Little Commitment,22—24岁)。已经发展了一个大体上合适的职业,开始从事第一份工作并试图把它作为可能的终身职业。在这个时期,承诺仍是暂时的。如果第一份工作不合适,个人可以重新进行选择,确定并实现某种职业倾向的过程。该时期的任务包括:实现一种职业倾向,发展一种现实的自我认知,了解更多的机会。

**3. 创业阶段(Establish stage,25—44岁)**

到了创业阶段,一个人已经找到了一个合适的领域,并努力在其中永久保持下去。以后发生的变化主要是职位、工作和单位的变化,而不是职业的变化。该阶段的发展任务是:发现从事自己希望的新的工作机会,学会与他人相处,巩固已有的地位并力争提升,使职位有保障,在一个永久职位上稳定下来。

创业阶段又可分为两个时期:①承诺和稳定期(Trial—commitment and stabilization,25—30岁)。个人在所选择的职业中安顿下来,并确保一个永久的位置。由于对以前选定的职业不满意，因而在找到终身职业以前可能会变换几次工作。②提升期（Advancement，31—44 岁）。对大多数人来说，这是一个富有创造性的时期。个人有了资历，在工作中做出了最好的成绩，资格也提升了。

**4. 维持阶段（Maintenance stage，45—64 岁）**

由于在自己的工作领域中已经取得了一定地位，主要考虑的是维持目前的地位，沿着所创立的道路前进，而很少或几乎不寻求新领域。

该阶段的发展任务是：接受自己的限制，鉴定需要解决的新问题；开发新的技能；集中于最重要的活动；维持已获得的地位并努力加以增进。

**5. 衰退阶段（Decline stage，65 岁以上）**

随着体力和脑力的逐步衰退，工作活动的变动也将停止。个人必须发展新的角色，从有选择的参与者到完全退出工作领域成为一个旁观者。由于退休，个人必须找到满意感的其他来源。

这一阶段的任务是：开发非职业性角色；做自己一直想做的事情；减少工作时间。

这一阶段又分为两个次阶段：①衰退期（Deceleration，65—70 岁）。工作的步骤变缓慢，责任转移，适应正在下降的能力，开始以部分时间工作来代替全日制工作；②退休期（Retirement，71 岁以后）。工作活动完全停止或转移到部分时间工作、志愿工作或闲暇性活动。

萨帕的职业发展理论系统性极强，具有相当的合理性，其理论既是职业指导理论发展史中的里程碑，同时又吸收了已有理论的合理之处，因而涵盖面较宽。萨帕主要研究的是职业生涯发展，但它仍是一种匹配理论，匹配方法是其理论的基础和出发点。在这种方法中，个人需要同时考虑自身的特点和职业所要求的特点，个人与职业相匹配，表达自己的爱好，做出选择，并通过获得必要的培训和发现合适的工作机会来试图实现这些选择，因此该理论具有静态性质。但由于个人和环境都在变化，人职匹配也不是一次就可以完成的，因而单纯以匹配方法作为职业指导的基础也是不充分的，必须注意职业选择的动态性、发展性。萨帕的发展理论基本上是一种心理学理论，其关注焦点是选择和配合个人，但它也是一种社会理论，注意到了社会因素对职业选择和职业发展的影响。

萨帕在后期又将决定择业的影响因素分为两大类：一类为"个体决定因素"，包括兴趣、能力、价值观等个体化因素；另一类是"环境决定因素"，如社会结构和经济条件。

由以上论述可以看出，萨帕的职业发展理论是非常完善的，它把人职的匹配和发展、制约择业的心理因素和社会因素（尽管论述得不够）有机地结合在一起，符合职业选择和职业指导的一般过程。当然，萨帕最杰出的贡献是提出了人一生职业发展阶段的完整模式，该模式具有重要的实践意义，为职业指导计划奠定了科学基础。职业指导人员可以依据被指导者不同的职业发展阶段和特征，进行不同重点的指导。目前，西方国家从幼儿园到十二年级的职业指导计划，基本上是以萨帕的职业发展阶段模式为基础的。当然，萨帕是以美国中产阶级作为自己的研究对象的，因而其职业发展阶段的年龄划分及具体特征和发展内容的表述不一定适合其他国家、其他阶层和文化的人们，但对进一步研究仍不失启发作用。

## 四、三阶段论

这种理论认为，一个人整个一生所从事的职业按先后次序可以分为早、中、晚三个发展阶段。

一般来讲，30岁以前为早期事业生涯阶段，30—50岁为中期事业生涯阶段，50岁以上为晚期事业生涯阶段。这与上面的事业生涯的五阶段相比，既不那么精确，也不那么整齐。每个人的情况往往是不同的，例如，某些人的事业生涯总是停滞在维持阶段，而另外一些人也许在经历了维持阶段以后还继续进取，还有其他一些人也许一开始就处于早期衰退阶段。人们在事业生涯的早期、中期、晚期所关心的事和所开发的工作是有变化的。

这种事业生涯阶段的划分，是符合人们事业生涯发展的一般规律的，当人们的价值观、需要和行为发生改变时，就可能会认识到这一点。

# 第四节  社会学派职业指导理论

不言而喻，理想的职业选择是达到个性与职业的最佳配合，这是职业选择和职业指导的核心，因而心理学派理论必然在职业指导理论中占据主要位置。同时，影响择业的因素是多方面的，由于个人是在一个特定的社会环境中选择职业的，因而其职业选择必然受社会因素的影响和制约。

实际上发展理论对职业选择的社会因素已有所注意，如金兹伯格对"现实期"的阐述，萨帕对影响择业的两大类因素的划分，但他们的论述都还远远不够。社会学派职业指导理论就是专门研究社会因素与职业选择的关系的。它们一般以单因素分析来阐述社会因素对职业选择的影响，例如，研究一个人所受教育程度与择业的相关性，性别对择业的影响，或从社会流动角度来看父母的社会经济地位与子女职业的关系，等等。

社会学派职业指导理论众说纷纭，研究范围极其广泛，但却缺少影响大、占统治地位的理论体系。1985年，戈萨德在其著作中提出了一个职业选择的社会学模式，受到人们的重视。他依据其他人的研究成果，提出了影响职业选择的八大因素，并划分为两大层次。第一层次包括社会—经济阶层因素、性别因素、种族因素、身体素质因素、智力水平因素。这些因素是影响择业的首要的、决定性的因素；教育因素、职业知识与职业指导因素、就业可能性因素为第二层次，它们在职业选择中处于次要的和从属的地位。

社会学派的研究成果丰富和完善了职业指导理论，同时也为在职业选择和职业指导过程中，如何在个性因素与社会因素之间取得平衡，使择业既能符合人的个性，又具有一定的可行性提供了一定的依据。

以我们的观点来看，研究职业选择的社会因素可以从两方面着手：一是宏观的社会就业环境，二是微观的个体社会性特征。前者包括社会经济技术的发展状况和趋势，社会生产结构的变化，社会职业结构、就业制度、就业途径和就业机会等，这是每个人在将就业意向付诸实施时或多或少都要考虑的因素，也是就业的现实要求。个体的社会性特征对职业选择的影响也是显而易见的,因为在许多社会中,不同社会群体的就业机会是不平等的,甚至存在着一定的就业歧视,这方面的因素包括性别、种族、宗教信仰或原有国籍等。在美国,由于社会人口的高度异质性,这方面的情况尤为严重。1964年,美国联邦立法部通过了《公民权利法》,该法令的第一条明确规定在录用或其他人事决策中,由于种族、性别、宗教信仰或原有国籍而受到歧视是不合法的。在中国,还存在着一种影响人们职业选择的特别因素,即户籍制度,对大多数人来说,一个人的户口决定了其就业的地域甚至种类(城乡户口)。当然,由于个体社会性特征而造成的就业机会不平等可以通过法律的保障以及人们观念的变化而得到改善,但个人由于出生于不同的社会阶层,在不同的社会环境里长大,不同的社会环境必然会对其成年后的职业适应性和就业竞争力产生影响。人们在这方面已进行过许多研究,最典型的是考虑父母的社会经济地位对子女职业的影响。个人的这种类型的社会性特征对其择业的影响则是很难很快消除的。

### ◆ 课后练习

1.你希望学习了职业生涯规划之后,在哪些方面可以帮助和提升自我？ _____

_____

_____

_____

2.你为什么上大学？你希望在大学里实现哪些目标？现在就畅想一下,将你对大学的期望写出来。

| 序号 | 目标 | 实施时间 | 与目标的差距 | 实施计划 |
|---|---|---|---|---|
| 1 | | | | |
| 2 | | | | |
| 3 | | | | |
| 4 | | | | |
| 5 | | | | |
| 6 | | | | |

### 🔍 推荐阅读

李响,《响聊聊职场》,中国商业出版社,2012年版

# 第二篇　生涯探索篇

# 第三讲
# 你适合做什么？——人格特征探索

> 钟鼎山林，各有天性，不可强也。
>
> ——古谚

## 学习目标

通过本章的学习，在理论上要理解气质和 MBTI 性格类型的特点及其与职业发展的关系；在实践上要懂得运用气质和 MBTI 性格理论对自己的人格分析，并根据其特点初步考虑职业发展的方向。同时，要运用相关理论更深层地理解不同人的不同行为方式，学会与不同人格特质的人更好地相处。

## 开篇案例

著名的信息产业执行官和计算机科学的研究者、创新工场董事长兼首席执行官李开复，他不是一上大学就学习计算机的。在上大学之前，他梦想当一名哈佛人，把学法律当做首选，数学作为备选。因为他认为在当时，哈佛的这两个专业是全美最好的。由于某些原因，他没有办法上哈佛。后来，他选择了哥伦比亚大学。哥伦比亚的法律和数学也是很有名的。进入哥伦比亚大学，他想继续完成自己的法律梦，所以他选政治科学专业。学了几门相关课程之后，他发现对此毫无兴趣。他的家人鼓励他学习他曾经拿手的数学专业，但他在大学的数学学习过程中发现自己没办法体会到"数学之美"。于是，他告别了法律与数学，转向他曾经在高中就感兴趣的计算机。哥伦比亚大学的计算机专业当时只是一个新兴的专业，它的基础没有传统的数学和法律那样雄厚，所以前途非常的不明确。当时社会上没有所谓的"软件工程师"这种职业。不过，他当时考虑更多的是"人生的意义"和"我的兴趣"。最后，李开复成为一名计算机科学家。当然现在他听从自己内心的声音，所以创办创新工场。

李开复在职业生涯过程中所遇到的问题在大学生中是普遍存在的，只是以不同方式来表现。目前，学生在高考填报志愿时，他们往往对高校各种专业设置并不了解，对高校专业与现实工作世界的关系也不清楚。在填报志愿时往往是听从父母、亲戚和老师等的意见。一方面，他们没有办法清楚地从性格、兴趣的角度来思考自己适合学什么专业以及将来应该做什么工作。另一方面，他们也往往不能正确理解和把握性格、兴趣的内涵。他们通常用一些日常化的、非专业化的经验性的语言来描述自己的性格、兴趣，不能客观地进行描述。即使他们对自己性格、兴趣有所了解，他们也往往根据外在一些功利标准对自己的性格、兴趣进行评判，从而产生这样或那样的不满。那么，要从根本上解决这些问题，必须对性格、兴趣在理论上有个较为系统的理解，需要清楚地知道自己性格特征和兴趣爱好，以及这些因素与职业发展的关系。

## 趣味探索

请同学们拿出一张纸并在上面写下自己的姓名，然后再用另一只手再次写上自己的姓名。比较前后有没有什么感觉？为什么呢？

我们的一生基本是在工作中度过的，寻找一份适合自己性格的工作非常重要。如果我们用三十年，甚至四十年的时间去做我们不愿意去做的工作，那简直是浪费自己的时间和生命。而且这种浪费往往是不必要的。一份适合自己性格的工作符合我们的做事方式，它能使我们的天赋得到充分的发挥，不会勉强我们去做自己不擅长的事。它可以让我们的生活更为充实，可以让我们更好地实现自我。然而，在工作场合中变化的因素有很多，有些工作要求比较有条理，而有些工作则比较随意。有些工作要求有比较强的社会交往能力，而有些工作更需要专注与投入。要想获得职业满足，就必须明确自己的性格，然后寻找适合自己人格特质的工作。

刚才的小活动可以很好地解释人格特质的意义。当我们用平时写字的那只手签字时，多数人会觉得很自然、很习惯、很简单、毫不费劲。相反，用另一只手签字时，会觉得很困难、别扭、需要花更多的时间与精力。用手的习惯就可以很好地说明找到适合自己的工作的重要性。使用我们习惯的那只手时，我们会感到舒适与自信；若强迫使用那只不常用的手时，虽然勉强也可以做到，但是不够灵活自如，效果也不那么令人满意。人格类型给我们提供一套系统的有效方式来评估自己的特长或特点、盲点。寻找适合我们自身的工作可以通过探索来实现我们的人格类型。

人格特质是一个人在生活中对人、对事、对自己、对外在环境所表现出来的一致性反应方式。也就是说你所具有的人格就是你的思维、情感和行为的典型模式。"一个人在成长过程中，由于受到遗传、心理、生理、家庭教育、社会文化、学习经历等多种因素的影响，从而形成了自己的独特个性，在不同情境中表现出特定的反应模式。气质与性格都是基本的人格特质，是构成人格特征的重要方面。"(美)戴斯·迈尔斯在《社会心理学》一书中这样写道。

## 一、气质与职业

### (一)气质

#### 1.气质的含义

气质(Temperament)是指在人的认识、情感、言语、行动中，心理活动发生时力量的强弱、变化的快慢和均衡程度等稳定的动力特征。主要表现在情绪体验的快慢、强弱、表现的显隐以及动作的灵敏或迟钝方面，因而它为人的全部心理活动表现染上了一层浓厚的色彩。性格是指一个人在个体活动过程中形成的，对现实稳固的态度以及与之相应的行为方式。气质与人格一样都不能决定一个人的成就,任何气质和性格的人只要经过自己的努力,都可能在不同的实践领域中取得成就,也可能成为平庸无为的人。气质与性格都是人格特质的不同表现。气质与性格有所差别:气质没有好坏之分,且是先天的,与生俱来的,不易改变的,性格是后天形成的,较易改变的;某种气质的人更容易形成某种性格,性格可以在一定程度上掩饰、改变气质;气质的可塑性小,性格的可塑性大。

气质是人们在心理活动和行为动作方面所具有的强度、速度、稳定性和指向性等动力特征,是人的典型的、稳定的心理特征。通常情况下可以理解为人的脾气和性情。尽管人与人之间在心理活动和行为动作方面的特点各不相同,有的人心理活动进行得快而强烈、思维敏捷、极易外露,而有的人动作缓慢且微弱、反应迟缓、不露声色。不过对于一个人来讲,气质决定了他的各种行为并不以活动的内容、动机、目的为转移,而始终如一地得到相同的表现。常言道"江山易改,本性难移",这里"本性"就是指人的气质。

对气质类型的划分,有不同的见解,因而形成不同的气质理论。对气质加以分类并给予细致的描述,其分类被后人接受认可的,是希波克拉底。他认为体液即是人体性质的物质基础。他在"四根说"发展为"四液说"的基础上,进一步加以系统化。希波克拉底认为人体中有四种性质不同的液体,它们来自于不同的器官。其中,黏液生于脑,是水根,有冷的性质;黄胆汁生于肝,是气根,有热的性质;黑胆汁生于胃,是土根,有温的性质;血液生于心脏,是火根,有干燥的性质。人的体质不同,是由于四种体液的不同比例所致。格林(盖伦)(Galen)是欧洲古代医学的集大成者,也是罗马帝国时期著名的生物学家和心理学家。他从希波克拉底的体液说出发,创立了气质学说,他认为气质是物质(或汁液)的不同性质的组合。当时他说气质共有 13 种。在此基础上,气质说继续发展,成为经典的四种气质,即:

(1)多血质:外向,活泼好动,容易接受新鲜事物;情绪、情感易变化;体验不深刻等。

(2)黏液质:情绪稳定,有耐心,自信心强。

(3)抑郁质:内向,言行缓慢,优柔寡断。

(4)胆汁质:外向,反应迅速,情绪有时激烈、冲动。

**2.气质与职业**

尽管气质没有好坏之分,但气质却能影响一个人的工作效率。特别是在一些身心经受高度紧张的职业中,气质不仅关系到工作的效率,还关系到事业的成败。那么这四种类型分别适合什么职业呢?

(1)多血质(活泼型)

多血质的心理特征属于敏捷好动的类型。由于神经平衡且灵活性强,这种人更易于适应环境的变化,性情开朗、热情、喜闻乐道,善于交际。在群体中精神愉快,相处自然,能机智地解脱困境。在工作和学习上肯动脑筋,常表现出机敏的工作能力和较高的办事效率。对外界事务有广泛的兴趣,充满自信,不安于循规蹈矩的工作,情绪多变,富于幻想,易于浮躁,时有轻诺寡信、见异思迁的表现,缺乏忍耐力和毅力。

多血质气质类型的人适合从事与外界打交道、灵活多变、富有刺激性的工作,如外交、管理、记者、律师、驾驶员、运动员等。他们不太适合做过细的、单调的机械性的工作。

（2）胆汁质（兴奋型）

胆汁质的心理特征属于兴奋而热烈的类型。表现为有理想、有抱负、有独立见解。他们精力旺盛、行动迅速、行为果敢、表里如一。他们能给人以热情直爽、善于交际的印象，但不愿受人指挥而愿意指挥别人。一旦认准目标，就希望尽快实现，遇到困难也不屈不挠，有魄力，敢负责，但往往比较粗心，容易感情用事，自制力差，性情急躁，主观任性，有时刚愎自用。由于神经过程的不平衡，工作带有明显的周期性，能以较大的热情投身于事业，一旦筋疲力尽，情绪顿时转为沮丧而心灰意冷。

胆汁质的人喜欢从事与人打交道、工作内容不断变化、环境不断转换并且热闹的职业，如导游、推销员、节目主持人、公共关系人员等。

（3）黏液质（安静型）

黏液质的心理特征属于缄默而安静的类型。由于神经过程平衡且灵活性低，反应较迟缓，无论环境如何变化，都能基本保持心理平衡。凡事力求稳妥、深思熟虑，一般不做无把握的事，具有很强的自我克制能力。外柔内刚、沉静多思，很少露出内心的真情实感。与人交往时，态度持重适度，不卑不亢，不爱抛头露面。行动缓慢而沉着，有板有眼，严格恪守既定的生活秩序和工作制度，心境平和，沉默少语。因此，能够高质量地完成那些要求有坚忍不拔、埋头苦干的品质和长时间的集中注意力、有条不紊的工作。其不足之处是过于拘谨，不善于随机应变，常常墨守成规、故步自封。

黏液质的人不仅能从事学术、教育、研究、技术、医生等内向职业，而且可以活跃在政治家、外交官、商人、律师等外向型职业领域，其中以其独特才能驰骋在作家、艺术家、广告宣传、新闻报道领域的也不少。

（4）抑郁质（抑郁型）

抑郁质的心理特征属于呆板而羞涩的类型，对事务敏感，精神上难以承受过大的精神紧张，常为微不足道的小事引起情绪波动。情绪体验的方式比较少，极少在外表上流露自己的情感，但内心体验却相当深刻。沉静含蓄、感情专一、喜欢独处、交往拘束、性格孤僻，在友爱的集体里，可能是一个很容易相处的人，对力所能及的工作认真完成，遇事三思而后行，求稳不求快，因而显得迟缓刻板。学习工作易疲倦，在困难面前怯懦、自卑、优柔寡断。遇事多疑，往往缺乏果断和信心。

抑郁质的人在只需要一个人刻苦奋斗，不需要人际交往的学术、教育、研究、医学等内在要求慎重、细致、周密思考的职业领域往往有较好的发展，校对、打字、排版、检验员、化验员、登记员、保管员等工作也比较适合他们。

## 课堂活动

### 气质类型测试

回答下面"量表"问题时，认为很符合自己情况的计2分，比较符合的计1分，介于符合与不符合的计0分，比较不符合的计—1分，完全不符合的计—2分。

1. 做事力求稳妥，不做无把握的事。

2. 遇到可气的事就怒不可遏，想把心里话全说出来才痛快。

3. 宁肯一个人干事,不愿和很多人在一起。

4. 到一个新的环境很快就能适应。

5. 厌恶那些强烈的刺激,如尖叫、噪音、危险镜头等。

6. 和人争吵时,总是先发制人,喜欢挑衅。

7. 喜欢安静的环境。

8. 善于和人交往。

9. 羡慕那种能克制自己感情的人。

10. 生活很有规律,很少违反作息制度。

11. 在多数情况下情绪是乐观的。

12. 遇到陌生人觉得很拘束。

13. 遇到令人气愤的事,能很好地自我控制。

14. 做事总有很旺盛的精力。

15. 遇到问题常常举棋不定、优柔寡断。

16. 在人群中从不觉得过分拘束。

17. 情绪高昂时,觉得干什么事都有趣,情绪低落时,又觉得干什么都没意思。

18. 当注意力集中于一件事时,别的事很难使你分心。

19. 理解问题总比别人快。

20. 遇到危险情况时,常有一种极度的恐惧感。

21. 对学习、工作、事业怀有一种很高的热情。

22. 能够长时间做枯燥、单调的工作。

23. 符合兴趣的事情,干起来尽头十足,否则就不想干。

24. 一点小事就能引起情绪波动。

25. 讨厌做那种需要耐心、细致的工作。

26. 与人交往不卑不亢。

27. 喜欢参加热烈的活动。

28. 爱看感情细腻、描写人物内心活动的文艺作品。

29. 工作、学习时间长了,常会感到厌倦。

30. 不喜欢长时间谈论一个问题,愿意实际动手干。

31. 宁愿侃侃而谈,不愿窃窃私语。

32. 别人说你总是闷闷不乐。

33. 理解问题常比别人慢些。

34. 疲倦时只要短暂的休息就能精神抖擞,重新投入工作。

35. 心里有话宁愿自己想,不愿说出来。

36. 认准一个目标就希望尽快实现,不达目的不罢休。

37. 学习、工作一段时间后,常会比别人感到疲倦。

38. 做事有些莽撞,常常不考虑后果。

39. 老师在讲授新知识、技术时,总希望他讲慢些,多重复几遍。

40. 能够很快忘记那些不愉快的事情。

41.做作业或完成一件工作总比别人花的时间多。

42.喜欢剧烈、运动量大的体育活动,或喜欢参加各种文艺活动。

43.不能很快把注意力从一件事转移到另一件事上。

44.接受一个任务后,希望把它迅速完成。

45.认为墨守成规比冒风险强些。

46.能够同时注意几件事物。

47.你烦闷的时候,别人很难使你高兴起来。

48.爱看情节跌宕起伏、激动人心的小说。

49.对工作抱有认真严谨、始终如一的态度。

50.和周围的人的关系总是相处不好。

51.喜欢复习学过的知识,重复做已经掌握的工作。

52.喜欢做变化大、花样多的工作。

53.小时候背诗歌,你似乎比别人记得清楚。

54.别人说你"出语伤人",可你并不觉得。

55.在体育活动中,常因反应慢而落后。

56.反应敏捷,头脑机智。

57.喜欢有条理而不甚麻烦的工作。

58.兴奋的事情常使你失眠。

59.老师讲新概念,常常听不懂,但是弄懂以后就很难忘记。

60.假如工作枯燥无味,马上就会情绪低落。

计分方法:按题号将各题分为四类,计算每类题的得分总和。

胆汁质:2　6　9　14　17　21　27　31　36　38　42　48　50　54　58

多血质:4　8　11　16　19　23　25　29　34　40　44　46　52　56　60

黏液质:1　7　10　13　18　22　26　30　33　39　43　45　49　55　57

抑郁质:3　5　12　15　20　24　28　32　35　37　41　47　51　53　59

评价方法:

(1)如果某气质类型得分明显高于其他三种,均高出4分以上,则可定为是该气质类型;如果该气质类型得分超过20分,则为典型型;如果该气质类型得分在10～20分,则为一般型。

(2)两种气质类型得分接近,其差异低于3分,而且又明显高于其他两种,高出4分以上,则可定为是两种气质类型的混合型。

(3)三种气质类型得分接近而且均高于第四种,则为三种气质类型的混合型。

## 二、性格与职业

### (一)MBTI 性格类型的介绍

性格类型理论可以追溯到瑞士心理学家荣格。荣格第一次提出,人的行为并不是随机无序的,实际上是可以预测的,也是可以分类的。他指出,不同的行为是由于我们在执行大脑功能时不同的偏好,而这些不同的偏好构成了我们的人格,伴随着我们一生。而且这些偏好在我们生活早期便已形成,成为构筑我们人格的最基本的要素。这些偏好就成为我们一生中对人、对事的重要取向。在荣格进行他的研究时,同样对人格类型感兴趣的凯瑟琳·布里格斯开始发展她自己的一套鉴定人类性格的方法。在 1921 年,荣格将自己的性格类型理论写入《心理学类型》的书里,并出版发行。当凯瑟琳·布里斯读到荣格的《心理学类型》这本书时,她觉得荣格的性格类型理论就是她所研究的东西,所以她就直接采用了荣格的模型,并深入对他的理论进行了研究。碰巧的是,她的女儿伊莎贝尔同样对这个理论感兴趣。凯瑟琳·布里斯和她的女儿经过二十年的观察和研究,开发出更好的方式来测量人们之间的这些不同。她们设计了一份心理学量表来测量人与人之间的这些不同。这个心理量表称为 Myers-Briggs Type Indicator,简称为 MBTI。

目前,MBTI 是世界上应用广泛的心理测评工具。它的用途非常广泛,被用于自我认知、职业发展、人才测评、团队建设、管理培训、婚恋咨询及教育培训中。

### (二)MBTI 维度解释

第一个维度:根据个人的能量更集中地指向哪里来区分,分为外倾型与内倾型两种类型(I—E)。

如果只能用一个维度将人群区分开来的话,那么,这个维度应该是内外倾向,它是区分个体的最基本的维度。我们以自身为界,可以将世界分为自身以外的世界和自我的世界两个部分,也可称为外部世界和内部世界。外倾的人倾向于将注意力和精力投注在外部世界,外在的人、外在的物、外在的环境等;而内倾的人则相反,较为关注自我的内部状况,如内心情感、思想。两种类型的个体在自己偏好的世界里会感觉自在、充满活力,而到相反的世界里则会不安、疲惫。因此,外倾与内倾的个体之间的区分是广泛而明显的,并不像我们平时讲的"外倾者健谈、内倾者害羞"那么简单,具体可以从下列几个方面进行分析。外倾型(E)与内倾型(I)的区别见表 3-1。

**表 3-1　　　　　　　　　　　外倾型(E)与内倾型(I)区别一览表**

| 外倾型(E) | 内倾型(I) |
| --- | --- |
| 与他人相处精力充沛 | 独自度过时光精力充沛 |
| 希望成为注意的焦点 | 避免成为注意的焦点 |
| 先行动,后思考 | 先思考,后行动 |
| 喜欢边想边说出声 | 在心中思考问题,不善于表露 |
| 易于"读"和了解;随意地分享个人信息 | 相对封闭,更愿意在经挑选的小群体中分享个人的信息 |
| 说的比听的多 | 听的比说的多 |
| 高度热情地进行社交活动 | 不把热情表现出来 |
| 反应快,喜欢快节奏 | 仔细考虑后,才有所反应,喜欢慢节奏 |
| 重于广度而不是深度 | 喜欢深度而不是广度 |

根据上述的内容,你基本能确定你的内外倾向的偏好。当然,不要期望每条标准都完全符合,如果大部分符合,基本上就可以确定了。也不要要求每时每刻都以同样类型的方式行事。人毕竟生活在社会中,有时会顺应外在环境、工作的需要调整自己的行为。

再外倾的人,在特定的场合,也会是个好的倾听者;再内倾的人,在特定场合发表意见时,也会滔滔不绝。所以,关键在于,我们需追问自己:我到底以什么样的方式行事,才是自己感觉最好的、最习惯的?

第二个维度:根据个人收集信息的方式不同,分为感觉与直觉两种类型(S—N)。

我们每个人都在不断接受着信息,根据个体接受信息的方式不同,可分为感觉型与直觉型两种类型。首先,面对同样的情景,感觉型的人关注的是事实本身,注重细节,而直觉型的人注重的是基于事实的含义、关系和结论;感觉型的人信赖感官听到、看到、闻到、感觉到、尝到的实在的事实和信息,而直觉型的人注重"第六感觉",注重"弦外之音",直觉型的人的许多结论在感觉型的人眼里,也可能是不实在的。其次,感觉型的人对待任务,习惯于按照规则、手册办事,照着手册使用家电,看着地图辨认交通路线,而直觉型的人,习惯于尝试,跟着感觉走,他不习惯仔细地看完一大本说明书再动手。感觉型习惯于固守现实,享受现实,使用已有的技能,直觉型的人更习惯变化、突破现实。简言之,感觉型注意"是什么",实际而仔细。直觉型则更关心"可能是什么"。具体可以从下列几个方面进行分析。感觉型(S)与直觉型(N)的区别见表 3-2。

表 3-2　　　　　　　　　　　感觉型(S)与直觉型(N)区别一览表

| 感觉型(S) | 直觉型(N) |
| --- | --- |
| 相信确定和有形的事物 | 相信灵感和推断 |
| 喜欢新想法——它们必须有实际意义 | 喜欢新思想和概念——它们必须符合自己的意愿 |
| 重视现实性和常识性 | 重视想象力和独创力 |
| 喜欢使用和琢磨已知的技能 | 喜欢学习新技能,但掌握之后便很容易厌倦 |
| 留心具体的和特殊的;进行细节描述 | 留心普遍的和有象征性的;使用隐喻和类比 |
| 循序渐进地讲述有关情况 | 以一种绕圈子的方式跳跃性地展现事实 |
| 着眼于现实或现在 | 着眼于未来 |

我们周围,两种类型的人都会存在,极端典型的比较少,大多数人兼有两种特质,但其中一种会更突出一些,成为本人的特色,也由此可以确定本人的类型。使用哪种方式接受信息都有利有弊。作为个体,往往只擅长一种,了解到这一点,直觉型的人就不必在百科全书式的人物面前自叹不如,感觉型的人也无需在灵动、敏感的直觉者面前不好意思了。当然,我们在享受自我性格类型所带来的优势的同时,也不妨逐渐有意识地弥补弱处,例如,直觉型的人可多关注一些细节,而感觉型的人可多留意蕴含的潜在信息。

第三个维度:根据个人做决定的方式的不同,分为思考型与情感型两种类型(T—F)。

如果仅看思考型与情感型这个维度的名称,或许会让人觉得思考型的人是理性的,而情感型的人是非理性的。事实上并非如此,两类人都有理性思考的成分,但做决定或下结论的主要依据不同。情感型的人常从自我的价值观念出发,变通地贯彻规章制度,做出一些自己认定是对的决策,比较关注决策可能给他人带来的情绪体验,人情味较浓。思考型的人则比较注重依据客观事实的分析,一视同仁地贯彻规章制度,不太习惯根据人情因素变通,哪怕做出的决定并不令人舒服。具体可以从下列几个方面进行分析。思考型(T)与情感型(F)的区别见表 3-3。

**表 3-3** **思考型(T)与情感型(F)区别一览表**

| 思考型(T) | 情感型(F) |
|---|---|
| 退后一步思考,对问题进行客观的分析 | 超前思考,考虑行为对他人的影响 |
| 重视逻辑、公正、公平规则 | 重视同情与和睦,重视准则的例外性 |
| 善于发现缺点,倾向于批评 | 给人快乐,容易理解别人 |
| 被认为冷酷、麻木、漠不关心 | 被认为感情过多,缺少逻辑性,软弱 |
| 认为圆通比坦率更重要 | 认为圆通与坦率同样重要 |
| 只有情感符合逻辑时,才是正确的,才可取 | 无论是否有意义,认为任何感情都可取 |
| 渴望成就而激励 | 为了获得欣赏而激励 |

不同性别的个体在这个维度上的偏好有所差异,据研究,大约 2/3 的女性偏好情感型,2/3 的男性偏好思考型。这或许是社会本身对不同性别的人给予了不同的期待,期待女性的同情心,期待男性的冷静、客观。其实,这两种类型无所谓好与坏,重要的是理解和自己不同类型的人的做法,并且尽量避免走入极端。极端的思维倾向,可能会给人"冷酷"的感觉,而极端的情感倾向则给人"无原则"的感觉。看看你的性格在这个维度上会有什么样的偏好?

第四个维度:根据个人处理信息的方式,可分为判断型与知觉型两种类型(J—P)。

如果我们看看其他人的办公桌上、包内或柜子里摆放的物品,可以发现,有些人经常是井然有序的,而有些人就不那么习惯于保持整齐,前者是判断型的人具有的特征,后者是知觉型的人经常有的状态。在处事方式上,判断型的人目的性较强,一板一眼,他们喜欢有计划、有条理的世界,更愿意以比较有序的方式生活。知觉型的人好奇性、适应性强,他们会不断关注新的信息,喜欢变化,也会考虑许多可能的变化因素,更愿意以比较灵活、随意、开放的方式生活。在做决策时,判断型的人较为果断,而知觉型的人总希望获得更多信息后再决断。逛了两天商场,还决定不了买什么的人,多半是知觉型的。具体可以从以下几个方面进行分析。判断型(J)与知觉型(P)的区别见表 3-4。

**表 3-4** **判断型(J)与知觉型(P)区别一览表**

| 判断型(J) | 知觉型(P) |
|---|---|
| 做了决定后感到快乐 | 当各种选择都存在时,感到快乐 |
| 有"工作原则",先工作再玩 | "玩的原则",先玩再完成工作 |
| 建立目标,并准时地完成 | 随着新信息的获取,不断改变目标 |
| 愿意知道自己将面对的情况 | 喜欢适应新情况 |
| 着重结果(重点在于完成任务) | 着重过程(重点在于如何完成任务) |
| 满足感来源于完成计划 | 满足感来源于计划的开始 |
| 把时间看作有限的资源,认真地对待最后期限 | 认为时间是可更新的资源,而最后期限也是有收缩的 |

多数人兼具两种倾向,只是更偏向某一端。我们在日常生活、工作中,也会受其他因素影响,改变一贯的方式,如面临紧急的或期限明确的任务,知觉型的人也会果断起来。

兴致所至,也会把物品收拾得整整齐齐,但这些并不是他们常有的行为方式,也不是他们内心感到真正自然、舒服的方式。作为个体,一方面根据内心的感受识别自我的偏好,发挥优势,另一方面,则要约束一下性格的弱点。

对照四个维度的描述,初步可以识别自己在每个维度上的偏好。取每个维度上偏好类型的代表字母,即可以由四个字母构成你的性格类型,如 ISFJ,即内倾感觉情感判断型;ENFP,即外倾直觉情感知觉型。根据每一项倾向性的判定,最终可以得出 16 种组合。

### (三)MBTI 16 种性格类型特征及适应的职业

MBTI 16 种性格类型见表 3-5。

表 3-5           16 种性格类型一览表

| | | | |
|---|---|---|---|
| 内倾感觉思考判断(ISTJ) | 内倾感觉情感判断(ISFJ) | 内倾直觉情感判断(INFJ) | 内倾直觉思考判断(INTJ) |
| 内倾感觉思考知觉(ISTP) | 内倾感觉情感知觉(ISFP) | 内倾直觉情感知觉(INFP) | 内倾直觉思考知觉(INTP) |
| 外倾感觉思考知觉(ESTP) | 外倾感觉情感知觉(ESFP) | 外倾直觉情感知觉(ENFP) | 外倾直觉思考知觉(ENTP) |
| 外倾感觉思考判断(ESTJ) | 外倾感觉情感判断(ESFJ) | 外倾直觉情感判断(ENFJ) | 外倾直觉思考判断(ENTJ) |

**1.ENTJ(外倾、直觉、思考和判断)——一切顺利,因为我一手掌握**

(1)个性特征描述

ENTJ 型的人是伟大的领导者和决策人。他们能轻易地看出事物具有的可能性,很高兴指导别人,使他们的想象成为现实。他们是头脑灵活的思想家和伟大的长远规划者。

ENTJ 型的人很有条理和分析能力,他们通常对要求推理和才智的任何事情都很擅长。为了在工作中称职,他们通常会很自然地看出所处的情况中可能存在的缺陷,并且立刻知道如何改进。他们力求精通整个体系,而不是简单地把它们作为现存的接受物而已。ENTJ 型的人乐于完成一些需要解决的复杂问题,他们大胆地力求掌握使他们感兴趣的任何事情。ENTJ 型的人把事实看得高于一切,只有通过逻辑的推理才会确信。

ENTJ 型的人渴望不断增加自己的基础知识,他们系统地计划和研究新情况。他们乐于钻研复杂的理论性问题,力求精通任何他们认为有趣的事物。他们对于行为的未来结果更感兴趣,而不是事物现存的状况。ENTJ 型的人是热心而真诚的天生的领导者。他们往往能够控制他们所处的任何环境。因为他们具有预见能力,并且乐于向别人传播他们的观点,所以他们是出色的群众组织者,他们往往按照一套相当严格的规律生活,并且希望别人也是如此。因此他们往往具有挑战性,同样艰难地推动自我和他人前进。

(2)可能存在的盲点

由于 ENTJ 型的人渴望向下一个目标挑战,或向更大的目标前进,所以有时他们草率地做决定。偶尔放慢速度会有机会收集所有相关的资料,考虑行为的实际后果和有关个人的后果。他们一旦做出决定就立刻行动,而不是停下来重新检查细节和形势的现实情况。

因为 ENTJ 型的人按照很有条理的方式生活,所以当他们无法理解别人的需求和情感出现的理由时,就会对这些情感显得粗鲁、迟钝、缺乏耐心和麻木。ENTJ 型的人好争论,难以接近,经常不欢迎别人给的清楚明白的建议,他们与其等着接受必然的批评,不如去聆听周围人们的情况,并对周围人的贡献表示感激。事实上作为一条原则,ENTJ 型的人应该有意识地努力,在确信自己的想法之前,停下来去聆听别人的意见,从而避免武断专横的行为。

ENTJ 型的人承认忽略或不表达自己的情感时,发现自己在感情上反应激烈。如果他们发现某个人,尤其是他们尊敬的人,对他们的能力表示疑问时,更容易感情激动。他们对貌似无足轻重的情况会有粗暴的反应,这种爆发会伤害接近他们的事物。当 ENTJ 型的人给自己时间去考虑和理解自己真正的感情如何时,会更加快乐和引人注目。与其任情感左右自己的人格类型,不如给感情一个积极的发泄途径,这样才会真正地充分控制感情,从而处于一种愉快和力求达到的境界。令人惊讶的是,ENTJ 型的人实际上不如他们自信的风度所表现的那样老练和有能力。允许自己从别人那里得到合理而有价值的帮助,他们将会增加个人的能力和成功的概率。

(3)工作中的优势与劣势

工作中的优势:

①能看到事情的可能发展情况及潜在含义;

②有创造性解决问题的天资,能客观地审查问题;

③有追求成功的干劲和雄心;

④自信且具有天生的领导才能;

⑤对于在工作中胜任和胜出有强烈的动机;

⑥标准高,工作原则强;

⑦能创造方法体系和模式来达到目标;

⑧敢于采取大胆的行动,有不达目的不罢休的势头;

⑨能有逻辑地、分析后做出决定;

⑩擅长于从事技术性的工作,学习新东西时接受能力强。

工作中的劣势:

①对那些反应不如你敏捷的人缺乏耐心;

②唐突、不机智、缺乏交际手段;

③易于仓促作决定;

④对一些世俗小事没有兴趣;

⑤有想要去改变那些根本没有必要改变的事物的倾向;

⑥不愿花时间适当地欣赏、夸奖同事或别人;

⑦对那些既定问题不愿再审查;

⑧易于过分强调工作,从而破坏了家庭的和谐。

(4)适合的岗位特质

①领导、控制、组织以及完善一个机构的运行体制,以便有效地运行并达到计划目的。

②允许从事长远策略计划,创造性地解决问题,以及对各种不同问题设计出富有创意且符合逻辑的解决方法。

③在一个组织性强的环境中完成,在一些明确的指导方针下工作。

④鼓励求知欲,同时允许从事复杂且通常比较棘手的问题。

⑤有机会与各种有能力、有趣且实力不同的人交往,机构内不断前进、提高并展示自己的才能。

⑥工作有刺激性、挑战性及竞争性,并且在工作中要成为公众注意的焦点,同时成就要看得见、被认同,且能够得到一定的回报。

⑦设立一定的目标,并为实现它们而奋斗,允许运用自己的组织技能来使自己及别人集中精力于更大的目标,而同时自己所有的目标都能及时、有效地实现。

⑧管理并监督别人,运用逻辑、客观的标准利用每个人的才能,但不必处理人际冲突。

(5)职业类型——您适合的职业

适合ENTJ型的人的一般职业包括:

①商业:经理、高级主管、办公室经理、行政管理人、人事经理、销售经理、营销经理、网络一体化专家、技术培训人员、信息服务——新业务开发人、后勤顾问(生产)、广告业务经理、管理顾问、电脑/信息服务人员、营销人员、机构重组人员、媒体策划/买主、国际销售和营销人员、特许权所有人。

ENTJ型的人往往喜欢在商业领域工作。他们喜欢处于控制和领导的位置。作为商业经理,他们能够运用远景思维能力来随时制订适应变化的计划,规划出实现目标的最佳过程。ENTJ型的人使用直接管理方式,能够做出坚决而尚属公平的决定,为雇员制定工作政策。他们喜欢周围的人独立、注重结果,不需太多的监督和干涉就能完成工作。因ENTJ型的人有能力影响他人而且能轻松地与人交往和联络,他们通常会晋升为机构的最高领导。

②金融:个人财务设计人、经济分析家、抵押经纪人、信用调查员、股票经纪人、投资银行家、公司财务律师、国际银行家、经济学家。

ENTJ型的人通常在金融领域做得很出色。他们喜欢赚钱,也喜欢和别人的钱打交道。他们喜欢这一领域的竞争性,能够轻易快速地控制局面。这些职业使ENTJ型的人能够发挥预测趋势的才能,以便为自己和客户设计简洁的途径来充分把握机会。他们不喜欢细节化、按部就班的工作,但他们可以把这些事情交给一个合格的助手去做。

③咨询/培训:商业顾问、管理顾问、教育顾问、项目设计人、管理培训人、就业开发专家、劳工关系顾问、电信安全顾问、公司工作小组培训人。

咨询行业所具有的变化和独立性对ENTJ型的人很有吸引力。近年来,这一领域发展迅速,使ENTJ型的人有机会满足他们所具有的企业家精神,使他们得以与各种各样商业背景下的人打交道,而且能得到与投入的工作相符合的回报。ENTJ型的人往往能够出色地进行商业或管理顾问工作,成为能够激励他人的出色的培训员。他们常常能够通过创造性的设计和生动灵活的学习班来开创有组织而且充满挑战的环境。他们总是喜欢承担新的工作项目,乐于教导雄心勃勃的人们如何提高自己的能力。

④专业性职业:律师、法官、心理学家、科学/社会科学教师、化学工程师、知识产权律师、生物医学工程师、精神病学家、环境工程师。

这些专业提供了 ENTJ 型的人在职业生涯中寻求的地位和影响力。ENTJ 型的人通常喜欢法律领域,能够成为成功的律师和法官。心理学和精神病学的智力挑战吸引许多 ENTJ 型的人,复杂的化学工程行业和日益发展的生物医学工程领域对 ENTJ 型的人也有同样的吸引力。在教育领域中,ENTJ 型的人通常愿意教授高年级的学生,尤其是中等教育、成人教育以及高等教育。他们喜欢将他们的知识运用于周围的世界,常常从事那种可以让他们把教育责任扩展到其他领域的职业,如政治或政治顾问。

（6）个人发展建议

现在你对自己的人格类型和动力已经有了一个比较清楚的了解,但这还不够。如何通过这些信息使你在这份工作上取得更大的成功,才是关键所在。

成功的秘诀:

①放慢你行动的节拍。

②注重细节。

③体谅他人的需要。

发展建议:

①需要区分人的因素并欣赏他人的贡献。

②需要在埋头苦干之前,仔细检查可以利用的、实际的人与情境资源。

③在决策前,需要花时间三思问题的所有方面。

④需要学会认同和看重感情。

**2. ENFP(外倾、直觉、情感和知觉)——天底下没有不可能的事**

（1）个性特征描述

ENFP 型的人充满热情和新思想。他们乐观、自然、富有创造性和自信,具有独创性的思想和对可能性的强烈感受。对于 ENFP 型的人来说,生活是激动人心的戏剧。因为 ENFP 型的人对可能性很感兴趣,所以他们了解所有事物中的深远意义,喜欢许多可供选择的事物的存在。他们具有洞察力,是热情的观察者,善于注意常规以外的任何事物。ENFP 型的人好奇心强,他们更喜欢理解而不是判断。

ENFP 型的人具有想象力、适应性和可变性,他们视灵感高于一切,常常是足智多谋的发明人。有时他们不墨守成规,善于发觉做事情的新方法。ENFP 型的人为思想或行为开辟新道路,并保持它们的开放。在完成新颖的想法的过程中,ENFP 型的人依赖冲动的能量。他们有大量的主动性,认为问题令人兴奋。他们也从所处的周围其他人中得到能量的输入,能够把自己的才能与别人的力量成功地结合在一起。

ENFP 型的人具有魅力、充满生机。他们待人热情、彬彬有礼、富有同情心,愿意帮助别人解决问题。他们具有出色的洞察力和观察力,常常关心他人的发展。ENFP 型的人善于避免冲突,喜欢和睦。他们把更多的精力倾注于维持个人关系而不是客观事物,喜欢保持一种广泛的人际关系。

（2）可能存在的盲点

由于觉得产生想法很容易,所以要 ENFP 型的人每次把精力仅仅集中在一件事上很困难,在做决定时很麻烦。他们了解许多可能性,以至他们很难挑选最好的活动或兴趣去追求。对于一个 ENFP 型的人来说,一个计划中有意思的部分是最初问题的解决和引出一些新内容。他们乐于在一个问题最重要和富有挑战性的部分施展自己的灵感。这一阶段过后，他们常常会失去兴趣，缺乏完成已经开始的工作所必要的自我约束。他们很可能会开始许多计划，但完成的却寥寥无几，当 ENFP 型的人坚持完成单调却又必要的计划时，他们必须付出更多的努力。

ENFP 型的人对于细节不是很感兴趣。由于他们对于运用自己的灵感而产生有独创性的事物更感兴趣，所以他们厌烦为了完成一项特别的活动去搜集自己所需要的材料。有时他们仅仅是当场即兴创作，而事先没有计划和准备。因为他们觉得收集材料单调枯燥，所以他们永远超不出"闪亮的思维"阶段，冒着一旦开始，永不结束的危险。一直不变的是，他们宁愿推迟处理麻烦的细节，而把注意力转移到创新的或不寻常的其他事情上。

（3）工作中的优势与劣势

工作中的优势：

①希望打破常规思考，考虑事情发展可能出现的新情况。

②敢于冒险、敢于尝试新事物，能克服障碍。

③兴趣广泛，对自己感兴趣的东西接受能力强。

④对收集自己所需信息有一种天生的求知欲和技能。

⑤能通观全局，能看出行为和思想之间的潜在含义。

⑥交际能力强，能激发别人的热情。

⑦适应能力强，能迅速改变自己的行事速度及目标。

⑧能洞察别人，能理解他们的需要和动机。

工作中的劣势：

①不善于把握事物的轻重，难于决定优先处理哪些事。

②对缺乏独创性的人没有耐心。

③不愿以传统或常规的方式行事。

④易于烦躁或不耐烦，尤其是当工作中创造性过程结束后。

⑤讨厌做重复性的工作。

⑥不能容忍过于严谨的工作。

⑦倾向于关注可能发生的事情，而非实际的或极不可能发生的事情。

⑧有变得毫无组织纪律的倾向。

（4）适合的岗位特质

①有机会帮助各种各样的人解决互不相同的问题，而同时自己也能从中受到灵感的启发。

②通过创造新奇的观点、产品、服务以及解决问题的方法来帮助别人，并能看到自己的计划变成现实。

③工作要集趣味性、挑战性、多样性于一体。

④工作中尽可能少地要求自己处理培训后续工作、日常琐事，也不要要求自己维护一个系统或工程。

⑤允许以自己的进度或日程来安排自己的工作，工作中没有太多规章制度，而应该

有自主行动的自由。

⑥能有机会遇到一些新的面孔，学习一些新的技能以不断满足自己的求知欲。

⑦工作必须与个人信仰和价值观相一致，并能创造对别人有利的机会。

⑧工作的环境必须友好、轻松，人们幽默、亲切，且彼此之间没有人际冲突。

⑨能自由发挥自己的灵感，并愿意参加一些刺激、有趣的冒险。

⑩在工作中，热情、创造力以及想象力能得到赏识和回报。

（5）职业类型——适合的职业

适合 ENFP 型的人的一般职业包括：

①创造性职业：记者、编剧或剧作家、专栏作家、性格演员、音乐家或作曲家、新闻广播员、室内装潢人、卡通制作人、艺术家、杂志报道人或编辑、信息图片设计师。

这些创造性职业明显的吸引力在于其中有机会不断发展新颖而有创造力的方法。ENFP型人的喜爱创造过程，尤其是它提供了合作及与他人合作所激发自身灵感的机会。工作环境越没有压力越灵活，ENFP 型的人就越喜欢。

②营销/计划：公关专家、营销顾问、广告业务经理、广告撰稿人或公共写作人、广告创意指导、战略策划人、报刊宣传员、调研助理、编辑或艺术指导（杂志）。

ENFP 型的人通常是出色的思维广阔的思想家，他们能很容易地看出一个想法、计划或服务对于他人的效果。他们在计划中考虑别人的需要和关注点，而且经常能想出创新的及富有人情的解决办法，他们喜欢创造性地解决问题，尤其当他们作为一个活泼而精力旺盛的群体的一部分时。ENFP 型的人往往聪明有趣，他们为刊登或播送而撰写广告的时候感到很满意。广告的迅速和不断的变化是很有吸引力的。

③教育/咨询：特殊教育老师、双语种教育老师、早期儿童教育老师、艺术戏剧老师、音乐及英语老师、儿童福利顾问、酒精毒品禁戒顾问、社会工作者（老年人及儿童日常照顾问题）、发展指导、职业顾问、住宅安居指挥、民意调查员、主教顾问、康复中心工作人员、社会学家、心理学家。

许多 ENFP 型的人发现对于他人有积极影响力的工作在本质上是令人满意的。他们能成为富于同情心与支持鼓励他人的心理学家，能成为有创造力而热诚的职业顾问，能帮助他们的客户发现新颖而有主见的解决问题的方法。他们关注事物的可能性，尤其是对于别人的可能性，而且他们充满感染力和旺盛精力的风格激励他们的客户试着在生活中进行积极地改变。

④健康护理/社会服务：营养学家、语言病理学家或听觉学家、全面健康医生、按摩治疗专家、雇员辅助计划顾问、理疗专家、法律调停人。

这些健康护理及社会服务领域的工作对于 ENFP 型的人通常是有吸引力的，部分是因为它们能予人帮助的性质及具有运用创造性方法的机会。而且也因为它们是使人们保持独立和灵活的同时进行自我管理的职业。

⑤企业家/商业：顾问、发明家、无形商品或点子的销售人员、人力资源经理、人力资源发展训练人、会议安排人、雇佣发展专家、饭店老板、管理顾问、公司或小组培训人、人力资源多样化管理人、广告业务管理人或经理、公关专家、营销主管（广播或电视或有线转播业）、调职顾问、环境法律师。

ENFP 型的人是天生的企业家,他们喜欢给自己干活,因为这给予他们自由和灵活,也让他们有机会选择自己想做的工作以及想合作的人。他们通常极富想法并想付诸实现,尤其是那些影响其他人的。许多 ENFP 型的人喜欢在建立合作组、解决冲突或提高工作效率等方面做顾问。他们也喜欢成为独立的销售员。

(6)个人发展建议

成功的秘诀:

①把握事情轻重,优先处理重要事宜。

②集中精力于某一目标。

③对自己接手的事坚持到底。

发展建议:

①需要设立优先级,考虑轻重缓急,发展要持之以恒。

②需要关注重要的细节。

③需要学会审查计划或规划,而不是尝试去做所有看起来有吸引力的事情。

④需要学会并运用时间管理技能。

### 3. ENFJ(外倾、直觉、情感和判断)——公共关系专家

(1)个性特征描述

ENFJ 型的人热爱人类。他们认为人的感情关系是最重要的,而且他们很自然地去关心别人。他们以热情的态度对待人生,感受与个人相关的所有事物。由于他们很理想化,按照自己的价值观生活,因此 ENFJ 型的人对于他们所尊重和敬佩的人、事业和机构非常忠诚。他们精力充沛、满腔热情、富有责任感、勤勤恳恳、锲而不舍。

ENFJ 型的人具有自我批评的自然倾向。然而,因为他们对他人的情感具有责任心,所以 ENFJ 型的人很少在公共场合批评人。他们敏锐地意识到什么是(或不是)合适的行为。他们彬彬有礼、富有魅力、讨人喜欢、深谙社会。ENFJ 型的人具有平和的性格与忍耐力,他们擅长于外交,擅长在自己的周围激发幽默感。他们是天然的领导者,受人欢迎而有魅力,他们愿意成为出色的传播工作者,有利用自己口头表达的天赋。

ENFJ 型的人在自己对一种情况的感受的基础上做决定,而不是这种情况事实上如何。他们对显而易见的事物之外的可能性,以及这些可能性以怎样的方式影响他人感兴趣。ENFJ 型的人天生具有条理性,他们喜欢一种有安排的世界,并且希望别人也是如此。即使其他人正在做决定,他们还是喜欢把问题解决掉。

ENFJ 型的人显得富有同情心和理解力,愿意培养和支持他人。他们能很好地理解别人,有责任感和关心他人。由于他们是理想主义者,因此他们通常能看到别人身上的优点。

(2)可能存在的盲点

ENFJ 型的人具有强烈的同情心与关切之心,以至于对一些问题和他人的情感涉入过多。有时他们选择的事业并不值得他们倾注所有的时间和精力。当一些事情完成得不是很好时,他们会觉得不知所措、失望和理想破灭。这会使他们退缩,感到自己不被欣赏。

由于他们对和睦、友好强烈的渴望,因此 ENFJ 型的人能够忽视自己的需求和真实

的问题。因为回避冲突，所以他们有时维持一种缺乏诚实和平等的人际关系。ENFJ型的人非常在意别人的情感，以至于当情况涉及批评或伤害感情时，他们能视而不见重要的事实。因为他们满怀热情，急切地开始下一次挑战，所以 ENFJ 型的人有时会做出错误的臆断或过于急促的决定，而没有搜集到所有重要的事实。

ENFJ 型的人对于情感因素关注的程度到了对他们行为的必然结果视而不见的地步。他们对于赞扬有着很好的反应，但却很容易被批评所伤害，这些批评使他们很易怒。他们当面受到哪怕是最无恶意或动机良好的批评时，反应也是激动、感到受伤害或生气。ENFJ 型的人理想化，他们对事物的希望是怎样，便怎样去看待事物。他们易受理想化的人际关系的影响，易于忽视与他们认为相矛盾的事实。ENFJ 型的人不会面对自己无法认同的事实，结果往往忽视了问题，而不去寻找解决的方法。

(3)工作中的优势与劣势

工作中的优势：

①优秀的交流及表达能力。

②天生的领导才能及凝聚力。

③热情奔放，有较强的寻求合作的能力。

④坚决果断，有组织能力。

⑤渴望推陈出新。

⑥与别人感情交融，能预见别人的需要，能真诚地关怀别人。

⑦兴趣广泛，头脑灵活。

⑧能统观全局，能洞察行为与意识之间的联系。

⑨鞭策自己做出成绩，达到目的。

⑩对自己所信仰的事业尽职尽责。

工作中的劣势：

①不愿干预与自己价值观相冲突的事。

②容易把人际关系理想化。

③很难在竞争强、气氛紧张的环境下工作。

④对那些没效率或死脑筋的人没有耐心。

⑤逃避矛盾冲突，易于疏忽不愉快的事。

⑥在没有收集足够信息前，易于仓促做决定。

⑦不愿训诫下属，易于因轻率而犯错误。

⑧易于满足小范围管理，决不放弃控制权。

(4)适合的岗位特质

①能与同事、客户、主顾建立并维持亲密的、互助的人际关系。

②对于所负责的项目中出现的问题，自己能创造性地解决，同时付出努力让自己有所回报。

③能看到工作有很好的前景，所做的贡献能得到别人的赏识，自身及事业能得到发展、进步，同时得到他人的鼓励。

④可以成为另一群富有创造精神的人中的一员，同时很充实，且有成就感。

⑤有足够的时间探求解决问题的创造性方法,然后与支持、关心的人分享。

⑥工作环境是积极且富有挑战性的,而且在工作中有权力,同时操纵多个项目。

⑦在工作中,能充分发挥组织和决策能力,对自己负责的项目有自主权,并对其承担一定责任。

⑧工作变化性很强,且允许有时间对它有条不紊地进行好规划。

⑨工作环境轻松,人们之间没有冲突,也没有相互猜忌。

⑩有机会接触新观念,并允许探究一些新方法,能让别人生活得更美好。

(5)职业类型——适合的职业

适合 ENFJ 型的人的一般职业包括:

①交流性职业:广告销售主管、公共关系专家、对外交流董事、作家/新闻工作者、娱乐表演者/艺术家、资金筹备人、招聘人员、娱乐业导演、电视制片人、新闻广播员、政客、信息制图设计人、营销经理(电台、电视、有线播放行业)、编辑(杂志)。

ENFJ 型的人是熟练的交流者。他们善于理解他人,容易使他人高兴,因此他们常常具有足够老练的外交手段。他们有时候更喜欢口语而不是书面语言,但许多 ENFJ 型的人也是很好的作家。他们乐于通过接触和会见人们来了解事情或问题所包含的各个方面,收集种种信息。广告、公共关系和融资领域的工作常常是令人满意的,尤其当一个 ENFJ 型的人推崇其中涉及的产品、服务或目标,或者当环境不是太具竞争性或充满冲突的时候。ENFJ 型的人可以迅速地与顾客、客户以及同事建立关系,能够成为具有说服力和效率的代理人、制作人、招聘人员和政界人士。他们是天生具有超凡感召魅力的领导者,以促进大大小小群体之间的交流为乐。

②咨询顾问性职业:心理医生、职业顾问、翻译/口译、雇员帮助顾问、私人顾问、公司公共活动顾问。

许多 ENFJ 型的人从帮助他人自我了解而获得幸福和满足的职业中得到自己的满足感。他们乐于帮助客户了解个人的问题,克服困难。ENFJ 型的人通常热情、富于同情心,是有影响力的治疗医生。他们常喜欢从事牧师的工作,这样可以与他人分享自己的价值观念,帮助自己和他人发挥全部潜力。他们可以很容易地看到可行的选择或解决办法,进而帮助他们的客户也了解到同样的情况。

③教育/社会服务性职业:教师(卫生健康/艺术/戏剧/英文)、系主任、大学教授、儿童福利工作者、图书馆管理员、社会工作者、特殊教育教师、双语种教育老师、老年人社会工作者、住宅安居指导、非营利性组织的指导者、早期教育教师。

ENFJ 型的人常常从事教育行业,因为这一职业可以给予他们直接与人们打交道从而帮助他人成长和发展的机会。他们喜欢教授那些能够着重于事物的意义并通过解释与表达来讲授的科目。他们首要和谐而合作的工作环境,能够容纳所有的看法,鼓励人们公开分享各自的看法和情感。社会服务性机构也常常吸引 ENFJ 型的人,因为它们提供了以改善自己与他人的生活质量为工作目标的机会。他们喜欢做领导者,可以尽可能多地驾驭他们的工作,喜欢看到经过他们的努力而带来的积极结果。

④健康护理性职业:全面健康医生(可替代药物)、饮食学家/营养学家、语言障碍病理学家/听觉病理学家、职业治疗医生。

在迅速扩大的保健行业中,这些职业很好地利用了 ENFJ 型的人的观察、诊断以及处理对象整体的能力,ENFJ 型的人通常对心理学的、感情的以及精神的疾病原因很感兴趣,常常着迷于新型以及替代性的各种治疗方法。他们喜欢职业疗法以及语言病理学所具有的创造性地解决问题的因素。

⑤商业/咨询性职业:开发人力资源的培训员、推销培训员、招聘人员、旅游代理人、小型企业经理、项目设计人、销售经理、调职顾问、公司/工作小组的培训员、生态旅行专家、管理顾问。

咨询性行业中许多不同的工作为 ENFJ 型的人提供了职业满足感,这样的工作在与他人保持密切联系的同时也能使人保持独立性。ENFJ 型的人是出色的表达者和培训员,尤其适合从事面对个人或团体并帮助他们提高效率的工作。他们富于创造力且精力充沛,是新方案和新服务的设计者,但这仅仅是在这些方案对他人有益的情况下。他们喜欢在小一些的公司或机构里担任经理职务,这样他们可以具有积极主动的影响力,而以寻求新工作方法过程中出现的种种变化和机会为乐,同时他们仍然可以拥有一定的控制权力。

(6)个人发展建议

成功的秘诀:

①放慢你匆忙的脚步。

②适当放弃某些控制权。

③客观对待周围的一切。

发展建议:

①需要防止盲目的信任和赞同。

②需要有成效地管理冲突。

③需要像关注人一样关注任务的细节。

④需要仔细倾听外界的反馈信息。

**4. ISTP(内倾、感觉、思考和知觉)——用我已经得到的,做到最好**

(1)个性特征描述

ISTP 型的人坦率、诚实、讲求实效,他们喜欢行动而非空谈。他们很谦逊,对于完成工作的方法有很好的理解力。

擅长分析,所以他们对客观含蓄的原则很有兴趣。他们对于技巧性的事物有天生的理解力,通常精于使用工具和进行手工劳动。他们往往做出有条理而保密的决定,他们仅仅是按照自己所看到的、有条理而直接地陈述事实。

好奇心强,而且善于观察,只有理性、可靠的事实才能使他们信服。他们重视事实,简直就是有关他们知之甚深的知识的宝库。他们是现实主义者,所以能够很好地利用可获得的资源,同时他们善于把握时机,这使他们变得很讲求实效。

平和而寡言,往往显得冷酷而清高,而且容易害羞,除了与好朋友在一起时。他们平等、公正。他们往往受冲动的驱使,对于即刻的挑战和问题具有相当的适应性和反应能力。因为他们喜欢行动和兴奋的事情,所以他们乐于户外活动和运动。

（2）可能存在的盲点

因为 ISTP 型的人独自做决定，所以他们常常对事情自我保留，这使得在他们的生活中的人对于即将发生的事情茫然不知，他们很难与别人分享行动、情感，也很少关心别人，因为他们认为这些是没有必要的。ISTP 型的人过于注重现实，渴望拥有自由的时间，所以他们不愿意花很多时间去描绘出整个计划，完成所有的步骤和细节。ISTP 型的人始终都注意着新的感官信息，喜欢开放地面对所有可进行的选择，所以他们会优柔寡断。对于兴奋事物的需求使得他们很草率而易于厌烦。

（3）工作中的优势与劣势

工作中的优势：

①出色处理限定任务和实质产品的能力。

②敏锐的观察力和对事实信息的出色记忆力。

③将混乱的数据和可辨认的事实有序排列的能力。

④独自工作或与你敬佩的人并肩工作的态度。

⑤在压力之下面对危机保持头脑冷静的能力。

⑥知道完成工作需要做什么和必须做什么的能力。

⑦用手和工具工作。

⑧对突然变化和迅速发生的转变适应良好的能力。

⑨实际性和丰富的常识。

⑩确认和利用有效资源的能力。

⑪柔韧性和愿意冒险以及尝试新事物。

工作中的劣势：

①难以看到行动的深远影响。

②缺乏进行言语交流的兴趣，尤其是表面上的交流。

③不喜欢事先准备，在组织时间上有一定困难。

④对抽象、复杂的理论缺乏耐心。

⑤有对别人的感觉迟钝麻木的倾向。

⑥有容易变得厌烦和焦躁的倾向。

⑦难以看到不存在的机会和选择。

⑧对行政上的细节和程序缺乏耐心。

⑨不愿意重复自己。

⑩难以做出决定。

⑪很强的独立性，不喜欢过多的条条框框、官僚作风。

⑫确定长期目标，难以到达最后期限。

（4）适合的岗位特质

①可以自主地使用以最有效的方式提供的资源。

②运用拥有的技能，尤其是机械技能和那些需要使用工具的能力。

③允许运用自己对周围世界的理解和技术上的知识，看到工作中潜在的逻辑原理，参与解决困难和难题。

④有明确的方向,可以方便地工作,生产真实、实际的产品。

⑤有趣且充满活力,让自己独立地进行工作,并且经常有机会到工作领域外和户外活动。

⑥在一个没有他人强加的规则和操作标准的环境中工作,允许自主应对自然发生的风险,并且逐步应对任何危机。

⑦允许在最小限度的监督下独立工作,而且也没有去密切监督别人的要求。

⑧有足够的时间去发展自己的兴趣、爱好。

⑨有相当数量的娱乐休闲活动并不断地挑战。

⑩有效地利用装置和能源,而不要求必要的路线和步骤。

(5)职业类型——适合的职业

适合ISTP型的人的一般职业包括:

①销售部门/服务部门/劳改部门:警员或劳教人员、赛车手、飞机驾驶员、武器操作员、猎人、情报人员、司法官、消防员、调查员、运动器材商品推销人员、药品推销人员、私人调查或私人侦探。

ISTP型的人的职业偏好源于他们不愿受一大堆条框束缚的观念。他们激动时总发挥得很好。他们也喜欢那种自主的环境,他们可以发挥他们的能力很快地对手头的资源做出估计,然后采取适宜的步骤。他们善于各自工作,必要时,也乐于作为集体成员。ISTP型的人喜欢掌握某种特别工具或机器的使用方法,也喜欢户外生活和运动。

②技术部门:电器设备专家、信息产业开发人员、技术培训人员(一对一设置的)、后勤和供给制造商或经理、网络调查专家(通信部门)、电脑程序设计师、海洋生物学家、电器工程师、机械工程师、土木工程师。

ISTP型的人常可以从技术行业中获得满足感是因为他们对物体怎么样以及如何运作感兴趣。他们在机械领域表现优秀是因为他们有很强的观察能力和记忆事实细节的能力。他们通常喜欢手工活,也喜欢能不断给他们提供感官信息的工作。当他们的逻辑分析是建立在通过自己五种感觉获得的可靠事实上时,总能取得良好的结果。

③健康护理业:心电图专家或技师、透射技师、急救医生、运动保健医生、牙医牙科助理。

这些医疗保健工作对于ISTP型的人而言具有吸引力是源于他们的较高的技术天分。这里的每一种工作都要求具有严格的准确性、良好的实践和操作能力、耐性,这些对使用和保养敏感的诊断设备都是必需的。

④商业/金融业:证券分析家、采购员、办公室管理人员、银行家、经济学家、法律顾问、业务顾问、律师帮办。

由于对数字的注重和精确意识,ISTP型的人在商业和金融业也可以获得满足。工作环境相当重要,ISTP型的人更容易喜欢个人自由不受限制的职业。自主的工作,没有太多的会议和复杂的人际关系都是必要的。

ISTP型的人常常能使混乱的数据和事实有序化。他们可以轻易地发掘经济情况之间的关系,易于和能够对紧急变化做出反应。

⑤贸易部门:计算机维修、飞机技师、农场人员、教练、木工、汽车部件零售商、商

业家。

贸易行业的独立性和实践性常常吸引 ISTP 型的人。ISTP 型的人偏爱切实具体的、能上手的工作。如果项目本身能完全吸引他们的注意力,他们会坚忍不拔地做下去。所以如果他们对体育感兴趣,相似的贸易职业中他们更愿选择做教练员。从业余爱好中成就一项事业,是 ISTP 型的人的绝好策略。

(6)个人发展建议

成功的秘诀:

①学会交流。

②考虑别人的感受。

③信守承诺。

发展建议:

①需要深入与他人交流沟通。

②需要毅力,为达到期望结果做必要的计划并付出必要的努力。

③需要形成设立目标的习惯。

**5. ISTJ(内倾、感觉、思考和判断)——从容不迫地做好自己的工作**

(1)个性特征描述

ISTJ 型的人是严肃的、有责任心的和通情达理的社会坚定分子。他们值得信赖,他们重视承诺,对他们来说,言语就是庄严的宣誓。

ISTJ 型的人工作缜密,讲求实际,很有头脑也很现实。他们具有很强的集中力、条理性和准确性。无论他们做什么,都相当有条理和可靠。他们具有坚定不移、深思熟虑的思想,一旦他们着手自己相信是正确的行动时,就很难转变或变得沮丧。

ISTJ 型的人特别安静和勤奋,对于细节有很强的记忆和判断。他们能够引证准确的事实支持自己的观点,把过去的经历运用到现在的决策中。他们重视和利用符合逻辑、客观的分析,以坚持不懈的态度准时地完成工作,并且总是安排有序,很有条理。他们重视必要的理论体系和传统惯例,对于那些不是如此做事的人则很不耐烦。

ISTJ 型的人总是很传统、谨小慎微。他们聆听和喜欢确实、清晰地陈述事物。不喜欢显露,即使危机之时,也显得很平静。他们总是显得责无旁贷、坚定不变,但是在他们冷静的外表之下,也许有强烈却很少表露的反应。

(2)可能存在的盲点

ISTJ 型的人的一个普遍问题是在计划的细节和每日运行中丧失了自我的倾向。一旦沉浸其中,他们很固执僵化,不愿意适应或接受另外的观点。如果没有看到新想法的直接和有效的运用,他们往往会产生怀疑,他们必须花时间注意全部的客观事情,考虑他们可能没有考虑的可选择的情况,收集范围更广泛的信息,有意识地努力去对他们的行为的未来含义做出预测,能够在各方面都增进 ISTJ 型的人的影响。

有时 ISTJ 型的人很难理解其他人的需求,尤其是那些与自己差异很大的需求。因为他们对自己的反响很隐蔽,所以他们被视为冷静而无情。他们把自己的判断强加于别人,无视那些不是十分自信的人的意见。他们强求别人按照他们的方法做事,阻止运用那些更有创造性的、新颖的方法。

（3）工作中的优势与劣势

工作中的优势：

①办事精确，希望第一次就能把工作做好。

②乐意遵循确定的日常安排和传统的方针政策。

③每次都能十分专注地把注意力集中在一个项目或任务上。

④能够独立地工作。

⑤有灵敏的组织能力。

⑥一丝不苟、认真专注地对待具体问题——事实和细节。

⑦相信传统模式的可取之处，并且能够遵循传统模式。

⑧非常强的责任意识，别人可以信任你去实现自己的诺言。

⑨明白清晰的工作伦理，认为高效率和多成果是很重要的。

⑩对实现目标有毅力和决心。

⑪通情达理，视角现实。

（4）工作中的劣势

①不愿意尝试、接受新的和未经考验的观点和想法。

②对变动感到不安，排斥革新。

③对需要很长时间才能完成的任务缺乏耐心。

④有时会由于近期目标而忽略长远需要。

⑤办事死板，必要的时候难以或不愿意适应新情况。

⑥难以看到问题的整体以及行为的长远影响。

⑦对于方针或决定将会对别人造成什么样的影响缺乏敏感度。

⑧需要的时候不愿意改变努力的方向或调整投入的多少。

⑨不愿意促成必要的改变，也不愿意支持经过仔细考虑的风险行为。

（4）适合的岗位特质

①技术性的，能让你依靠自己的能力来使用和了解重要的事实和细节。

②涉及实际的产品或服务，这些产品或服务是运用标准化的工作程序来生产或实现的。

③允许有大量的时间独立地工作，运用杰出的集中注意力的能力来完成项目或任务。

④在一个稳定和标准化的环境中工作，做工作时不必去冒不必要的风险。

⑤工作结果能看得见而且可以衡量，重视运用精确的标准来评估工作的多少或好坏。

⑥有明确的目标、清晰的组织制度和模式。

⑦在演示或递交工作成果之前能有充足的时间来准备，最好是单独进行或小组进行。

⑧允许具有越来越大的职责和权力，而且要求参与很少的社会政治方面的活动。

⑨在工作过程中，现实的判断和过去的经历很受重视和嘉奖。

⑩允许拥有必要的资源和材料来设定和实现目标。

(5)职业类型——适合的职业

适合 ISTJ 型的人的一般职业包括：

①商业：审计员、公司经理、会计、管理者/监督人、文字信息处理专家、效率分析者、保险业主(保险商)、后勤供给经理、制定规章制度的官员、信息总管、会计/保险统计员。

ISTJ 型的人经常喜欢与商业有关的一些职业，他们在管理系统和使事物正常运行方面有出色的才能。他们经常喜欢到传统的、已经建立多年的团体或公司工作，他们的加盟有助于团体或公司机构的正常运行。他们的工作富有效率，他们认真而详尽地记录各种花销和税务，不允许有任何未经检查或未经修正的错误或遗漏出现。作为管理者，他们为每一名雇员制定清晰的工作权限、建立起一整套标准的规则。他们喜欢能够生产出具体产品或提供具体服务的商业工作。

②销售/服务：警察局高级职员/侦探、情报检索服务社代理人、政府雇员、陆军军官、管教人员、房地产代理商、体育设备/商品销售商、教养所所长。

服务工作能够满足 ISTJ 型的人服务于社区的愿望。他们喜欢维护服务或保护所有人的社会系统。他们喜欢在制度分明的环境中工作。无论是发布命令还是接受命令，他们都做得很好。他们运用自己的知识和过去的经验果断地、有效地处理当前的问题。他们对事实和细节有非常好的记忆力，无论做什么，他们都用自己的实践经验做出判断。他们喜欢销售真实有形的产品，从中他们可以获得个人收益。

③金融：银行查账员、投资担保人、税收监察员、预算分析员、股票经纪人、房地产策划、信贷分析员。

ISTJ 型的人是数学方面的天才。他们能记住有关事实和细节的数字，并能在必要时引用它们来支持自己的观点。他们不会轻易转移注意力，工作时特别专心、辛苦，工作成果既准确又细致。金融领域的职业需要以下才能：能很好地独立工作；能够吸收大量数据；能够进行精确的计算，这些都是 ISTJ 型的人所具有的。

④教育：学校校长、教师(技术/工业/数学/物理)、图书管理员、管理者。

教育领域的职业对 ISTJ 型的人是非常适合的，尤其是那些管理和技术方面的工作。ISTJ 型的人能够很好地管理学校或课程的运行。他们通过实践寻找维持系统运行的可能性和方法。管理方面和图书馆方面的职业使 ISTJ 型的人能够独立工作，运用他们客观的分析能力处理数据，如考试成绩、预算等。教书对 ISTJ 型的人也很适合，特别是一些技术和实践的科目能为他们提供很多学习和教授的机会。

⑤法律/技术：法律调查员、律师秘书、电工、工程师、机械师、计算机程序设计员、科学作家、律师秘书/律师专职助手、药品经销商/调查员、脑电图技术专家/技师、地质学家、气象学家、航空机械师、机械/工业/电子工程师、农业科学家。

这些职业为 ISTJ 型的人提供了运用他们技术才能的机会，而且他们的工作结果都是要求高度准确的产品。因为他们从不盲目地接受事物，所以他们能够抓住工作中的疏忽和纰漏，并且忠诚地遵循必要的程序和系统。上述职业中有很多还能为 ISTJ 型的人提供独自工作的机会，让他们充分发挥专心工作的优点、出色的记忆力及各种技巧。

⑥保健：兽医、普通外科医师、牙医、护理指导员、保健指导员、药剂师、实验室技术人员、医学研究者、最初保健护理医师、生物学和医学技术专家、运动生理学家、药剂师/配药

技术员。

ISTJ型的人经常投身于医药行业,特别喜欢就职于一些有着传统制度的医院。他们对病人保持密切的关心,耐心地倾听他们的诉说,并给他们提供一些有思想、有节制的建议,制定出恰当的治疗计划。ISTJ型的人还是保健方面成功的指导者,他们尽心尽力地工作,承担应尽的义务,履行应负的责任。他们喜欢有条理的工作环境,在这种环境中他们能朝着目标前进,按时完成应做的工作。

(6)个人发展建议

成功的秘诀:

①要敢于探索新的可能性。

②更多地考虑人性的因素。

③要乐于接受新事物。

发展建议:

①除了眼前的现实,需要关注问题的更广泛的枝节。

②需要考虑人的因素。

③需要尝试新的东西以避免墨守成规。

④需要对那些不太在意规则而努力创新的人保持足够的耐心。

**6. ISFP(内倾、感觉、情感和知觉)——思想起决定作用**

(1)个性特征描述

ISFP型的人平和、敏感,他们保持着许多强烈的个人理想和自己的价值观。他们更多是通过行为而不是言辞表达自己深沉的情感。

ISFP型的人谦虚而缄默,但实际上他们是具有巨大的友爱和热情的人,只是除了与他们相知和信赖的人在一起外,他们不经常表现出自我的另一面。由于他们不喜欢直接地自我表达,所以常常被人误解。

ISFP型的人耐心、灵活,很容易与他人相处,很少支配或控制别人。他们很客观,以一种相当实事求是的方式接受他人的行为。他们善于观察周围的人和物,却不寻求发现动机和含义。

ISFP型的人完全生活在现在,所以他们的准备或计划往往不会多于必需,他们是很好的短期计划制定者。他们完全投入于现在,喜欢享受目前的经历,而不继续向下一个目标冲刺,所以他们对完成工作感到很放松。他们对于从经历中直接了解和感受的东西很感兴趣,常常富有艺术天赋和审美感,力求为自己创造一个美丽而隐蔽的环境。

ISFP型的人是忠诚的追随者和团体成员。他们利用个人的价值标准去判断生活中的每一件事,所以他们喜欢那些花费时间去认识他们和理解他们内心的忠诚之人。他们需要最基本的信任和理解,在生活中需要和睦的人际关系,对于冲突和分歧则很敏感。

(2)可能存在的盲点

高度的敏感天性使ISFP型的人有时过度地工作以满足他人的需求,以至于忽略了自我。他们必须更多地关心自己而不是别人。他们完全把注意力集中于现在他们的经历,所以往往无法看得更远,从而丧失了更广泛的视野。有时他们很难理解一个较为复杂的环境事务。由于他们通常不会寻找或观察在目前不存在的可能发生的事物,所以他们往往不会事先准备,也很难有条理地安排时间和资财。

ISFP 型的人往往做个人的反省,然后变得很生气和失望,他们很容易受到别人的影响。由于他们总是按人和事物所呈现的表象来认识它们,从来不会预想其中的不良动机或从中推断出其他的内容,导致他们过于信任他人,很容易上当受骗。

(3)工作中的优势与劣势

工作中的优势:

①热情,慷慨。

②对自己很关心的人和组织忠诚。

③注意重要的细节,尤其是那些有关他人的细节。

④考虑周到,具备关注目前所需的能力。

⑤主动愿意支持组织的目标。

⑥具有准确评估目前的能力和看出什么是最需要保持稳定的能力。

⑦仔细评估冒风险和试用新方法时的灵活性和主动性。

工作中的劣势:

①有只接受事物的表面现象而忽略事物深层暗示的倾向。

②没有能力观察到目前不存在的机会和可选择的机会。

③做出对个人的批评和消极的反馈趋势。

④不愿意提早准备;在利用自己的时间上有问题。

⑤决断的困难。

⑥不喜欢过多的规则和结构过于复杂的机构。

⑦在与自己的感受相矛盾时,很难做出符合逻辑的决定。

⑧不愿意为坚持自己的想法和立场而冒险打破与他人的协调关系。

⑨有被大量的极其复杂的任务压得喘不过气来的趋势。

⑩反对制定长期的目标,很难按时完成任务。

⑪不会很自觉地做直接的报告或批评他人。

(4)适合的岗位特质

①自身很强的内在价值与所从事的工作是一致的。

②在合作中积极肯定团队工作的同时,自己也是忠诚又富于合作精神的一分子。

③要求注意细节的工作。

④要有一定的空间,能够独立地完成工作,而不受到过多的规章和僵化的操作流程的束缚。

⑤可以成为适应能力极强而且负责的人。在工作中,明确目的,能够亲自看到和体会到所做工作的结果。

⑥允许通过审美和品味来增加工作领域的吸引力,使其更加个性化,并使其他人感到工作在其中会更舒适。

⑦在非常愉悦而又充满合作意识的氛围中完成工作,人与人之间的冲突会保持在最低限度。

⑧在完成自认为很重要的工作的过程中,体验到自身的成长和发展。

⑨能让自己提供实用的帮助，及时而简洁地处理好问题。

⑩不要求做定期的公开演说，以及领导一大群自己太熟知的人或给别人消极的反馈评价。

（5）职业类型——适合的职业

适合 ISFP 型的人的一般职业包括：

①工艺部门：时装设计师、木匠、珠宝商、园艺匠、织毯工人、陶工、漆匠、舞蹈员、设计人员（内容/背景）、厨师长。

这些职业对 ISFP 型的人的主要吸引力在于它们能提供用双手创造外观以吸引人的工作。ISFP 型的人喜欢运用五种感觉，从事实际的工作。那些职业为 ISFP 型的人提供了灵活的时间和自由安排工作的机会。大多数 ISFP 型的人喜欢自主，不必遵守管理规则。

②健康护理部门：护士、运动专家、按摩医生、医务助理、牙科助理/保健医师、兽医助理、动物护理人员/训练人员、家庭保健助理、初级保健大夫、饮食专家/营养学家、验光师/配镜师、运动心理专家、工艺师、药剂师、呼吸系统专家、执行医护士。

ISFP 型的人常可以从健康护理业中获得满足感，尤其是那些能让他们直接同用户和患者打交道的工作。他们喜欢许多治疗工作的亲手参与的特征——在危机中或危机后，从身体到感情上帮助他人。他们通常善于观察，能对微小的变化做出反应，喜欢解决短期问题。对于 ISFP 型的人而言，从这些职业以及其他任何职业获得满足感的最重要成就是能看到或体验到对他们成就的反馈以及能意识到他们工作的重要性。

③技术工作：调查员、计算机操作人员、林务员、植物学家、地质学家、技师、海洋生物学家。

ISFP 型的人喜欢实际工作，不喜欢理论工作。他们倾向于喜欢运用实际的积极的技术，户外工作的机会尤其被 ISFP 型的人喜欢，他们对工作中的变化和种类表现出极大的兴趣。

④销售/服务业：教师、警察/劳改官员、紧急热线电话操作员、清洁服务人员、仓库保管员、侍者、美容师、旅行用品推销员、优质用户销售代表、商业计划人员、家用保健品推销员、家庭保健护理人员、戒酒戒毒顾问、社会工作人员。

许多 ISFP 型的人在服务部门找到了让他们满意的工作。让他们从事满足人或动物的需要的工作最值得一做。他们喜欢能分享他们的价值观、培养和鼓励人际合作以及能认可他们成绩的工作环境。许多 ISFP 型的人喜欢处在特定的主观环境下，通常和小孩在一起，在这种环境中，他们有机会表露自然性和乐趣。

⑤商业：记账员、司法员、打字员、职员监督人员、经理、律师助理。

职员工作，如果是处于一种适合的环境，也能给 ISFP 型的人提供满足。关键因素是在一种积极支持的氛围中运用他们实际技能的能力。当作为小组一部分而工作，或处于一种能尊重个人隐私和成长的稳定环境中时，ISFP 型的人工作总能很出色。他们喜欢能让他们创造和保持愉快的、个性化的工作环境的职业部门。

（6）个人发展建议

成功的秘诀：

①学会声明自己的主张。

②脚踏实地,在更广阔的背景下考虑问题。

③不要太个人化地看待事物。

发展建议:

①需要发展怀疑和分析信息的方法,而不是一味地接受。

②需要学会在他人自鸣得意时做出否定性反馈。

③需要发展一个更加有导向的未来前景。

④需要更果敢和更直接地对待他人。

**7. ISFJ(内倾、感觉、情感和判断)——履行自己的责任和义务**

(1)个性特征描述

ISFJ 型的人忠诚、有奉献精神和同情心,他们意志清醒而有责任心,乐于助人,理解别人的感受。他们十分务实,喜欢平和谦逊的人,喜欢利用大量的事实情况,对于细节则有很强的记忆力。他们耐心地对待任务的整个阶段,喜欢事情能够清晰明确。具有强烈的职业道德,所以他们如果知道自己的行为真正有用时,会对需要完成之事承担起责任。他们能准确系统地完成任务。他们具有传统的价值观,个性十分保守。他们利用符合实际的判断标准做决定,通过出色的注重实际的态度增加了稳定性。

ISFJ 型的人平和谦虚、勤奋严肃。他们温和、圆通,支持朋友和同伴。他们乐于协助别人,喜欢实际可行地帮助他人。他们利用个人热情与他人交往,在困难中与他人和睦相处。ISFJ 型的人不喜欢表达个人情感,但实际上对于大多数的情况和事件都具有强烈的个人反应。他们关心保护朋友,愿意为朋友献身,他们有为他人服务的意识,愿意完成他们的责任和义务。

(2)可能存在的盲点

ISFJ 型的人生活在完全现实的生活中,他们很难全面地观察问题,也很难预见情形的可能性结果,尤其是当他们不熟悉情形时。他们需要看得更远些,想象如果以不同方式做事可能会产生怎样的后果。

ISFJ 型的人为了自己和那些对其应负责的人,每天都陷入劳累和无终止的劳作中。他们常常过多地工作,亲自去做某件事以确保能够一丝不苟地完成。因为他们天生并不是过分自信或意志坚强,所以他们有被别人利用的危险。他们必须表达不断被各种事物缠绕的怨恨之情,所以他们没有发现自己已成为一种帮助的角色。而且他们还必须让其他人知道他们的需求和成就。

ISFJ 型的人经常需要额外的时间以掌握技术性的内容。他们往往过多地计划,所以必须制定有助于重新调整他们那耗费过多、令人担心的精心的计划。ISFJ 型的人必须寻找能够得到他们应得的、更多的快乐和放松的方法。

(3)工作中的优势与劣势

工作中的优势:

①能够很好地集中、关注焦点。

②很强的工作伦理,工作努力而且很负责任。

③良好的协作技巧,能和别人建立起和谐友好的关系。

④讲求实效的工作态度,办事方法现实可行。

⑤十分关注细节,能够准确地把握事实。

⑥乐于助人,给同事和下属职员的工作提供支持和帮助。

⑦了解公司(或组织)的经历,能够很好地维护公司(或组织)的传统。

⑧杰出的组织才能。

⑨愿意在传统的机构中工作,而且兢兢业业、不遗余力。

⑩能够连续地工作,对相同的工作任务不会感到厌倦。

⑪非常强的责任意识。

⑫别人可以信任你去实现自己的诺言。

⑬喜欢运用固定的办事程序。

⑭尊重别人的地位和能力。

⑮通情达理,视角现实。

工作中的劣势:

①可能低估自己的能力,坚决地维护自己的需要和利益。

②不愿意尝试、接受新的和未经考验的观点和想法。

③对反对意见过于敏感。

④在紧张的工作环境里感到压抑。

⑤可能只关注细节和眼前之事,而对整体和将来重视不够。

⑥倾向于同时投入到过多的任务之中。

⑦难以适应新环境,或者在不同工作任务之间来回切换时会有困难。

⑧易于被需要同时解决的太多的工作项目或任务弄得晕头转向、无所适从。

⑨如果自己得不到充分的重视和赞赏,可能会感到灰心丧气。

⑩一经做出决定,就不愿意从头考虑同一个问题。

(4)适合的岗位特质

①仔细观察、一丝不苟和准确无误,能充分发挥记忆事实和分析细节的能力。

②能致力于有形的、现实的项目任务,并以此为别人提供帮助和服务;通常需要对细节问题非常关注,对其精确性程度的要求也非常高。

③能通过默默无闻的努力工作,表达自己对别人的同情及对工作的热忱;同时做出的贡献也受到重视和赞赏。

④工作在一个传统、稳定、有序和制度化的环境中,并且能为别人提供非常高的服务。

⑤要求遵循标准化的工作程序,运用现实的判断力,并且仔细、有条不紊地坚持到底。

⑥每次都全身心地投入到一个项目任务或一个人身上,并且做出的产品或提供的服务能够带来可观的结果。

⑦能有一个独立的工作空间,能连续地集中注意力,受到最小限度的干扰和打断。

⑧不论是帮助别人也好,还是与志同道合的人打交道也好,大多数时候都只需要关注一个对象,而不是同时为好几个人工作或提供服务。

⑨在完成工作任务的过程中,要求条理清晰并且效率很高。

⑩把工作成果向别人展示之前,能事先有充分的时间来准备。

(5)职业类型——适合的职业

适合 ISFJ 型的人的一般职业包括:

①健康护理行业:牙医、家庭运动医生、护士、医务技术专家、理疗法专家、医疗设备推销员、提供健康护理人员、饮食专家/营养学家、眼科大夫、医务记录管理人员、药剂师/药剂技术人员、放射专家、呼吸系统专家、兽医、有执照行医护士、初级保健大夫、家庭保健助理、医务/牙科助理。

这些职业允许 ISFJ 型的人在这样一种环境下工作,在这里他们的贡献通过对别人施加的个人的、直接的影响表现出来。那些职业中的很大一部分要求同客户和患者进行亲身的、一对一的交往。ISFJ 型的人喜欢用一种真实的方法帮助别人。那些职位也允许 ISFJ 型的人在一种传统的、组织化的文化中相对独立地工作。医务领域充分利用了 ISFJ 型的人学习和实践技术的能力,为他们提供了同别人建立个人联系的机会。

②社会服务部门/教育部门:学前教育/初级学校教师、图书馆员、建筑师、教育管理人员、社会福利工作人员、咨询服务人员、个人咨询人员、宗教教育者、言语病理学家、家庭健康社会服务人员、儿童福利咨询人员、戒酒和戒毒咨询人员、小学教师、图书管理员/档案保管员、特殊教育老师、(博物馆、美术馆、图书馆等)馆长、家谱学家、教育行政人员、咨询服务人员、社会工作者(老年服务)、神学教育者、社会工作人员(老年和儿童每日看护)。

由于教育部门能为 ISFJ 型的人提供帮助他人、服务社会的机会,所以很吸引这种类型的人。ISFJ 型的人经常喜欢教初级中学的学生,由于这可以同学生进行个人交往和发挥他们擅长教基本技巧的能力。许多 ISFJ 型的人喜欢教育管理类的职业,尤其当他们对特定范围(例如特殊教育)或相对小的服务范围(一个小镇而非大城市)负责时更是这样。ISFJ 型的人喜欢在组织内独立工作,这种组织必须是认可他们的成绩,使他们明白职业目标的那种。

研究领域为 ISFJ 型的人提供满足感是因为它们提供了独立工作和调查具体任务的机会。馆员们要求创造性并保持完整而准确的记录,这使他们能利用自己的组织能力和回忆事实的特长。尽管经常面临挑战,社会福利工作仍给予 ISFJ 型的人获得职业满足的机会。因为通过同客户的交往,ISFJ 型的人能对别人的生活给予切实的提高,因此,他们发现贡献是有价值的,这些工作提供了同样的一对一交往和独立工作的环境,这对于 ISFJ 型的人都具有吸引力。

③商业:秘书、员工监督人、顾客服务代表、人事管理人员、计算机操作者、记账员、信用顾问、律师的专职助手、家用保健品推销人员。

这些职业要求大量的在一对一基础上同别人交往的机会,因此常为 ISFJ 型的人所喜欢。这些职业中许多都不是独立完成的工作,这能使 ISFJ 型的人使用组织方面和深入细节的能力,尤其当他们与受他们尊敬和钦佩的人一起工作时。这些职业同样要求知识及技术和交流技巧以帮助别人获取信息或帮助他们满足需求。

④创造性/技术性职业:内部装饰人员、电工、零售商、旅店老板、艺术家、音乐家、优

先顾客销售代理人、商业计划者、不动产经纪人。

这些职业彼此未必有关联，但它们有一些共同的特征和要求。每种都要求与日常生活有关的实际东西打交道。作为一个内部装饰人员，ISFJ 型的人运用他们的审美感给予客户以合适的装潢。这种工作要求注重细节以及与别人合作来满足客户对他们室内装饰的需要和愿望迈进的能力。ISFJ 型的人很注重自己房间的装饰，因此，他们容易理解客户想要装饰出使他们舒服的居室的愿望。

一个电工要求技术的准确性以及坚持标准程序和代码。ISFJ 型的人喜欢注意那些要求亲自动手的工作，也喜欢使用他们掌握的技术。如果 ISFJ 型的人感到他们的贡献是有价值并为人欣赏的，如果他们赢得了与顾客、同事的有质量的交往，那么电工的工作也是令人满意的。

零售推销和商业是经常为 ISFJ 型的人所喜欢的职业，尤其当他们在专卖店或商场的一个部门工作时。ISFJ 型的人常可以成为小商店的好老板。他们对诸如商店形象之类的细节的关注以及对顾客的"感觉"经常为他们赢得长期稳定的买卖。他们喜欢一定时间内同一名顾客交流，寻找合适的装饰品与顾客们已有的相配套。他们喜欢长期维持与顾客的关系，对待顾客十分友好和诚实可信。

（6）个人发展建议

成功的秘诀：

①清楚地表达自己的观点。

②考虑尚不存在的可能之事。

③设法更加灵活随和，行为表现自然一些。

发展建议：

①在寻求未来的工作上，需要以积极的态度、全局的眼光来对待。

②需要培养决断性和直截了当的性格。

③需要学会积极面对外界。

④需要以更加开放的态度对待其他人的做事方式。

### 8. INTP(内倾、直觉、思考和知觉)——聪颖机智解决问题的人

（1）个性特征描述

INTP 型的人是理性解决问题者。他们很有才智、条理性，以及创造才华。

INTP 型的人外表平静、缄默，但内心却专注于分析问题。他们苛求、精细、惯于怀疑，他们努力寻找和利用原则以理解许多想法。他们喜欢有条理和目的的交谈，只有有条理的推理才会使他们信服。

通常 INTP 型的人是足智多谋、有独立见解的思考者。他们重视才智，对于个人能力有强烈的欲望，有能力也很感兴趣向他人挑战。INTP 型的人最主要的兴趣在于除了理解能够准确知道、接受的事物之外，他们还乐于为了改进事物的目前状况或解决难题而发展新模式。他们的思考方式复杂，能更好地组织观点和想法。但由于他们的想法复杂，以至于很难向别人表达和被他人理解。INTP 型的人十分独立，喜欢冒险和富有想象力的活动。他们灵活易变、思维开阔，善于发现有创新且合理的解决方法。

（2）可能存在的盲点

因为INTP型的人过分依赖他们的条理性分析，所以他们会忽视与别人有关的事物。如果某一事物不符合逻辑，即使对于他们来说很重要，他们也会冒险抛弃。

INTP型的人精通于观察，但对于表达自己的观点却沉默寡言。他们不会让整个计划存在不符合逻辑的地方，所以他们在对待涉及计划某部分的细微错误时迟滞不前，使整个方案难以完成。INTP型的人喜爱解决问题，所以往往他们会对常规的细节缺少耐心，如果一个计划需要过多的细节或持久贯彻，他们会失去兴趣而永远完成不了计划。向外转移他们的能量会使他们获得充分的实际知识以产生可行的、让别人能接受的想法。

（3）工作中的优势与劣势

工作中的优势：

①能够设想新的可能性。

②能够理解非常复杂和高度抽象的概念。

③创造性地解决问题的杰出的能力。

④独立自主，具有探险精神、创造意识以及克服困难的勇气。

⑤能够综合运用大量的信息。

⑥搜集所需信息时具有理智的好奇心和独特的洞察力。

⑦即使在压力很大的情况下也能很有逻辑地分析事物。

⑧学习新知识的信心和动力都很大。

⑨能够客观地分析和处理问题，而不是感情用事。

⑩对自己的想法和观点充满信心。

⑪能够把握事物的全局，弄清行为和思想的长远影响。

⑫能灵活地适应新情况，有随机应变的能力。

工作中的劣势：

①办事情可能条理不清，容易发生紊乱。

②过于自信。

③可能会不恰当地运用自己的能力和社会经历。

④对思维狭窄和思想固执的人缺乏耐心。

⑤不喜欢按传统的、公式化的方式来办事。

⑥问题一旦解决，兴趣便不复存在。

⑦不擅长把复杂的思想和问题用简明的形式表现出来并用简单的形式将其解决。

⑧可能过于理论化，而忽视或无视现实。

⑨不能严格要求自己去考虑且解决重要的细节性问题。

⑩不喜欢重复地做一件事。

⑪对程式化的事情和固执的人缺乏耐心。

（4）适合的岗位特质

①开发、分析、批判新的想法和主意。

②把注意力和精力集中到那些创新的、理论的和逻辑的思维过程中，而不是仅仅一

心关注着结果会是如何。

③对于富有挑战性、复杂的问题,能有机会试行一些不落俗套的方案,通过冒险性的实践找到最佳解决方法。

④能有充足的、安静的私有时间独立地投入到工作中并完成自己的思维过程。

⑤能自己制定并保留自己工作的高层次的标准,并在此基础上判断自己的成绩与不足。

⑥在一个富有的、可以通融的环境中进行工作,没有那些过多的规章制度的限制。

⑦能和一小组自己所钦佩的亲密朋友和伙伴合作。

⑧能经常有机会增长自己的能力和才干,与其他有影响力的成功人士会面、合作。

⑨开发有独创性的方案,能把一些具体的实施步骤和细节问题委托给一名高效率的助手。

⑩不要求直接管理别人,不考虑一些人际关系的协调或不和。

(5)职业类型——适合的职业

适合INTP型的人的一般职业包括:

①计划和开发:计算机软件设计员、计算机程序员、系统分析人员/数据库管理人员、调查开发专家、战略策划者、新市场或新产品开发者、网络一体化专家(电信专家)、财政计划者、投资银行家、计算机程序设计员。

计划和开发领域为INTP型的人提供了一个发挥他们特长的机会——分析问题并找到创新性的答案。大多数INTP型的人喜欢工作在技术领域,他们运用自己理解复杂系统的能力和发现错误、消除错误的能力,去分析问题、解决问题。INTP型的人能够轻易地看出产品、服务或系统是否适合整个公司、工厂或整套工艺。他们喜欢以创新的、更有效的方法去处理问题。

②保健/技术:神经病学家、物理学家、整形外科医生、药剂师、科学家(化学/生物)、药品调查员、生物工程学家、兽医。

医药卫生和其他科技领域使INTP型的人杰出的推理能力和利用科技资料的能力得到运用,INTP型的人对不断发展的神经病学、整形外科学、生物医学和配药学方面的研究都很感兴趣,因为这些学科使INTP型的人能够站在科学发展的最前沿进行创新,有时甚至还有一些冒险。物理、化学和生物学为INTP型的人提供了复杂的概念以及不断学习新知识和不断问"如果……"的机会。这些学科能够允许INTP型的人进行独立的工作,特别是当它们涉及一些较强的研究性工作的时候。同时,由于这些领域有难度、富于竞争性,所以吸引了许多有才华、有智慧的人,这对INTP型的人也是一个刺激和挑战。

③专门领域:律师、经济学家、心理学家/精神分析学家、金融分析家、建筑师、侦探、知识产权代理人、法律调解人、公司财务代理人、精神病医生。

这些专业领域也为INTP型的人提供了许多分析并解决复杂问题的机会。通常,这些领域都是极富挑战性的,要求研究人员有清晰的逻辑思维能力,对付问题和挑战要有创新性的解决方法。对建筑师和心理学家来说,工作中心都是一个创造的过程。善于看清楚一个因素或一个条件在整个模型或系统中的地位和作用是INTP型的人的一个特别优势,同时也是调查研究者和金融分析家工作中的一个主要内容。从制定毫无纰漏的法律条文到预测经济发展的微妙走势,这些都为 INTP 型的人提供了感受兴奋和接受挑战的机会。

④学术领域:数学家、考古学家、历史学家、哲学家、大学里的高级教师、学术研究者、逻辑学家、大学行政官员、经济学家、翻译。

学术领域充满刺激的世界是 INTP 型的人非常喜欢的,因为这个领域着重开发新事物,寻找新的解决问题的方法。INTP 型的人经常在大学教授这个职位上找到职业满足感。他们通常愿意给高年级学生讲授一些比较专深的课程。INTP 型的人喜欢做上面所列出的任何一门学科的调查研究工作,他们喜欢这种能够独自工作的机会,然后与同行们共享他们的成果与创新。INTP 型的人最喜欢在没有复杂规则限制、没有官僚政治的环境中工作,然而,这两点恰恰是大多数大学院校所不能避免的。

⑤创造性的职业:摄影师、富有创造力的作家、艺术家、演员/舞蹈家、音乐家、代理人、发明家、信息图表设计者。

对 INTP 型的人来说,这些职业最吸引他们的地方是可以充分发挥想象力、完全自由地进行创造。INTP 型的人喜欢利用不同的手段和已往的经验与不同的人共同进行创造。INTP 型的人通常喜欢一个人工作或者只与少量可能会给工作带来转变的人们一起工作。由于对自己的能力和艺术表达实力的自信,INTP 型的人非常欣赏自己的作品。但是,他们并不为了追求满足感而必须完成作品。很多 INTP 型的人喜欢由富有创造力的人所组成的世界,因此他们喜欢做代理人。他们创造的新事物、新产品和新的服务方式给他们带来了类似于发明家一样的成功。注意:这些职业只能给具有独一无二的、与生俱来的才能的 INTP 型的人带来职业满足感。

(6)个人发展建议

成功的秘诀:

①更加有条理。

②对聪颖不足的人要有耐心。

③设法增进自己的社交能力。

发展建议:

①需要关注实际的细节,发展坚定的实施能力。

②需要花力气将事情说得更简单些。

③需要对他人给予的信息表示欣赏。

④需要更多地了解他人以及他人的职业。

**9. INTJ(内倾、直觉、思考和判断)——能力＋独立＝完美**

(1)个性特征描述

INTJ 型的人是完美主义者。他们强烈地要求个人自由和能力,同时在他们独创的思想中,不可动摇的信仰促使他们达到目标。

INTJ 型的人思维严谨、有逻辑性、足智多谋,他们能够看到新计划实行后的结果。他们对自己和别人都很苛求,往往几乎同样强硬地逼迫别人和自己。他们并不十分受冷漠与批评的干扰,作为所有性格类型中最独立的一种,INTJ 型的人更喜欢以自己的方式行事。面对相反意见,他们通常持怀疑态度,对自己的意见十分坚定。权威本身不能强制他们,只有他们认为这些规则对自己的更重要的目标有用时,才会去遵守。

INTJ 型的人是天生的谋略家,具有独特的思想、伟大的远见和梦想。他们是优秀的战略思想家,通常能清楚地看到任何局势的利处和缺陷。对于感兴趣的问题,他们是很好的、具有远见和见解的组织者。如果由他们自己形成看法和计划,他们会投入不可思议的专心、注意力和能量、积极性。依靠达到或超过自己的高标准的决心和坚忍不拔的意志,他们会获得许多成就。

(2)可能存在的盲点

由于有时对一些不切实际的高标准充满幻想,造成 INTJ 型的人对自己和他人的期望过高。事实上,他们往往不在意如何使自己符合别人的标准。他们对于自己的行为如何影响他人缺乏理解,往往在提供改进意见时挑剔而直率。他们经常不鼓励他人提出自己的观点或表达个人感情。INTJ 型的人相当冷淡,所以他们错误地推论别人也希望受到同样方式的对待。他们需要学习理解别人貌似"非理性"的感情,认可它们是合理可取的。

INTJ 型的人过多地重视他们对未来的见解和想法,所以很容易忽略现在的重要事情和现实。他们无法认识到自己思想中的缺陷,这会使他们的想法实施起来更加困难。

INTJ 型的人在工作中常常选择独自、一心一意地努力,所以他们忽视了在工作中邀请别人参加或协助。征求别人的信息和建议会帮助他们在进程中早些认识到不切实际的想法,或者帮助他们在投入大量时间进行不切实际的工作之前,做出一些改进和提高。

(3)工作中的优势与劣势

工作中的优势:

①能看到事情的可能的发展情况及其潜在含义。

②喜欢复杂理论及智力上的挑战。

③有创造性地解决问题的天资,能客观地审查问题。

④即使在面对阻挠时也会义无反顾地去实现目标。

⑤自信,且对自己的设想会不顾一切地采取行动去实行。

⑥对于在工作中胜任和胜出有强烈的愿望。

⑦能很好地适应一个人单独工作,独立、自主。

⑧标准高,工作原则性强。

⑨能创造出方法体系和模式来达到自己的目标。

⑩擅长从事技术性的工作。

⑪对待事情能有逻辑地分析后再做出决定。

⑫坚决果断,有高度的组织能力。

工作中的劣势:

①当计划中的创造性部分完成后便对该计划失去兴趣。

②易于像紧逼自己工作一样去逼着别人工作。

③对那些反应不如自己敏捷的人缺乏耐心。

④不愿意和那些自己认为能力没有自己强的人一起工作。

⑤唐突、不机智、缺乏交际手段,尤其在自己匆忙时。

⑥对一些世俗小事没有兴趣。

⑦对自己的观点顽固地坚持。

⑧有想要去改变那些根本没有必要改变的事物的倾向。

⑨易于过于理论化而不去考虑实际情况。

⑩不愿意花时间适当地欣赏、夸奖雇员、同事或其他人。

⑪对那些既定问题不愿再审查。

⑫对一些工作所要求的"社交细节"没有耐心。

(4)适合的岗位特质

①允许寻找一些新颖的、创造性的解决问题的方法来改善现行的体系。

②允许集中精力实施自己的想法,以一种逻辑的、系统的方式工作,同时,在工作中能有所回报。

③能和尽职尽责的人一起工作,同时他们的专业技术及聪明才干是值得敬佩的。

④自己新奇的计划能够得到应有的荣誉,允许对这一计划的实施持有控制权。

⑤能独立工作,但定期与一小群有才华的人在一个没有人际冲突的、平和的工作环境中互相交流想法。

⑥平时能常受到新的信息流的冲击,提供新的途径来提高能力。

⑦允许制定只符合自己的高标准的要求,而非为了迎合别人的喜好。

⑧工作中并不要求去完成那些琐碎的任务。

⑨提供广泛的自我支配空间,允许自己自发地改变意图、发展人们的潜在能力以及开发新的方法体系。

⑩所有的一切都以同样的、公平的标准来评价,对工作情况的评估应该给予既定的标准而非给予个性的角逐,同时付出要得到相应的回报。

(5)职业类型——适合的职业

适合 INTJ 型的人的一般职业包括:

①商业/金融:电信安全管理者、经济学家、国际银行家、药物研究员、财务计划人、投资银行家、管理顾问(电脑/信息服务)、营销员、机构重组组织者。

商业和金融领域都要求具有高度发展的分析能力,这是许多 INTJ 型的人所具有的。对于 INTJ 型的人,智力挑战是在获得职业满足感的时候必不可少的。在药物研究这一日益发展的高科技领域以及电信保险领域大量存在这样的挑战。不断变化的投资和国际银行业也充分地利用了 INTJ 型的人具有的全球眼光和长期规划的能力。

②科技:科学研究员、技术人员、电力/电子、设计工程师、宇航员、电脑程序员、环境规划人、生物医学研究员/工程师、电脑系统分析员、操作研究分析员、信息服务开发员、软件和系统研究员和开发员、网络一体化专家(电信业)、新业务开发人。

科技领域吸引了 INTJ 型的人对逻辑体系的兴趣,同时为 INTJ 型的人提供了迅速发展高科技产品和设备的工作机会。INTJ 型的人往往能够发挥他们天生的创造力来开发富有创造力的系统。

③教育、教师:大学课程设计人员、行政管理人、数学家。

高等教育比初级教育和中级教育更能吸引 INTJ 型的人。制定教育课程或系统并且确保它们有效进行,允许 INTJ 型的人不断进行改善、进步。高等教育领域也使 INTJ 型的人可以收集和管理各种信息,和其他高素质的人打交道,使他们得以发展自身的能力。

④健康护理/医药:精神病学家、心理学家、神经病学家、生物医学工程师、心理学家、药物学家、药物研究员、生物医学研究员。

更要求技术性的医药学领域往往是许多 INTJ 型的人能够获得成功和满足的地方。这些领域包括极其复杂的系统,允许 INTJ 型的人独立地进行工作,而具有最小限度的外界打扰或投入。

⑤专门职业/代理人:行政管理/诉讼管理顾问、战略设计人、投资/商业分析家、经理、法官、新闻分析员/撰稿人、工程师、冶金工程师、知识产权律师、土木工程师。

专门职业提供给 INTJ 型的人各种各样有吸引力的方面。其中只有"经理"要求独立的调查和计划。发展战略、体系和长景计划发挥了 INTJ 型的人设计如何以有序而逻辑的方式达到目标的能力。INTJ 型的经理往往会在一个职员和他们非常相像的小机构里获得职业满足感。如果职员不要求大量的个人支持或手把手的监督,那么 INTJ 型的人在管理中会更可能得到满足感。

⑥创造性职业:作家/社论作家、艺术家、发明家、设计人、建筑师、整体设计建筑师、信息制图设计师、自由媒体设计人、编辑/艺术指导。

创造性职业的吸引力在于它能让人进行创造性工作。作家和艺术家运用他们的直觉创造新的表现和陈述。发明家能够创造新系统或新装置来改善生活方式或解决令人烦恼的问题。这三种职业都要求 INTJ 型的人独立地工作,达到他们自己的目标和标准,并且由他们自己来做最后的评判人。

(6)个人发展建议

成功的秘诀:

①考虑实际情况。

②认同别人所提意见的价值。

③平衡你的工作和个人生活。

发展建议:

①需要引发反馈和建议。

②需要学会欣赏他人。

③需要学会在何时放弃不实际的想法。

④需要更加关注其思想对他人的影响。

### 10. INFP(内倾、直觉、情感和知觉)——大智若愚

(1)个性特征描述

INFP 型的人视内在的和谐高于其他一切。他们敏感、理想化、忠诚,对于个人价值具有一种强烈的荣誉感,个人信仰坚定,有为自认为有价值的事业献身的精神。

INFP 型的人对于已知事物之外的可能性很感兴趣,精力集中于他们的梦想和想象。他们思维开阔、有好奇心和洞察力,常常具有出色的长远目光。在日常事务中,他们通常灵活多变、具有忍耐力和适应性。但是他们非常坚定地对待内心的忠诚,为自己设立了

事实上几乎是不可能的标准。

INFP型的人具有许多使他们忙碌的理想。他们十分坚定地完成自己所选择的事情,他们往往承担得太多,但不管怎样总要完成每件事。

INFP型的人很关心内在,对外部世界他们显得冷淡缄默。他们富有同情心、理解力,对于别人的情感很敏感。除了他们的价值观受到威胁外,他们总是避免冲突,没有兴趣强迫或支配别人。INFP型的人常常喜欢通过书写而不是口头来表达自己的感情。INFP型的人很少显露强烈的感情,常常显得沉默而冷静。然而,一旦他们认识到了自己的问题,就会变得热情友好。INFP型的人很友好,但也不喜欢肤浅的交往。他们重视那些花费时间去思考目标与价值的人。

(2)可能存在的盲点

INFP型的人有时会对事实判断错误,不能意识到自己的非逻辑性。当他们的梦想脱离现实时,其他人可能认为他们充满怪想、神神秘秘。INFP型的人如此坚信自己的理想,所以他们常常忽视其他观点的作用,而且有时会很刻板。他们对于物质环境不是十分感兴趣,他们经常很忙碌以至于没有注意周围正在发生的变化。

INFP型的人对于一种想法的酝酿要比实际开始一个计划所需要的时间长很多。他们完美主义的倾向导致他们长久地精炼思想却从来不分享它们。

INFP型的人很情绪化地陷于自己的工作中,所以对于批评很敏感,当他们追求自己不可能达到的高标准时,往往对自己要求太多。即使事实上他们能够完成许多事情,但仍会导致情感上的不满足。当INFP型的人失望时,往往对于他们周围所有的事物都很对立。努力发展自己的计划客观上会有助于防止INFP型的人更少地受批评与失望的影响。

INFP型的人往往努力让许多人同时高兴,所以让他们坚持一种不受欢迎的立场是很困难的。对于批评别人,他们感到犹豫不决,也很少会说"不"。当INFP型的人对于一些想法和计划没有表达他们的相反意见时,其他人会误以为INFP型的人同意他们的观点。INFP型的人需要培养更多的敢作敢为的信心,只有这样才能学会在必要的时候对他人提出诚恳的批评。

(3)工作中的优势与劣势

工作中的优势:

①考虑周到、细致,且能集中注意力深入研究某个问题或观点。

②渴望打破常规思考,并考虑新的可能的情况。

③积极投身于所信仰的事业。

④必要时一个人也能很好地工作。

⑤对收集所需信息有一种天生的技巧。

⑥能通观全局以及看到意识与行为之间的联系。

⑦能洞察别人的需要与动机。

⑧适应能力强,能很快改变你的行事速度及目标。

⑨在一对一的基础上很好地与他人工作。

工作中的劣势:

①必须控制方案/计划,否则你可能会失去兴趣。

②有变得无秩序性的倾向,很难把握优先处理的事。

③不愿做与自己价值观相冲突的工作。

④在做事方式上不愿按照传统方式进行。

⑤天生的理想主义者,这样可能使你得不到现实的期望。

⑥讨厌以传统的或惯常的方式行事。

⑦很难在竞争的、气氛紧张的环境中工作。

⑧在与人打交道时没有耐心。

⑨在预计做某事要求多长时间时有不切实际的倾向。

⑩不愿惩戒直接肇事者,不愿意批评别人。

(4)适合的岗位特质

①工作与个人的价值观和信仰相一致,同时允许通过工作表达自己的想象力。

②能有时间发展自己的想法,同时对这一思维过程以及思维产物操持控制权。

③独立完成工作,有一个私人的工作空间以及大量不受干扰的时间,但必须有机会与值得敬重的人交流一下观点。

④工作环境是一个灵活性强的组织机构,其中繁琐的规章制度减至最小限度,同时允许在有灵感时工作。

⑤在一个合作的环境中与其他有创造力的、讨人喜欢的人一起工作,且这个工作环境没有紧张的人际关系以及人际纠纷。

⑥允许表达别出心裁的观点,而且在工作中个人的发展受到鼓励与夸奖。

⑦不要求经常在众人面前介绍自己,或者在工作还没有完成至满意之前与大家分享。

⑧愿意帮助别人成长、发展以及挖掘他们所有的潜能。

⑨工作内容包括理解别人以及发掘他们行为的潜能,允许发展与别人一对一的深厚关系。

⑩允许为实现自己的理想而工作,且工作上不要受到政治、经济或其他方面的障碍限制。

(5)职业类型——适合的职业

适合 INFP 型的人的一般职业包括:

①创造性职业/艺术:艺术家、作家(诗人/小说家)、记者、娱乐人士、建筑师、演员、编辑、音乐家、信息制图设计师、编辑/艺术指导(杂志)。

INFP 型的人为艺术所吸引是由于他们有能力以富于创造的个人方式来表达他们自己和他们的想法。以艺术为工作具有个人的自由和灵活性,这是 INFP 型的人信奉的生活方式。无论是写文章、画画还是用其他手段来工作,无论是进行设计还是作为演员或音乐以及运用他们自己的身体而工作,INFP 型的人都力求创造独到的成果,这是他们心声的真实表现。许多 INFP 型的人把自己描述为"内心深沉"的艺术家,即使他们并不以艺术为生。一些 INFP 型的人甚至会说,做艺术家并不是他们做出的选择,而是他们必须背负的十字架。

②教育/咨询职业:大学教授(人文/艺术)、调研员、心理学家、顾问、社会工作者、图书管理员、教育顾问、特殊教育老师、双语种教育老师、儿童早期教育老师、雇员帮助顾问、儿童福利顾问、酒精和毒品禁戒顾问、翻译/口译人员、法律调停人、社会工作者(老年人和儿童日常护理)。

教育和咨询行业都是可以使 INFP 型的人为帮助他人成长和发掘人性潜能而工作的领域。INFP 型的人为改善他人的生活质量而努力的愿望的确非常崇高。他们更喜欢大学,而不是小学或中学,因为大学里来自学生们自身的动力更强大。他们喜欢学习的过程,喜欢作为调查员来探求更深刻的意义。INFP 型的人是富于同情心而具洞察力的顾问、心理学家以及社会工作者,力求帮助他们的客户在自己的社会关系和生活范围里获得自我理解与和谐。作为顾问,他们高兴的是,在理解他人的时候他们也逐渐理解了自己。

③宗教职业:牧师、宗教教育工作者、传教士、教堂工作人员。

对于许多 INFP 型的人来说,献身宗教事业是很值得的。他们乐于帮助人们发展精神世界,在为自己和他人的梦想奋斗并得以实现的过程中他们深感快乐。他们往往喜欢一个对一个的交流,但随着经历的增多,他们也渐渐乐于传道和做报告了。INFP 型的人最向往的就是从事与他们内心价值观念和信仰一致的工作,往往宗教领域的职业可以满足这一点。

④医疗保健:饮食学家/营养学家、理疗医生、家庭健康社会工作者、职业治疗医生、按摩专家、全面健康医生、语言病理学家/听觉病理学家。

保健领域吸引 INFP 型的人的方面在于,它能够让 INFP 型的人对客户或病人进行亲切而亲密的服务。INFP 型的人一般都会喜欢这样的职业给予他们的自主性,他们可以自己创业,或者做一家大型健康护理机构的顾问。理疗、全身治疗以及按摩的诊断治疗工作具有创造性和精神因素,这些都令人满意,它们运用了 INFP 型的人的直觉和情感倾向。

⑤机构发展:雇员发展专家、人力资源开发人员、社会科学家、多样化管理人、顾问(工作组构建/冲突解决)。

尽管 INFP 型的人通常不会对商业领域的工作感到满意,但仍然有一些筛选出来的领域有可能让 INFP 型的人获得成功和满足感。一些 INFP 型的人喜欢合作的环境,有时他们的工作涉及帮助别人找到适合于自己的工作。他们喜欢人事或人力资源发展方面的工作,他们需要与支持他们的人共同工作,从而感到他们所做的贡献是独特而且受人重视的。这样,在竞争激烈的商业世界,他们才会找到满足感。

(6)个人发展建议

成功的秘诀:

①设定切合实际的期望值。

②重视让步。

③不要太主观地看待问题。

发展建议:

①需要学会现实地工作而不光是追求完美。

②需要发展其坚韧、讲究实际和说"不"的自觉行动。

③需要更加强调和重视事实和逻辑。

④需要发展和实施行动计划。

### 11. INFJ(内倾、直觉、情感和判断)——独立的、有独创性的思想家

(1)个性特征描述

INFJ型的人生活在思想的世界。他们是独立的、有独创性的思想家,具有强烈的感情、坚定的原则和正直的人性。即使面对怀疑,INFJ型的人仍相信自己的看法与决定。他们的评价高于其他的一切,包括流行的观点和存在的权威,这种内在的观念激发着他们的积极性。通常INFJ型的人具有本能的洞察力,能够看到事物更深层的含义。即使他人无法分享他们的热情,但灵感对于他们很重要且令人信服。

INFJ型的人忠诚、坚定、富有理想。他们正直,十分坚定以至达到倔强的地步。因为他们的说服能力较强,以及对于什么对公共利益最有利有清楚的看法,所以INFJ型的人会成为伟大的领导者。由于他们的贡献,他们通常会受到尊重或尊敬。

INFJ型的人喜欢说服别人,使他人相信他们的观点是正确的。通过运用嘉许和赞扬,而不是争吵和威胁,他们赢得了他人的合作。他们愿意毫无保留地激励同伴,避免争吵。通常INFJ型的人是深思熟虑的决策者,他们觉得问题使人兴奋,在行动之前他们通常要仔细地考虑。他们喜欢每次全神贯注于一件事情,这会造成一段时期的专心致志。

INFJ型的人强烈地渴望为他人的幸福做贡献。他们注意其他人的情感和利益,能够很好地处理复杂的人际关系。INFJ型的人本身具有深厚复杂的性格,既敏感又热情。他们内向,很难被人了解,但是愿意同自己信任的人分享内在的自我。他们往往有一个交往深厚、持久的小规模的朋友圈,在合适的氛围中能产生充分的个人热情和激情。

(2)可能存在的盲点

由于注意"思想",INFJ型的人有时不切实际,会忽视需要注意的常规细节,这使得INFJ型的人在真实的世界中停留于自己创造的思想。

INFJ型的人对于自己的原则如此坚定,以至于到了眼光狭窄的地步。他们很顽固地对待变化,一旦决定已经做出,他们可能会拒绝改变。有时他们会忽略不支持他们立场的重要事实,或是拒绝与他们的价值观相冲突的看法。他们不可能听取其他人的异议,因为对他们来说,自己的立场似乎是毫无疑问的。INFJ型的人应该尝试更加客观地看待自我和自己的工作。

因为他们对于自己的观点具有如此强的保护性,所以INFJ型的人往往超越常规。他们经常是完美主义者,会对批评过于敏感。虽然他们意志坚强,但是在处理人际关系中的冲突时也会遇到困难,如果冲突发展,他们会变得失望和沮丧。

(3)工作中的优势与劣势

工作中的优势:

①对于那些很重要的项目专注且执着。

②坚决果断,并有高度的组织能力。

③有创造力,能提出独树一帜的解决问题的方法。

④与别人感情交融,能预见别人的需要。

⑤能以透视法看到事情发展的宏观图像以及意识与行动间未来的潜在联系。

⑥有理解复杂概念的能力。

⑦对别人真正关心，有帮助别人成长和发展的才能。

⑧独立，有很强的个人信念。

⑨有做出成绩及不达目的不罢休的干劲。

⑩对自己信仰的事业尽职尽责。

工作中的劣势：

①过分的专心致志，结果可能导致死板。

②对于要做完一件事要花多少时间心中没数。

③很难做与自己价值观相冲突的事。

④对计划的可行性有不切实际的倾向。

⑤一旦做出决定便不愿再回头审视一下，更不愿意撤销决定。

⑥不会处理矛盾，易于忽略不快。

⑦很难拉下脸面客观、直接地训诫属下。

⑧很难把复杂的想法简明地表达出来。

⑨易于仓促地做判断。

（4）适合的岗位特质

①允许自己考虑并创立新颖的观点或方法来解决工作中出现的各种各样的问题，并帮助别人成长和发展。

②能提供一种所信赖且引以为豪的产品或服务。

③承认首创、拥有者的身份，以及所做的独有的共享。

④能自由地表达自己，并看到自己的洞察力所带来的结果。

⑤能在为别人谋求利益或为别人提供服务的过程中实施自己的想法，允许一对一地展开工作。

⑥有一个友好、没有紧张关系的工作氛围，其中自己的看法能得到重视，自己的努力能得到别人的精神支持。

⑦允许独立地工作，且有机会在一个友好、没有人际冲突的环境中经常与人探讨工作。

⑧可以自由地安排自己的工作时间及环境，对自己的工作进程和工作成果有极大的支配权。

⑨给予足够的时间来制定并审查自己的计划，以便使自己的计划准备得更充分。

⑩符合个人价值观，能在人格上和职业上都保持诚实正直的品质。

（5）职业类型——适合的职业

适合 INFJ 型的人的一般职业包括：

①一般职业咨询/教育职业：职业咨询顾问、心理学家、教育顾问、图书管理员、特殊教育教师、双语教育教师、早期教育教师、雇员帮助顾问、儿童福利顾问、酒精和毒品禁戒顾问、教师（高中或大学英语、艺术、音乐、社会科学）、社会工作人员（老人与儿童日常护理）。

这些职业允许 INFJ 型的人利用他们的想法和知识帮助别人解答疑惑,此领域非常强调个人之间的交流,常常是一对一的形式,这使得 INFJ 型的人有机会与他人建立深入的联系。INFJ 型的人也乐于研究、学习,能够从教育行业中获得发展的机会,他们通常会在学术环境中感到非常轻松自在。

②家教职业:牧师/教士/修道士/修女、家教工作者、家教教育指导者。

家教工作要求人能够深入而切身地致力于其中,坚持以工作为使命的工作哲学。INFJ 型的人常常认为他们的工作就是使命,从与他人分享他们的哲学和信念之中获得充分的满足感。

③创造性职业:艺术家、小说家、设计师、通用设计建筑师、编辑、艺术指导(杂志)、剧作家、诗人、信息制图设计者、自由宣传媒介设计人、家谱学家(家族研究者)。

INFJ 型的人对艺术的爱好是由于他们具有运用自己的想法和眼光创造独特作品的能力。艺术品使 INFJ 型的人能够以个人的方式表达自己,结果往往是给予他人一种冲击力。这些职业通常都是独立的工作,使 INFJ 型的人能够组织并控制环境、过程和成果。

④健康护理/社会服务职业:保健管理人、调解人/冲突解决人、社会工作人员、饮食学家/营养学家、全面健康医生、职业治疗医生、社会服务代理人、社会科学家、心理健康顾问、语言病理学家。

社会服务职业要求人致力于帮助他人,这常常是通过有组织的机构进行的。多数INFJ 型的人喜欢在这样的环境中工作,尤其当职员较少而关系密切的时候。社会服务使 INFJ 型的人可以对于个人或社会的问题进行思考并提出新的解决方法。许多时候,社会工作人员的工作是独立而个别地进行的,这使他们可以与客户和同事经常展开一对一的交流。

⑤商业:人事资源经理、组织机构的发展顾问、职业分析家、公司/工作小组培训人、商业销售计划人、口译/翻译人员、市场人员(提供服务或点子)、雇员帮助方案的协调者/顾问、人事资源多样化管理人、优先顾客销售代表、环境法律师。

尽管 INFJ 型的人中并没有大量的人被商业领域的工作所吸引,但他们仍然可能在一些商业领域中获得职业满足感。人力资源或人事和组织机构的发展咨询是商业中有关"人"的工作部分,其要求是从事这种工作的人能够对许多不同的人感兴趣并且易于和人们相处。这些职业使 INFJ 型的人能够帮助他人找到工作,建立有效的工作环境,而且可以致力于创造性地解决以人为焦点的问题。

营销工作使 INFJ 型的人能够通过工作小组发挥其创造性解决问题的能力。如果INFJ 型的人对于工作过程投入很多,而且能够保持令人轻松舒适的个人和工作的统一完整性,他们就会觉得这样的工作是令人满意的。

(6)个人发展建议

成功的秘诀:

①注意细节。

②学会灵活一点。

③无论做什么事情都要自发自愿,不要让人督促。

发展建议：

①需要发展果断性技能。

②需要学会在适当的基础上给人以建设性的反馈。

③需要一道检讨自己的眼光。

④需要放松，对于目前情况下能够完成的事情，应当抱有更开放的态度。

**12. ESTP(外倾、感觉、思考和知觉)——创业者**

(1)个性特征描述

ESTP型的人不会焦虑——他们是快乐的。ESTP型的人活跃、随遇而安、天真率直。他们乐于享受现在的一切而不是为将来计划什么。ESTP型的人很现实，他们信任和依赖于自己对这个世界的感受。他们是好奇而热心的观察者。因为他们接受现存的一切，所以他们思维开阔，能够容忍自我和他人。

ESTP型的人喜欢行动而不是漫谈，当问题出现时，他们乐于去处理。他们是优秀的解决问题的人，这是因为他们能够掌握必要的事实情况，然后找到符合逻辑的、明智的解决途径，而无需浪费大量的努力或精力。他们会成为适宜外交谈判的人，他们乐于尝试非传统的方法而且常常能够说服别人给他们一个妥协的机会。他们能够理解晦涩的原则，他们能在符合逻辑的基础上，而不是基于他们对事物的感受之上做出决定。他们讲求实效，在情况必须时态度非常强硬。

在大多数的社交场合中，ESTP型的人友善、富有魅力、轻松自如并且受人欢迎。在任何有他们的场合中，他们总是爽直、多才多艺和有趣的，他们总有没完没了的笑话和故事。他们善于通过缓和气氛来使冲突的双方相互协调，从而化解紧张的局势。

(2)可能存在的盲点

ESTP型的人偏好得过且过的生活方式，对意料之外的危机采取应急的态度，这会导致他们周围环境的混乱。由于缺少计划，他们会错过许多机会。有时他们会一下子承担许多任务，然后便发现自己的负担过重，无法遵守诺言。ESTP型的人必须超越眼前的状况和对物质世界的兴趣，努力寻找准时完成工作的途径。

当ESTP型的人力求诚实时，尤其是当他们从一种经历闯入另一种经历时，往往会忽视他人的情感、感觉而变得很迟钝。

ESTP型的人的兴趣更多的在于迅速有效地解决问题，他们往往直接地投身于下一场危险，而对于目前计划中缺少兴奋的部分往往不能坚持完成。他们应该学会管理时间，运用长远规划的技能，以便更好地履行责任。

(3)工作中的优势与劣势

工作中的优势：

①敏锐的观察力，对实际讯息的出色记忆力。

②明白该做什么，了解完成工作的必要条件。

③开发和促进项目时的愉快心情。

④精力充沛，在工作中充满活力。

⑤随机应变的能力。

⑥使工作有趣的能力。

⑦参加团队的乐趣。

⑧实际、现实和观察力丰富。

⑨逐步上升的方式，在工作中创造生动有趣的气氛。

⑩适应力强，愿意冒险和尝试新事物。

⑪愿意接受"不同"和"跟随潮流"的能力。

工作中的劣势：

①很难独自工作，尤其是长时间。

②不喜欢事先准备；在规划时间上有困难。

③有对别人的感觉迟钝、麻木的倾向，或者对人们的感觉过于疏忽。

④无法看到一时不存在的机会和选择。

⑤缺乏耐心或无法忍受行政细节和手续。

⑥很难做决定或优先考虑计划。

⑦有易冲动的倾向，易受诱惑或迷惑。

⑧难以看到事情的长远影响。

⑨不喜欢过多的规矩和条条框框的官僚作风。

⑩抵抗制定长远目标，难以达到最后期限。

(4)适合的岗位特质

①自然地与许多人接触和互相影响；每天提供不同和有趣的事。

②运用敏锐的观察力、吸收和记忆事实的能力。

③需要找寻解决问题方法的能力，并运用第一手资料，批判地分析这些解决方法，找出最佳方案。

④充满活力、冒险和趣味。

⑤对计划外的情况做出反应，自由地处理，有技巧地磋商满意的解决方案。

⑥在没有过多的规则和限制的环境中与其他现实而有趣的人一起工作，在完成任务后可以享受自由时光。

⑦以自己习惯和认为有必要的方式安排自己的工作，而不是依照别人的标准。

⑧实际且有逻辑性，可以运用自己的推理能力找到系统内逻辑上的矛盾和缺陷，并加以改正。

⑨让自己应付危机，以坚定的原则和适宜的态度工作。

⑩涉及真正的人和事，而不是理论和方法，努力可以直接产生有形的产品或服务。

(5)职业类型——适合的职业

适合 ESTP 型的人的一般职业包括：

①销售/服务/"活动"：警察、消防队员、护理人员、侦探、领航员、调查研究者、管教罪犯的人员、房地产经纪人、急诊医生、运动生理学家/运动医学家、呼吸治疗专家、空中服务员、体育用品销售人员、调查保险诈骗人员、私人侦探。

许多 ESTP 型的人发现国内服务部门的职业令人感到满意，因为这些职业具有高度的积极性、多样性以及与来自于不同背景的大量人员接触的机会。这些职业中的大多数要求对迅速变化的形势做出快捷的思考和反应，并在压力下能够保持冷静。ESTP 型的人天生具有好奇心和观察力,他们经常能成为出色的侦探和调查研究人员。

②金融:个人财务计划者、审计员、股票经纪人、银行业者、投资者、保险推销员、预算分析员、保险代理人/经纪人(推销商)。

ESTP型的人常常对金融界感兴趣,尤其是当它涉及快速变化的局势并包含着一定的风险时。对于兴奋事物以及冒险的热爱意味着他们在股票市场中很善于下赌注或"玩"得很好。他们是注重实际和讲求实效的人,喜欢需要解决问题的职业,即使这意味着要使用非常规的途径。金融方面的大多数职业都要求与公众大量的接触,而ESTP型的人友好和善、易于相处的性格有助于他们认识别人和获得新客户。

③娱乐业/体育运动:新闻报道员、承办人、旅游代理人、舞蹈演员、酒吧间侍员、拍卖商、职业运动员/教练、体能指导员/训练者。

这些"娱乐性"的职业提供了大量的活动机会,对于ESTP型的人来说,这是他们职业满足感中的基本要素。ESTP型的人为目前而生活,喜欢令他们活跃和有生气的工作。他们是天生的创造者,然而也热衷于完成冒险和令人激动的事情。许多ESTP型的人是体育爱好者,他们擅长以运动为中心内容,从事包括与别人竞争和训练别人的工作。他们喜欢尽可能多地在别人周围工作,而且他们也会成为具有魅力和说服力的酒吧间掌柜和拍卖商。

④技术/商贸:木匠、工匠/手艺人、农民、总承包商、建筑工人、厨师长/厨师、电气工程师、电子专家、集成网络专家(电信学)、工业/机械工程师、勘测员、脑电图专家/技术员、放射学专业人员、飞机修理工、海洋生物学家、技术培训者——课堂环境、后勤和供给经营人——制造业、土木工程师。

对于ESTP型的人来说,商贸的吸引力在于能与实际的事物打交道,以及以有效、经济、熟练的方式利用工具。通常他们对机械方面的技巧有很好的理解力,并能很好地运用自己的双手。只要周围没有别人,ESTP型的人就喜欢独自地工作。他们喜欢这些职业的具体和活跃的特性,其中包括有时在紧张的时间框架中工作的压力(如农业和烹调)。

⑤商业:房地产经纪人、中间商、房地产投资开发者、批发商、零售商、汽车销售商、业务顾问(业务活动)、特许经营者。

通常,许多ESTP型的人认为商业世界的限制太多,步伐过慢,很难使人满意。然而,这些职业在程序上更具灵活可变性、个人的自由和多样性,这些都吸引了ESTP型人的兴趣。ESTP型的人是出色的中间商,他们喜欢在开始一项新的商业计划或成为投资者中发现冒险性。因为他们很善于从他人身上体察微妙的暗示,所以他们能成为出色的销售商。他们喜欢谈判的过程和成为公平的仲裁人,也热衷于保险业或汽车销售业。而且在具有为销售目标设有奖励和奖金的体制下,会做得很好。

(6)个人发展建议

成功的秘诀:

①学会三思而行。

②考虑别人的感受。

③善始善终。

发展建议：

①需要抑制其独断而忽视他人感情的方面。

②需要在迅速决定之前，事先计划，考虑细节，三思而行。

③需要发展持之以恒的品质。

④需要注意物质享受以外的东西。

**13. ESTJ**（外倾、感觉、思考和判断）——**事务料理家**

（1）个性特征描述

ESTJ 型的人很善于完成任务，他们喜欢操纵局势和促使事情发生。他们勤恳，具有责任感，信守承诺。他们做事具有条理性并且能记住和组织安排许多细节。他们能够及时和尽可能高效率地、系统地达到目标。

ESTJ 型的人常常被迫做决定，他们常常以自己过去的经历为基础得出结论。他们很客观，具有条理性、分析能力以及很强的推理能力。事实上，除了符合逻辑外，其他没有什么可以使他们信服。同时，ESTJ 型的人又很现实、有头脑、讲求实际。他们更感兴趣的是"真实的事物"，而不是诸如抽象的想法和理论等无形的东西，他们往往对那些没有实用价值的东西不感兴趣。他们知道自己周围将要发生的事情，而首要关心的则是目前。

ESTJ 型的人依照一套固定的规则生活，所以他们坚持不懈和值得依赖。他们往往很传统，有兴趣维护现存的制度。虽然对于他们来说，感情生活和社会活动并不像生活的其他方面那样重要，但是对于亲情关系，他们却固守不变。他们能很轻松地判断别人，他们是条理分明的纪律执行者。ESTJ 型的人直爽坦率、友善合群，通常他们会很容易地了解事物，这是因为他们信奉"你看到的便是你得到的"。

（2）可能存在的盲点

ESTJ 型的人对自己和别人都采取一种严格的道德规范，所以当他们把自己的行为标准强加在别人身上时，则会被认为很独裁。他们应该努力变得更灵活和思想开阔一些，这样会避免过于粗鲁。作为公正和有条理的分析家，ESTJ 型的人不会出于自然地考虑他们的决定对别人的影响。他们被视为冷酷而漠然，因而他们应该常常更多地关心自我的情感，对别人的思想和感受也应给予更多的尊重。

ESTJ 型的人天生就挑剔，所以常常不会对周围那些人的特性或贡献表示出欣赏的眼光。他们必须努力做到更多地关注他人的才能和努力，并给予祝贺和赞扬。有时 ESTJ 型的人对于自己的计划显得很急切，以致无法停下来倾听别人很有必要的谈话。他们不会很自然地询问"假如，则……"，所以他们常常会漏掉有可能性的价值、含义、联系和形式。防止思维封闭的简单方法是在说话之前，等待几分钟，给别人一个提供信息的机会。

ESTJ 型的人常常在没有收集到所有必要的信息，或没有花费时间充分了解情况时便匆匆地下结论。因此他们必须学会有意识地放慢脚步来做出决定，直到他们已经考虑了更多的信息，尤其是一些他们可能忽略的方面。那些已经学会放弃一些他们所追求的控制权的 ESTJ 型人，以及那些学会看清生命中存在"灰色区"（而不只是黑白分明地看待事物）的 ESTJ 型的人更有适应能力，更容易成功。

（3）工作中的优势与劣势

工作中的优势：

①注重实践，关心结果。

②能强有力地承担自己的义务，必要的时候能够快刀斩乱麻，意志坚定。

③能够自始至终地关注着公司（或组织）的目标。

④办事精确、很少出差错，有要把工作做好的强烈愿望。

⑤有很好地遵循已经建立起的工作安排和工作程序的习惯。

⑥能够敏感地觉察出不合逻辑、不连贯、不现实以及不称职的人或事。

⑦有很好的组织能力；能很客观地做出决定。

⑧相信传统模式的可取之处，并能够遵循传统模式。

⑨有很强的责任心，别人可以信任其去实现自己的诺言。

⑩清楚明白工作伦理，追求效率和成果。

⑪通情达理，视角现实。

工作中的劣势：

①对不遵循工作程序和忽略重要细节的人有点不耐烦。

②不愿意尝试、接受新的和未经考验的观点和想法。

③对变动感到不安，排斥革新。

④对低效率的或需花很长时间才能完成的程序或工作缺乏耐心。

⑤只考虑眼前需要而不顾长远利益。

⑥有为了实现自己的利益而无视别人需要的趋向。

⑦难以看到将来的可能性。

⑧对于方针或决定将会对别人造成什么样的影响缺乏敏感性。

⑨不喜欢听相反的意见，可能频繁地打断别人的发言。

（4）适合的岗位特质

①能系统地工作、组织和整理事实情况或人事档案。为了一个合乎逻辑的目标而有效地利用时间和资源。

②在处理具体的、明确的任务时需要高超的办事技能和强大的推理能力。

③通过公平、合理、清晰和客观的标准来衡量和评估事实情况。

④在一个友好的气氛中和其他刻苦认真的人们一起工作，而且他们不把个人问题带到工作中来，也不盘问工作需要的个人感受。

⑤有着现实、有形的属性，有实在的应用价值和明确的运行结果。

⑥有明确的发展前景和清晰的汇报等级制度。

⑦安排和组织一些必要的步骤和资源，遵循一定的工作程序，有权规定最后的期限，并能够在此前完成任务。

⑧在一个稳定和可预测的环境中工作，也可以和很多人在一起做很多事情。

⑨需要和许多人一起来共同完成，能支配自己和他人。

⑩有决定权、很大的管理权利和很多职责任务，而且本人观点、意见和经历很受关注和重视。

（5）职业类型——适合的职业

适合 ESTJ 型的人的一般职业包括：

①销售/服务：保险代理、厨师、陆军军官、教师（贸易、工业、技术）、政府雇员、保安人员、体育商品/设备经销商、药品经销商、电信防护员、警察/监护官/管教官、销售（有形的东西，如计算机、不动产）人员。

这些职业允许 ESTJ 型的人在现实生活中从事一些实际的、具体的工作。这些职业中的大多数都需要遵守一些原则和标准，还需要与公众打交道。ESTJ 型的人喜欢处于一个"有权"的位置，他们喜欢发号施令。经营不动产则给他们提供机会，使他们能够迅速取得有形的结果。

②科技/物理：计算机系统分析家、审计员、总承包商、农场主、建筑工人、药剂师、临床医师、会计学内部审计员、技术教员、脑电图技术专家/技师、工程师（机械领域/应用领域）、律师助理。

这些领域能够发挥 ESTJ 型的人在技术和机械方面的才能，每一种工作都需要他们收集、组织、分析事实资料，然后进行演绎及推理。每一种工作都需要一种有逻辑的、系统化的工作方式，这正是 ESTJ 型的人所特有的。他们喜欢在整齐、有条理的环境中工作，不能忍受工作中的混乱状态和效率低下。

③管理：银行高级职员/贷款员、项目经理、职员总管、行政官员、工厂监督人、数据库经营者、购物代理人、信贷分析员、制定规章制度的官员、预算分析员、管理人（社会保健服务）、信息主管、管理顾问（企业运行）、后勤供给经理、银行经理/贷款员、信贷分析员/顾问。

管理领域非常适合 ESTJ 型的人，因为他们喜欢处于有权力的位置。ESTJ 型的人都是优秀的管理人员，因为他们喜欢发布命令，喜欢做决定和指导别人。同时，他们对所服务的机构都非常忠心。管理工作需要不断地与人打交道，需要有对别人的工作进行指导、管理和评价的能力。

④专门领域：牙医、内科医生（普通医学）、股票经纪人、法官、行政领导、教师（技术/贸易）、公司财务律师、电气工程师、保健护理医生、工业工程师、律师助理、药剂师、土木/机械/冶金工程师。

这些特定职业的吸引力在于它们能使 ESTJ 型的人在一些已经建立起来的、传统的、具有一定权力的机构中工作。牙医和内科医生是需要技术的职业，通常包括一些具体工作，工作对象是人或其他有形的东西，如牙齿和牙床（对牙医来说）、人体（对临床医生而言）。这些职业利用了 ESTJ 型的人演绎推理的能力和解释因果关系的能力。ESTJ 型的人喜欢遵循一定的程序办事，这些程序是根据他们自己或其他他们所敬佩的人的经验建立起来的，通常都是非常有效的。

（6）个人发展建议

成功的秘诀：

①放慢节奏。

②多为别人着想。

③能灵活变通。

发展建议：

①在决策前,需要考虑问题的各个方面,包括人的因素的影响。

②需要督促自己仔细考虑变动所带来的得失。

③需要做出特殊的努力以夸赞别人的成绩。

**14. ESFP(外倾、感觉、情感和知觉)——不要担心,高兴起来**

(1)个性特征描述

ESFP 型的人乐于与人相处,有一种真正的生活热情。他们顽皮活泼,通过真诚和玩笑使别人感到事情更加有趣。ESFP 型的人脾气随和、适应性强、热情友好和慷慨大方。他们擅长交际,常常是别人的"注意中心"。他们热情而乐于合作地去参加各种活动和节目,而且通常能同时应付几种活动。

ESFP 型的人是现实的观察者,他们按照事物的本身去对待并接受它们。他们往往信任自己能够听到、闻到、触摸和看到的事物,而不是依赖于理论上的解释。因为他们喜欢具体的事实,对于细节有很好的记忆力,所以他们能从亲身的经历中学到最好的东西。共同的感觉给予他们与人和物相处的实际能力。他们喜欢收集信息,并从中观察可能出现的解决方法。

ESFP 型的人对于自我和他人都能容忍和接受,往往不会试图把自己的愿望强加于他人。ESFP 型的人通融和有同情心,通常许多人都真心地喜欢他们,能够让别人采纳他们的建议,所以他们很善于帮助冲突的各方重归于好。他们寻求他人的陪伴,是很好的交谈者。他们乐于帮助别人,偏好以真实有形的方式给予协助。ESFP 型的人天真率直,很有魅力和说服力。他们喜欢意料不到的事情,喜欢寻找给他人带来愉快和意外惊喜的方法。

(2)可能存在的盲点

ESFP 型的人把经历和享受人生置于一个优先的位置,所以有时他们使自己其他的责任受到损害。而且因为他们很容易受诱惑,很难自我约束,所以频繁的社交会干扰他们并使他们陷于麻烦之中。ESFP 型的人往往容易分散对任务的注意力,这使他们变得很懒散。优先考虑工作而不是活动,在工作与娱乐之间寻找一种平衡,这样他们才会获得更具广阔的前景和长远规划的生活观念。

积极活跃的生活使得他们十分忙碌,无法事先计划,这使他们对于人生变化毫无准备。ESFP 型的人必须尝试预见今后可能发生的事情,制定一个万一情况不愉快时可供选择的计划。

ESFP 型的人往往在做决定时没有考虑他们的行动是否符合逻辑。他们信赖自己的个人情感,习惯于排除更加客观的信息。ESFP 型的人对朋友的评价很高,往往只看到他们积极的一面。ESFP 型的人必须后退一步考虑他们行为的起因和结果,工作中应更加坚定意志。

(3)工作中的优势与劣势

工作中的优势：

①工作时精力充沛和充满乐趣。

②对迅速发生的改变和转变具有良好的适应能力。

③对别人的需要敏感并渴望以有效的方法帮助他们。

④喜欢自然，是个有协作精神的团队成员。

⑤有使工作有趣、让人兴奋的能力。

⑥实际且具有丰富的常识。

⑦忠实于自己关心的人和组织。

⑧有上进心，在工作中，创造出一种生机勃勃、充满乐趣的氛围。

⑨有柔韧性和愿意冒险的精神，喜欢尝试新事物。

⑩渴望合作，以有效的方式帮助他人。

⑪清楚地评估目前的资源和情况，并且有立刻看到应该做什么的能力。

（2）工作中的劣势：

①难以独自工作，尤其是持续一段时间的工作。

②有以表面价值接受事物的倾向。

③不喜欢提前准备，在组织时间上有问题。

④难以看到目前不存在的机会和选择。

⑤有将失败当做针对个人的批评和负面回应的倾向。

⑥难以做出决定。

⑦有冲动和容易被诱惑或迷惑的倾向。

⑧不喜欢过多的条条框框和官僚作风。

⑨如果涉及个人感情，就难以做出有逻辑的决定。

⑩有抵制确立长期目标和难以达到最后期限的倾向。

⑪难以律己或律人。

（4）适合的岗位特质

①能在实际经验中学习，能在权限内收集到所有信息并能使用常识寻求问题的解决之法。

②参加实际的工作，与客户直接打交道。

③和许多人一起在有活力、友善、充满变化乐趣和自然的环境中工作。

④要求有技巧地处理与他人之间的矛盾，有缓解紧张气氛、帮助团队更加协作地工作以及激励别人的能力。

⑤能快速地操纵多样的项目和活动，尤其是那些用得上自己的审美观和设计感的工作。

⑥整个工作日与其他人分享自己的热情、精力，和易相处且友善的人一起互相促进。

⑦有创造力，即时获得机会以满足周围人的要求。

⑧在一个友善、放松、没有隐藏政治议程的环境中工作。

⑨奖励自己的努力工作和善意，觉得自己的贡献让人欣赏。

⑩让自己有乐趣享受每一天，官僚作风、规矩或限制达到最低程度。

（5）职业类型——适合的职业

适合 ESFP 型的人的一般职业包括：

①教育及社会服务部门：教师（早期儿童教育及初级教育）、儿童护理员、家庭保健人

员、体育教练、特殊教育老师、酗酒/吸毒劝诫人员、儿童福利顾问、海洋生物学家。

ESFP 型的人在教育行业常会获得职业满足。尤其当他们与小孩在一块儿时,更是这样。初级及学龄前教育有时不太正规和固定化,这就为主动实践创造了机会。ESFP 型的人喜欢传授基本技能,乐于教孩子们如何相处,这对早期教育非常重要。他们喜欢初级学校的活动以及丰富的学科。ESFP 型的人生机勃勃,本身具备熟练的活动技能,因此,他们喜欢体育和体育教练工作。ESFP 型的人对于体育活动、集体活动、积极的户外活动都喜欢。他们富于热情、勇气,是负责的教练和教师。

②健康护理:应急家庭护士、社会福利工作人员、医务助理、牙科专家或牙科助理、领照实习护士、运动专家、最初保健护理医生、家庭保健服务人员、按摩专家、饮食专家或营养学家、紧急医务工作人员、运动生理学家、药剂师、放射科专家、呼吸系统专家、营养专家、职业疗法医师。

保健护理和社会福利工作为 ESFP 型的人提供了帮助别人的机会。那些职业要求学会然后重复使用一种技能。大多数 ESFP 型的人喜欢与别人直接接触和快节奏的生活。紧急家用护士要能对经历危险而受到惊吓的人做出快速反应而且必须有让服务对象平静的本领。许多 ESFP 型的人喜欢动物,也乐于从事护理和训练动物的工作。社会工作领域能让 ESFP 型的人与许多不同的人接触和共事,有助于他们发现和确定可利用的资源。他们能轻易地建立关系,并从帮助别人过得更舒心的过程中得到满足。

③娱乐业:旅行代办人/旅游组织人员、摄像师、电影制片人、音乐家、承办人员、特殊事件统筹人员、表演艺术人员、舞蹈演员、喜剧演员。

ESFP 型的人喜欢与朋友随意地娱乐。他们通常对美有很强的感受力,对新鲜和优美的事物有敏锐的洞察力。一些 ESFP 型的人喜欢表现自己的技艺,另一些则喜欢娱乐时与别人在一起。ESFP 型的人喜欢旅游,同时,由于他们善于倾听游客的不同要求,然后找出最佳方案满足这些要求,因此他们也是好的旅行代办人。他们能适应立刻应对不同事件或同一事情的不同部分,经常在统筹特殊事件时获得满足感。

④商业/推销业:零售商或零售策划人员、公共关系专家、资金筹措者、劳资关系调查人员、接待员、商业计划人员、多样化管理者(人力资源)、小组协同培训人员、旅行推销人员、保险代办人、经纪人(健康或人寿)、房地产经纪人、体育设备推销/买卖、零售推销、家用保健用品推销。

ESFP 型的人一般不喜欢商业事务,尤其公司事务,但如果那些工作能提供与别人交往的机会或不受严格的条框束缚,也可引起 ESFP 型人的兴趣。他们喜欢房地产推销是因为由此可在办公室外度过大多数时间,而且可以直接与各种各样的人交往,展示各种各样的居室。他们常喜欢搞公关、筹集资金、调停,因为从中可以运用他们天生的劝解能力。那些工作能让他们利用他们的人际交往技巧及运用收集信息的能力。许多 ESFP 型的人被零售业所吸引,尤其是在他们能发挥对时尚的洞察力的时候。

⑤服务业:飞机服务员、秘书/接待员、侍者、旅店老板、花卉设计、警察/劳改服务人员。

服务业吸引 ESFP 型的人是因为这个职业要求使用熟练的人际交往技巧和能力。ESFP 型的人热情友好,有使别人放松的能力。他们喜欢饭店和俱乐部的气氛,以及爱交往和慷慨的老板。他们当场适应的特点让他们走到哪儿都很快乐,据说,聚会中人们常常会以 ESFP 型的人为中心。

(6)个人发展建议

成功的秘诀:

①学会考虑将来的情况。

②不要太个人化地看待事情。

③信守承诺。

发展建议:

①在决定时需要照顾逻辑关系。

②在管理项目之前需要事先计划。

③需要平衡工作和社交活动。

④需要在时间管理上下工夫。

**15. ESFJ(外倾、感觉、情感和判断)——我能为您做些什么?**

(1)个性特征描述

ESFJ 型的人通过直接的行动和合作积极地以真实、实际的方法帮助别人。他们友好、富有同情心和责任感。因为 ESFJ 型的人把他们与别人的关系放在十分重要的位置,所以他们往往健谈、受人欢迎、有礼貌、渴望取悦他人。他们具有和谐的人际关系,并且通过很大的努力以获得和维持这种关系。事实上,他们常常理想化自己欣赏的人或物。ESFJ 型的人往往对自己以及自己的成绩十分欣赏,因而他们对于批评或者别人的漠视很敏感。通常他们很果断地表达自己坚定的主张,努力使事情很快得到解决。

ESFJ 型的人很现实,他们讲求实际、实事求是和安排有序。他们参与并能记住重要的事情和细节,期望别人也能对自己的事情确信。他们在自己的个人经历或在他们所信赖的人的经验之上制订计划或得出见解。他们了解并参与周围的物质世界,具有主动性和创造性。

ESFJ 型的人十分小心谨慎,也非常传统,因而他们能恪守自己的责任与承诺。他们支持现存制度,往往是委员会或组织机构中积极主动和乐于合作的成员,他们重视并能保持很好的社交关系。他们不辞劳苦地帮助他人,尤其在遇到困难或取得成功时,他们都很积极活跃。

(2)可能存在的盲点

ESFJ 型的人高度重视和睦的关系,所以他们往往避免冲突,而不是毫不含糊地处理问题。有时他们过多地重视和在意所关心的见解和情感。在紧张或痛苦时,他们对事实情况茫然无知。他们必须学会在困境中坦诚率直地处理冲突,他们对于别人的情感具有天生的敏感,这种敏感会为他们提供必要的圆通。

ESFJ 型的人往往会忽视自己的情感,因为他们渴望帮助别人,使别人高兴。他们很难拒绝别人或向别人请求帮助,通常他们很难提出或接受建设性的意见,因为他们很个人化地去处理事务。当他们找不到改变生活的办法,就会悲观失望。在努力帮助别人的过程中,ESFJ 型的人有时会以专横和盛气凌人的态度表达观点。

ESFJ 型的人经常在还有充分的时间去收集一些不明确的情况,并考虑他们行动的后果之前,便匆匆地做出决定。他们缺少灵活性,往往不会去寻找解决问题的新办法或不同办法。

(3)工作中的优势与劣势

工作中的优势:

①有很大的精力和动力来完成任务、创造成果。

②能够有效地与别人协作,并且和他人建立起友好、和谐的人际关系。

③处理事实和细节问题时,具有客观的态度和得天独厚的才能。

④善于培养和帮助他人,对于别人良好的行为举止能够给予赞扬。

⑤果敢坚决,稳定可靠。

⑥能够维护组织一惯的价值观念和工作原则。

⑦灵活的组织技能和明确的工作道德。

⑧信奉工作在一个传统、稳定的组织里有其自身的优点和长处。

⑨乐意遵循已制定的工作程序。

⑩通情达理,视角现实。

工作中的劣势:

①不愿意尝试、接受新的和未经考验的观点和想法。

②对于别人的异议和批评耿耿于怀;不喜欢在紧张的气氛中工作。

③可能只关注眼前需要,而对于长远利益重视不够。

④难以适应新境况,在不同工作任务之间来回切换时会有困难。

⑤容易表现得过于敏感,逃避难堪的场合。

⑥不愿意长时间独自工作。

⑦会轻易地把个人喜好表露出来。

⑧可能由于情感方面的负担而疲惫不堪。

⑨在掌握的信息和资料还不够的情况下便草率做出决定。

⑩关注具体的细节之处,而不能整体地把握一个情况或者事物的长远影响。

⑪容易固执己见、武断地做出决定。

⑫不愿意听取和接受反面的观点和意见。

⑬得不到赞扬或欣赏之词的时候,可能会灰心丧气。

⑭只考虑眼前的需要,不愿意为事情做长远打算。

(4)适合的岗位特质

①能与别人建立并维持友好、真诚的人际关系,通过切实有形的方式来帮助他们提高生活质量。

②能给他人带来切实的利益,让自己有时间来学习和精通必要的技能,然后把它们运用到工作中来为他人提供服务。

③具有一定的影响力,工作时能和许多人打交道,领导他们为了共同的目标而和谐地合作。

④有明确的工作要求,工作表现是运用明确的、确定的成文标准来衡量的。

⑤在一个和谐、合作的气氛下工作,同事、上司、客户等人彼此之间不会发生冲突与

不和。

⑥为了保证任务能够出色地完成，能自主地做出一些决定，并运用一些高效的方法。

⑦每天都能让自己有大量的与别人交往的机会，而且能够成为决策过程的重要成员。

⑧为了确保事情顺利高效地进展，能够安排自己以及周围其他人的工作。

⑨别人对自己的工作成就表示赞赏，能体会到认可和支持，和同事之间是朋友关系。

⑩在一个有章可循的环境中进行，所有的指令和要求都要公开、清晰及权威，并且受到充分的重视。

（5）职业类型——适合的职业

适合 ESFJ 型的人的一般职业包括：

①保健：医师助理/牙医助理、言语病理学家、运动生理学家、家庭医生、护士、牙医、医用秘书、验光师、饮食学家/营养学家、按摩治疗专家、验光师/配镜技师、药剂师/制药技师、呼吸系统治疗专家、兽医、领照实习护士、家庭健康护理医师、最初保健护理医师、理疗专家、社会工作者。

保健领域对 ESFJ 型的人的吸引力主要是它们能够允许 ESFJ 型的人以一种直接的方式去帮助他人。无论是内科医生、护士或其他类似的职业，ESFJ 型的人都喜欢通过学习技能帮助他们的病人生活得更加容易，减少痛苦和创伤。这些领域要求较强的实际操作能力和严格遵守运行程序的标准，这正是 ESFJ 型的人所擅长的两件事。这些保健领域的职业还可以使 ESFJ 型的人与病人及同事建立并维护亲密的关系。

②教育：小学教师、特殊教育工作者、儿童照管人员、家庭教师、运动教练、双语教学老师。

ESFJ 型的人的教育方式常常是介入个人感情的，并且善于举例。ESFJ 型的人非常喜欢对低年级学生和有特殊需要的学生进行教育，因为他们认为帮助别人掌握一些基本的知识和技能是非常有意义的。直接与小学生们打交道满足了 ESFJ 型的人天性中的能量和热情。在学校环境中，常常有许多规章和制度，这是 ESFJ 型的人所喜欢的，他们能在这里找到满足感。很多 ESFJ 型的人喜欢运动，因此他们愿意教给别人一些运动技巧。他们希望在工作中能有重要的地位。

③社会服务/咨询：社会工作者、社区福利工作者、专业自愿者、宗教教育者、顾问、律师助理、戒毒和戒酒咨询顾问、牧师/神父/拉比。

ESFJ 型的人都是社区活动的有力支持者，他们经常自愿建立并维护市民组织。因此，他们可以从类似的社会工作中找到职业满足感。帮助个人或家庭解决问题，使他们成为社会积极的一部分，这对很多 ESFJ 型的人是非常有意义的。他们与人轻松交往的能力和为团体服务的精神使他们容易在社区活动中得到满足。顾问、宗教教育者、牧师这些职业之所以吸引 ESFJ 型的人，是因为他们喜欢以一种特殊的、深刻的方式去帮助别人。ESFJ 型的人天性倾向于传统和保守，因此他们喜欢在固定结构的、有传统价值观念的团体中贡献他们的力量。

④商务：公关业务经理、私人银行家、销售代表（有形商品）、电话推销员、办公室经

理、零售商、接待员、保险代理（家庭）、管理顾问（人力资源/培训）、信贷顾问、经营策划者。

商业世界为 ESFJ 型的人提供了和许多人打交道的机会以及通过勤奋工作达到自己目标的机会，他们喜欢商业活动中的快节奏和活力，他们喜欢与顾客或客户打交道。当工作中涉及私人关系时，如房地产或私人银行，很多 ESFJ 型的人都能获得成功。因为他们善于与别人建立积极向上的关系并且能够维持这种关系。公关和推销需要杰出的人际交往技巧，这正是大多数 ESFJ 型的人所具有的。这两种职业都需要密切关注细节，把整个计划贯彻到底。ESFJ 型人的组织才能在这些领域得到了充分的发挥。

最后，销售领域也是 ESFJ 型的人经常能获得大量成功的地方。因为他们能够利用他们的交际能力、机智、敏感，充分满足顾客的需求。他们通常喜欢卖有形商品，不喜欢销售诸如概念、思想或复杂系统等无形的商品。他们对零售业非常感兴趣，因为这个行业可以使他们与公众接触，使他们的能力不断增强并且由于特定的商品而受益。

⑤销售/服务：飞机服务员、顾客服务代表、殡仪馆管理人员、高级理发师/美容师、旅店老板、酒席承办者、资金筹集人、旅行推销员、环境旅游专家、不动产代理/经纪人、翻译、系谱学家、家庭保健用品销售、体育设备/商品销售人员、营销经理（无线电/电视/广播电缆工业）。

ESFJ 型的人经常喜欢从事服务行业，主要是因为这种行业可以使他们直接与其他人打交道，使他们为他人提供服务，帮助他人减轻痛苦或者生活得更好。顾客服务代表的工作为他们做到这些提供了机会。ESFJ 型的人在困难的时候是坚定不移、值得依靠的，他们经常在出现危机的时候站出来承担具体事务。殡仪馆管理人员在工作中必须对他人的需求表现出极大的敏感和关心。

⑥职员工作：秘书、接待员、办公室机器操作员、簿记员、打字员。

大多数 ESFJ 型的人除了具有文职工作所需要的与人交往的技巧之外，他们还具有熟练、灵巧的操作能力。一旦他们学会了一项技术，他们就永远也不会忘记。ESFJ 型的人可以没有任何差错地完成例行的工作，他们还具有作为一名簿记员所需要的处理数字的能力。这类工作最吸引 ESFJ 型的人的地方是他们可以感到自己是集体的一员，他们可以与同事们并肩工作。孤立对 ESFJ 型的人来说是令人沮丧的。

(6)个人发展建议

成功的秘诀：

①办事情时要不紧不慢。

②考虑眼前并不存在的可能性。

③不要随便地把事情视为是对自己的人身攻击。

发展建议：

①需要学会如何看待和管理冲突。

②需要努力倾听其他人的愿望和要求。

③需要考虑其决策的逻辑与全局影响。

### 16. ENTP(外倾、直觉、思考和知觉)——天生的企业家

(1)个性特征描述

ENTP 型的人喜欢兴奋与挑战。他们热情开放、足智多谋、健谈而聪明,善于做许多事情,不断追求提升自己。

ENTP 型的人天生富有想象力,他们深深地喜欢新思想,留心一切可能性。他们有很强的首创精神,善于运用创造性。ENTP 型的人视灵感高于其他的一切,力求使他们的新颖想法转变为现实,他们好奇、多才多艺、适应性强,在解决挑战性和理论性问题时善于随机应变。

ENTP 型的人灵活而率直,能够轻易地看出任何情况中的缺点,有兴趣争论问题的某方面。他们有极好的分析能力,是出色的策略谋划者。他们几乎一直能够为他们所希望的事情找出符合逻辑的推理。大多数的 ENTP 型的人喜欢审视周围的环境,认为多数的规则和章程如果不被打破,便意味着屈从。他们喜欢自在地生活,在每天的生活中寻找快乐和变化。

ENTP 型的人能富有想象力地处理社会关系,常常有许多的朋友和熟人。他们表现得很乐观,具有幽默感。ENTP 型的人吸引和鼓励同伴,通过他们富有感染力的热情,鼓舞别人加入到他们的行动中。他们喜欢努力理解和回应他人,而不是判断他人。

(2)可能存在的盲点

因为 ENTP 型的人视创造力和革新力高于其他的一切,所以有时会忽视按照普遍的方式完成简单的事情,因为它是没有创造性的。对于常规和可预见的事物的强烈厌恶,使得他们很难注意到必要的细节。在他们热情地着手新鲜事物时,有时会忽视必要的准备,一头扎进去。而且一旦解决了主要问题,他们常常会去做一个振奋人心的冒险,而不是圆满地坚持到看见原先的计划顺利完成。

ENTP 型的人常常说话很快,其他方面全都如此,他们不允许别人发挥作用。他们诚实、公正,但是在准备好的对别人的批评中,却很生硬与不得体。ENTP 型的人必须把别人的想法看作是正确和重要的,即使他们不具有这种想法。ENTP 型的人迷人、有趣、使人愉快,但同时也会显得虚假。ENTP 型的人不愿承认一个错误是由于他们害怕错过更吸引人的其他机会而造成的。他们那种对于新的很有前景的事情保持开放并做出回应的愿望令人感到他们不可信赖,对待别人的计划很轻率。

ENTP 型的人天生的敏捷,以及对于即将发生之事的预见能力意味着他们偶然会错误地假设他们知道人们将要说的话,而且可能会一下子就得出结论。花些时间,更仔细地注意在他们周围的世界真正将要发生的事情,仔细地聆听他人的信息和反应会帮助他们避免显得傲慢与无礼。

(3)工作中的优势与劣势

工作中的优势:

①出色的交际才能,能使别人对自己的观点感到兴奋。

②急切地"想知道外面的世界",能预想到一些新的可能性。

③具有杰出的创造性以及解决问题的能力。

④具有探险精神、创新意识以及克服困难的勇气。

⑤兴趣爱好广泛,易于接受新事物。

⑥有"走自己的路,让别人去说吧"的乐观主义激情。

⑦学习新知识的信心和动力都很强大。

⑧天生的好奇心理,具有快速地搜索所需信息的技能。

⑨能够把握事情的全局,弄清思想和行为的长远影响。

⑩具有同时处理多个问题的能力。

⑪对别人的需要和意图能够感知。

⑫能灵活地适应新情况,有熟练的应变能力。

⑬在社交生活中不会感到拘谨,能舒适地适应大多数社交场合。

工作中的劣势:

①难以使自己有条不紊和富于条理。

②在区分出应该优先对待的事物以及做出决定方面有一定的困难。

③过于自信,可能会不恰当地运用自己的能力和社会经历。

④倾向于用"是不是有可能"来看待问题,而不是以可能性、可行性的大小来衡量事物。

⑤很可能不切实际地许诺。

⑥对思维狭窄及思想顽固的人缺乏耐心。

⑦问题一旦解决,兴趣便不复存在。

⑧不喜欢按传统、公式化以及例行的方式来办事。

⑨对待细节和后续工作可能缺乏耐心,对自己要求不严格。

⑩对事物很容易感到厌烦,并且可能在不恰当的时候把注意力转移到别的事情上去。

⑪不喜欢重复地做相同的工作或任务。

⑫对自己不信任的人缺乏耐心。

(4)适合的岗位特质

①能够充分发挥自己的创造性和开拓性,并能得到承认和鼓励。

②在快速成长、变化的环境中工作,从事挑战性较大的任务。

③有一定的弹性,较为灵活,能够自由地、不受各种死板制度限制地工作。

④在工作中能体验到乐趣,使自己活跃和兴奋,不做重复的、繁琐的、简单的细节工作。

⑤能够结识不同的人,与有能力的人或自己尊重的人交往,并开展有意义的合作。

⑥能够不断提高自己的能力。

⑦允许自己设计或者发起一项计划,但不要让自己深陷乏味的细节中。

(5)职业类型——适合的职业

适合 ENTP 型的人的一般职业包括:

①企业家/商人:发明家、管理顾问、风险资本家、文学作品代理商、摄影师、新闻记

者、老板(餐厅、酒吧)、演员、技术培训师、多样化经理、管理顾问(销售、贸易)、大学校长、财务经理、诉讼代理人、经销商(保险、商品)、规划师(城市、地区)、人才招聘者、证券分析家、制造商服务代表、汽车旅店经理 。

　　这类人天生就是企业家的料，能吸引这类人的职业都具有新颖、灵活和富于变化的工作环境，这些职业常常要求与很多人打交道，创建新的观念与方法，通过创新的方式进行思维创新，并且要求和社会地位高、影响力大的人打交道。

　　②销售/创作：广告创意人、公共关系专家、营销调研/策划人员、体育用品经销商、电视/电台现场访谈节目主持人、制片人、美编(杂志、期刊)、国际贸易行销人员、信息制图设计、多媒体组创总编、桌面出版专家、因特网服务指导、网络架构设计师、有创造性的作家、撰稿人、总监(舞台、电影)、专栏作家(评论家、讲解家)、记者/通讯员、广播新闻分析员。

　　在市场、广告和公共关系领域，这类人能够和其他有创意的人一起工作，通过有趣和创新的途径来发展并运用他们的想法和观点。这类人喜欢公共关系和关系领域的快节奏和充满诱惑力的世界。他们能够利用个人魅力和与人相处的技巧来推销自己的思想和观点。市场研究要求这类人运用他们的能力来努力认清形势，这也刺激、满足了他们巨大的好奇心和积极的想象力。

　　③计划和开发类：房地产代理商/开发商、专有项目开发商、后勤顾问(生产)、网络一体化专家、电信专家、财政计划者、投资银行家、城市规划师。

　　有关规划和开发工作需要从事这些工作的人能放开眼光、预测事态发展的趋势与方向，并且能够提供一些有独特见解的具体计划。开发人员常常与一些纯理论的研究项目打交道，因此他们必须说服别人来认同他们所开发项目的优势和获得成功的潜能。这类人非常擅长做这样的一些工作，并且常常能以此为乐。开发人员必须保持灵活性，要能随时运用新的机遇来改进已有的项目，而不要到了需要新项目的时候再重新来制定和实施计划。

　　④政治：政治家、行政管理人员、政治分析家、社会科学家。

　　这些工作使这类人能够在一些高度激烈和紧张的重要场合充分发挥并运用他们的思想、知识和老练的处世经验。这类人能运用他们的能力预测事态的发展趋势、发现事物的关键所在，以及洞察公众舆论的波动和变化，并且通过适当地调整方针政策来适应这些变化。这类人的权力欲望很强，而且他们喜欢和各行各业的人打交道。政治工作要求他们会见具有影响力的人物，并且和他们迅速地建立起联系。这类人喜欢发表公开讲演，而且他们能够成为出色的演说家。他们的演说通常非常生动形象、思路开阔且能够阐明一些深奥的问题和观点。

　　(6)个人发展建议

　　成功的秘诀：

　　①区别对待。在认识上确立事物优先等级，不要"眉毛胡子一把抓"。

　　②集中关注。在行动上"集中优势兵力，各个歼灭"。

　　③信守承诺。遵守时间约定，信守承诺。

发展建议：

①需要关注现在和事实。

②需要承认和确认别人的投入和做出的努力。

③加强工作的计划性与条理性，完善时间管理，提高工作效率。

④需要习惯在系统中为项目工作和遵守规则。

⑤目前不要考虑在压力大的环境中工作。

⑥在适合的时候，主动承担一些工作，这对未来的发展更有利。

⑦尽量思考成熟后再采取行动，碰到困难时，需要坚持。

## 课堂活动

### MBTI 测验题

正如每个人有不同的指纹，每个人的人格也不一样。指纹无所谓好与坏，人格也无所谓对与错。这份问卷的目的是要帮助你了解自己的风格类型，并找出与他人相异的地方，而与心理健康或心理困扰无关。

下列每个问题都是以成对(a 与 b)的方式呈现，a 与 b 各自代表你所具有或不具有的一种物质。请根据你的实际情况来评定你的偏好程度，即给予每题的 a 与 b 各评定一个从 0 到 5 的分数。0 表示你从未有过这种情形(也就是另一项总是发生)，5 表示你总是有这样的情形(也就是另一项从不发生)。请注意：每题 a、b 两项评分之和必须等于 5(即 0 与 5，1 与 4，2 与 3，3 与 2，4 与 1，5 与 0)，请不要使用分数或小数，如"2.5"来评分。

1. a （　）先了解别人的想法，再下决定。

   b （　）不和别人商量，就下决定。

2. a （　）被认为是一个富于想象或凭直觉的人。

   b （　）被认为是一个讲求精确，讲求事实的人。

3. a （　）根据现有的资料及情境的分析，对他人做评断。

   b （　）运用同理心与感觉来了解他人的需要及价值观，并以之对他人做评断。

4. a （　）顺着他人的意思做出承诺。

   b （　）做明确的承诺，并确实加以实践。

5. a （　）有安静、独自思考的时间。

   b （　）与他人打成一片。

6. a （　）运用自己熟悉的方法来完成工作。

   b （　）尝试运用新的方法来解决当前的工作。

7. a （　）以合乎逻辑的思考及按部就班的分析得出结论。

   b （　）根据过去生活的体验及信念来得出结论。

8. a （　）定下完成工作的最后期限。

   b （　）拟订时间表，并严格遵守。

9. a （　　）和别人稍谈某个主题，即自我思考一番。
   b （　　）和其他人尽兴畅谈某个主题后，再自我思考一番。

10. a （　　）设想各种可能发生的情况。
    b （　　）按实际的情况处理问题。

11. a （　　）被认为是一个常常思考的人。
    b （　　）被认为是一个感觉敏锐的人。

12. a （　　）事前详细地考虑各种可能性，事后反复思考。
    b （　　）搜集需要的资料，稍作考虑后，做出明快而坚定的决定。

13. a （　　）拥有内在的思想和情感，而不为他人所知。
    b （　　）与他人共同参与某些活动或事件。

14. a （　　）抽象与理论。
    b （　　）具体或实际。

15. a （　　）协助别人探索他们自己的感受。
    b （　　）协助别人做出合理的决定。

16. a （　　）问题的答案保持弹性，且可修改。
    b （　　）问题的答案是明确的、可预知的或可预测。

17. a （　　）很少表达我内在的想法及感受。
    b （　　）能自在地表达我内在的想法及感受。

18. a （　　）从大处着眼。
    b （　　）从小处着眼。

19. a （　　）运用常识，凭借信念来做决定。
    b （　　）运用资料分析事实来做决定。

20. a （　　）事先详细计划。
    b （　　）临时视需要而做计划。

21. a （　　）结交新朋友。
    b （　　）独处或只与熟识者交往。

22. a （　　）重视概念。
    b （　　）重视事实。

23. a （　　）相信自己的想法。
    b （　　）相信经过证实的结论。

24. a （　　）尽可能在记事本上记下事情。
    b （　　）尽可能少用记事本记载事情。

25. a （　　）在团体中详细地讨论一个新奇未决的问题。
    b （　　）自己先想出结论然后再和他人讨论。

26. a （　　）拟订详密的计划，然后确实执行。
    b （　　）拟订计划，但不一定要执行。

27. a （　　）是理性的。

　　b （　　）是感性的。

28. a （　　）随心所欲地做些事。

　　b （　　）尽量事先了解别人期望我做什么。

29. a （　　）成为众人注意的焦点。

　　b （　　）退居幕后。

30. a （　　）自由想象。

　　b （　　）检视实情。

31. a （　　）体验感人的情景或事物。

　　b （　　）运用能力,分析情况。

32. a （　　）在预定的时间内开会。

　　b （　　）在一切妥当或适的情况下,宣布开会。

计分方法:

A 将(计分表)上每一直格的总分相加,共四对,八个分数。

B 分别找出每一对分数中,数字较大者,即为你个人的风格,每人均可有四个风格。例如,内向型十六分,外向型二十四分,则取外向型为个人风格,其他以此类推。

C 每个风格都有程度上的差别,如果在相对应的两个风格中(如外向型对应内向型),有一方的程度较强,即表示另一方的程度较弱,其比照分数如下:

30 分至 40 分:表示这个风格非常强,几乎没有另一对应风格。

25 分至 29 分:表示这个风格比另一对应风格强。

22 分至 24 分:表示这个风格比另一对应风格稍强。

20 分至 21 分:表示兼具两个风格的特质。

计分表:

请你小心将前面的答案与答案表对照,请注意在适当的题号和项号(a、b)上记分,最后计算各类总分。

| 思考型 T | 情感型 F | 内向型 I | 外向型 E | 判断型 J | 知觉型 P | 感觉型 S | 直觉型 N |
|---|---|---|---|---|---|---|---|
| 3、a | 3、b | 1、b | 1、a | 4、b | 4、b | 2、b | 2、a |
| 7、a | 7、b | 5、a | 5、b | 8、b | 8、a | 6、a | 6、b |
| 11、a | 11、b | 9、a | 9、b | 12、b | 12、a | 10、b | 10、a |
| 15、b | 15、a | 13、a | 13、b | 16、b | 16、a | 14、b | 14、a |
| 19、b | 19、a | 17、a | 17、b | 20、a | 20、b | 18、b | 18、a |
| 23、b | 23、a | 21、b | 21、a | 24、a | 24、b | 22、b | 22、a |
| 27、a | 27、b | 25、b | 25、a | 28、b | 28、a | 26、a | 26、b |
| 31、b | 31、a | 29、b | 29、a | 32、a | 32、b | 30、b | 30、a |
| 合计: | 合计: | 合计: | 合计: | 合计: | 合计: | 合计: | 合计: |

◆ **课堂练习**

根据"课堂活动"中的气质类型和 MBTI 性格类型测试的结果,深入思考自己的气质和性格类型特点,并探索与之相匹配的职业。

**推 荐阅读**

1.（美）伊莎贝尔·布里格斯·迈尔斯,彼得·迈尔斯著,张荣建译,《天资差异》,重庆出版社,2008 年。

2.（美）奥托·克劳格等著,王善平等译,《赢在性格》,浙江人民出版社,2008 年。

# 第四讲
## 你喜欢做什么？——职业兴趣探索

对于一切来说,热爱才是最好的老师,它远远超过责任。

——爱因斯坦

虽然我们做了几十年的研究,但预测个人职业选择最有效的方法却是询问这个人自己想做什么。

——约翰·霍兰德

### 学习目标

通过本章的学习,认识到兴趣是人们获得工作满意度和成就感的重要影响因素,同时,也是对职业进行分类的重要基础;理解霍兰德职业兴趣分类理论的意义和作用;在实践中学会用霍兰德职业倾向分类工具正确地认识和评估自己的兴趣。

### 趣味探索

你知道自己喜欢什么吗?

回答下面的问题,并将答案写下来。

1. 我的白日梦:请列举出三种你现在或曾经非常感兴趣的职业(排除所有现实的考虑)。这些工作的哪些特征吸引着你?

_____

_____

_____

2. 请回忆三、四件令你感兴趣的事情。请详细地描述这些事情的具体画面。是什么令你感到如此快乐?

_____

_____

_____

3. 你喜欢谈论什么话题?你喜欢阅读什么类型的杂志?读哪方面的杂志,你能真正感兴趣?如果你正在书店里浏览书籍,你倾向于停留在书店的哪类书架前?真正令你着迷的是哪方面的书籍？

_____

_____

_____

4.你喜欢浏览什么网站或网站的哪个版块？这些网站实际上属于哪个专业？哪些网站真正令你着迷？如果你正看电视，你会选择哪类节目？节目中是什么吸引着你？

_____

_____

_____

5.你真正感兴趣的是哪个或哪些科目？为什么喜欢它或它们？

_____

_____

_____

6.我们生活中都有过一些时刻，我们因为专注于工作，可能忘记了休息时间。如果这种事情发生在你身上，会是什么工作让你如此全神贯注，废寝忘食？

_____

_____

_____

7.以上问题让你从中看到了哪些共同点？如何给这些共同点以生命？如何滋养它们？

_____

_____

_____

在"男主外、女主内"的传统社会里，流传着这样一句谚语"男怕入错行，女怕嫁错郎"。在外谋求发展的男性选择一个满意且长久可靠的职业，就像嫁为他人妇的女性一样选择一个可靠的丈夫。在如今这个追求男女平等的年代，无论男性还是女性，选择"职业"都是同样的重要。那么，我们究竟喜欢什么？这是个看似简单但其实难以回答的问题。有些人因为缺少丰富的社会经历和阅历，不知道现实的社会是如何运作的，所以他们不知道自己喜欢的是什么。有些人经过很长时间的摸索，也无法弄清楚自己的兴趣在哪里，对自己的职业发展感到迷惑和茫然。

兴趣是指个体以特定的事物、活动及人为对象，所产生的积极的和带有倾向性、选择性的态度和情绪。每个人都会对他感兴趣的事物给予优先注意和积极地探索，并表现出心驰神往。如果你对某种职业感兴趣，就会对该种职业活动表现出肯定的态度，并积极思考、探索和追求。诺贝尔奖获得者丁肇中说过："兴趣比天才更重要"。从事自己喜欢的职业，可以带来愉悦的生活体验，让自己在工作中更有动力，获得更高程度的成就感和满足感，也因此会更为肯定自己的能力，对自己更有信心，更能充分发挥自己的潜能，实现自我的人生目标。

## 一、生涯兴趣坐标图

美国心理学家戴尔·普雷迪格将工作对象分为数据、观念、人群和事物四项。他设计的生涯兴趣坐标图如图 4-1 所示。

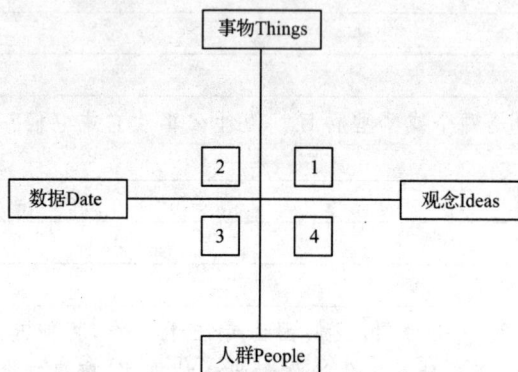

图 4-1　生涯兴趣坐标图

数据包括事实、记录、文件、数学、计算、商业过程和系统性程度等。以数据为工作对象的人不喜欢直接与人打交道。

观念包括抽象概念、理论、知识、洞察力等。观念性任务是个人头脑中的工作。以观念为工作对象的人喜欢创造、发现、解释抽象的概念，从事知识的开发、整合与传播。

人群主要包括需要帮助、照顾的人们，以及需要别人为其提供服务的人们。以人群为工作对象的人喜欢从事与人有关的工作，喜欢处理人际状况。

事物包括机器、工具、生物、材料等，是一种与人无关的任务。以事物为工作对象的人喜欢从事与机械、器具有关的工作，并且喜欢处理事物现实的问题。

活动一：

根据以上分析，将"喜欢的活动"和"愉快的生活经历"的特征综合起来，看看你的"生涯兴趣坐标"会落在图 3-1 中的哪一个象限。

活动二：

假设在你旅行的途中，所乘坐的轮船突然发生了意外故障，必须紧急靠岸。这时候，轮船正好处于下列 6 个岛屿的中间。你希望选择哪一个岛屿靠岸？要知道，这些岛屿只能通过轮船与外界联系。而由于天气原因，今后至少半年内船只都无法出航，而且你还要等待境外的运送人员运送器材前来维修你所乘坐的轮船。因此一旦靠岸，你可能需要在这个岛上待很长一段时间（至少一年）。请按一、二、三的顺序挑出 3 个岛屿。

R 岛屿：自然原始的岛屿。岛上自然生态保持得很好，有各种野生动物。居民以手工见长，自己种植花果蔬菜、修缮房屋、打造器物、制作工具，喜欢户外运动。

I 岛屿:**深思冥想的岛屿**。有多处天文馆、科技博览馆及图书馆。居民喜好观察、学习,崇尚和追求真知,常有机会和来自各地的哲学家、科学家、心理学家等交换心得。

A 号岛屿:**美丽浪漫的岛屿**。充满了美术馆、音乐厅、街头雕塑和街边艺人,弥漫着浓厚的艺术文化气息。居民保留了传统的舞蹈、音乐与绘画,许多文艺界的朋友都喜欢来这里寻找灵感。

S 岛屿:**友善亲切的岛屿**。居民个性温和、友善,乐于助人,社区均自成一个密切互动的服务网络,人们重视互助合作,重视教育,关怀他人,充满人文气息。

E 岛屿:**显赫富庶的岛屿**。居民善于企业经营和贸易,能言善道。经济高度发展,处处是高级饭店、俱乐部、高尔夫球场。来往者多是企业家、经理人、政治家、律师等。

C 岛屿:**现代、井然的岛屿**。岛上建筑十分现代化,是进步的都市形态,以完善的户政管理、地域管理、金融管理见长。岛民个性冷静保守,处事有条不紊,善于组织规划,细心高效。

选择一:(　　　　)岛,因为 _____

选择二:(　　　　)岛,因为 _____

选择三:(　　　　)岛,因为 _____

## 二、霍兰德的职业兴趣类型理论

### (一)兴趣类型

国内有很多职业测评工具。在我国影响比较大的是美国心理学家、职业指导专家霍兰德的相关理论。霍兰德在他的职业兴趣类型理论中想解决三个主要的问题:哪些个人与环境的特征能够带来满意的生涯决定、生涯投入和生涯成就;哪些个人与环境的特征会影响一个人在工作上的稳定程度与改变程度;最有效帮助一个人解决生涯上的困难的方法是什么。他认为大多数人的职业兴趣可以归纳为六种类型:实用型、研究型、艺术型、社会型、企业型和事务型,见表4-1。

表 4-1　　　　　　　　　　　　　　　　职业兴趣类型

| 类型 | 喜欢的活动 | 重视 | 职业环境要求 | 典型职业 |
|---|---|---|---|---|
| 实用型 R<br>(Realistic) | 用手、工具、机器制造或修理东西。愿意从事实物性的工作、体力活动,喜欢户外活动或操作机器,而不喜欢在办公室工作 | 具体实际的事物、诚实、有常识 | 使用手工或机械技能对物体、工具、机器、动物等进行操作,与"事物"工作的能力比与"人"打交道的能力更强 | 园艺师、木匠、汽车修理工、工程师、军官、外科医生、足球教练员 |
| 研究型 I<br>(Investigative) | 喜欢探索和理解事物,学习研究那些需要分析、思考的抽象问题,喜欢阅读和讨论有关科学性的论题,喜欢独立工作,对未知问题的挑战充满兴趣 | 知识、学习、成就、独立 | 分析研究问题,运用复杂和抽象的思考创造性地解决问题的能力,谨慎缜密,能运用智慧独立地工作,一定的写作能力 | 实验室工作人员、生物学家、化学家、心理学家、工程设计师、大学教授 |
| 艺术型 A<br>(Artistic) | 喜欢自我表达,喜欢文学、音乐、艺术和表演等具有创造性、变化性的工作,重视作品的原创性和创意 | 有创意的想法、自我表达、自由、美 | 创造力,对情感的表现能力,以非传统的方式来表现自己,相当自由、开放 | 作家、编辑、音乐家、摄影师、厨师、漫画家、导演、室内装潢设计师 |

| 类型 | 喜欢的活动 | 重视 | 职业环境要求 | 典型职业 |
|---|---|---|---|---|
| 社会型 S（Social） | 喜欢与人合作，热情关心他人的幸福，愿意帮助别人成长或解决困难，为他人提供服务 | 社会与他人、公正、理解、平等、理想 | 人际交往能力，教导、医治、帮助他人等方面的技能，对他人表现出精神上的关爱，愿意担负社会责任 | 教师、社会工作者、牧师、心理咨询师、护士 |
| 企业型 E（Enterprising） | 喜欢领导和支配别人，通过领导、劝说他人或推销自己的观念、产品而达到个人或组织的目标，希望成就一番事业 | 经济和社会地位上的成功，忠诚、冒险精神、责任 | 说服他人或支配他人的能力、敢于承担风险、目标导向 | 律师、政治运动领袖、营销商、市场部经理、电视制片人、保险代理 |
| 事务型 C（Conventional） | 喜欢固定的、有秩序的工作或活动，希望确切地知道工作的要求和标准，愿意在一个大的机构中处于从属地位，对文字、数据和事物进行细致有序的系统处理以达到特定的标准 | 准确、有条理、节俭、盈利 | 文书技巧，组织能力，听取并遵从指示的能力，能够按时完成工作并达到严格的标准，有组织有计划 | 文字编辑、会计师、银行家、簿记员、办事员、税务员和计算机操作员 |

## （二）六种类型之间的关系

霍兰德根据人们职业兴趣的六种类型提出了六角形模型，如图 4-2 所示。在六角形模型中，任何两种类型之间距离越近，其职业环境及人格特质的相似程度越高。例如，事务型和实用型在六角形中是相邻的类型，它们的相似性也最高，这样两种类型的人都比其他类型的人更喜欢与物打交道，只是他们打交道的方式不一样。而研究型和企业型处于对角线的位置上，它们缺少一致性而具有相反的特质：研究型的人喜欢探索和理解事物，热爱思考；而企业型的人则喜欢领导和支配他人，推销自己的观念。六角形模型可以帮助我们研究兴趣类型与职业类型之间的匹配关系。

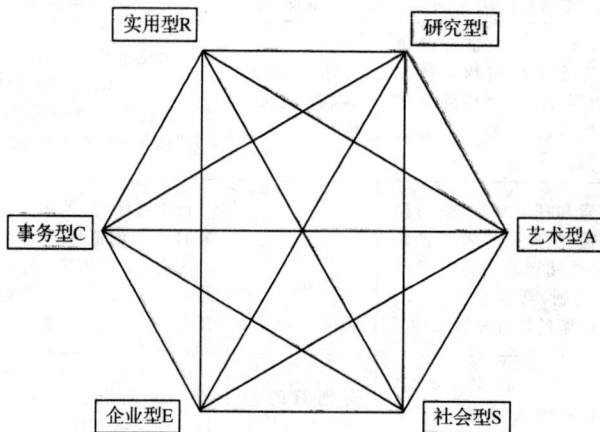

图 4-2　六角形模型

## 课堂活动

### 霍兰德职业倾向测验量表

本测验量表将帮助您发现和确定自己的职业兴趣和能力特长,从而更好地做出求职择业的决策。如果您已经考虑好或选择好了自己的职业,本测验将使您的这种考虑或选择具有理论基础,或向您展示其他合适的职业;如果您至今尚未确定职业方向,本测验将帮助您根据自己的情况选择一个恰当的职业目标。本测验共有七个部分,每部分测验都没有时间限制,但请您尽快按要求完成。

第一部分　您心目中的理想职业(专业)

对于未来的职业(或升学进修的专业),您得早有考虑,它可能很抽象、很朦胧,也可能很具体、很清晰。不论是哪种情况,现在都请您把自己最想干的3种工作或最想读的3种专业,按顺序写下来。

第二部分　您所感兴趣的活动(以下测试,选"是"计1分,选"否"不计分)

下面列举了若干种活动,请就这些活动判断您的好恶。喜欢的,请在"是"栏里打√;不喜欢的在"否"栏里打×。请按顺序回答全部问题。

R:实际型活动　　　　　　　　　　　　　　是　　　否
1.装配修理电器或玩具　　　　　　　　　____　____
2.修理自行车　　　　　　　　　　　　　____　____
3.用木头做东西　　　　　　　　　　　　____　____
4.开汽车或摩托车　　　　　　　　　　　____　____
5.用机器做东西　　　　　　　　　　　　____　____
6.参加木工技术学习班　　　　　　　　　____　____
7.参加制图描图学习班　　　　　　　　　____　____
8.驾驶卡车或拖拉机　　　　　　　　　　____　____
9.参加机械和电器学习班　　　　　　　　____　____
10.装配修理机器　　　　　　　　　　　 ____　____
统计"是"一栏得分　　　　　　　　　　　____

A:艺术型活动　　　　　　　　　　　　　是　　　否
1.素描/制图或绘画　　　　　　　　　　 ____　____
2.参加话剧/戏剧　　　　　　　　　　　 ____　____
3.设计家具/布置室内　　　　　　　　　 ____　____
4.练习乐器/参加乐队　　　　　　　　　 ____　____
5.欣赏音乐或戏剧　　　　　　　　　　　____　____
6.看小说/读剧本　　　　　　　　　　　 ____　____
7.从事摄影创作　　　　　　　　　　　　____　____
8.写诗或吟诗　　　　　　　　　　　　　____　____
9.参加艺术(美术/音乐)培训班　　　　　 ____　____
10.练习书法　　　　　　　　　　　　　 ____　____

统计"是"一栏得分 ＿＿＿＿＿＿

| I:调查型活动 | 是 | 否 |
|---|---|---|
| 1.读科技图书和杂志 | ＿＿ | ＿＿ |
| 2.在实验室工作 | ＿＿ | ＿＿ |
| 3.改良水果品种,培育新的水果 | ＿＿ | ＿＿ |
| 4.调查了解土和金属等物质的成分 | ＿＿ | ＿＿ |
| 5.研究自己选择的特殊问题 | ＿＿ | ＿＿ |
| 6.解算术题或玩数学游戏 | ＿＿ | ＿＿ |
| 7.上物理课 | ＿＿ | ＿＿ |
| 8.上化学课 | ＿＿ | ＿＿ |
| 9.上几何课 | ＿＿ | ＿＿ |
| 10.上生物课 | ＿＿ | ＿＿ |

统计"是"一栏得分 ＿＿＿＿＿＿

| S:社会型活动 | 是 | 否 |
|---|---|---|
| 1.学校或单位组织的正式活动 | ＿＿ | ＿＿ |
| 2.参加某个社会团体或俱乐部的活动 | ＿＿ | ＿＿ |
| 3.帮助别人解决困难 | ＿＿ | ＿＿ |
| 4.照顾儿童 | ＿＿ | ＿＿ |
| 5.出席晚会、联欢会、茶话会 | ＿＿ | ＿＿ |
| 6.和大家一起出去郊游 | ＿＿ | ＿＿ |
| 7.想获得关于心理学方面的知识 | ＿＿ | ＿＿ |
| 8.参加讲座或辩论会 | ＿＿ | ＿＿ |
| 9.观看或参加体育比赛和运动会 | ＿＿ | ＿＿ |
| 10.结交新朋友 | ＿＿ | ＿＿ |

统计"是"一栏得分 ＿＿＿＿＿＿

| E:事业型活动 | 是 | 否 |
|---|---|---|
| 1.说服鼓动他人 | ＿＿ | ＿＿ |
| 2.卖东西 | ＿＿ | ＿＿ |
| 3.谈论政治 | ＿＿ | ＿＿ |
| 4.制订计划、参加会议 | ＿＿ | ＿＿ |
| 5.以自己的意志影响别人的行为 | ＿＿ | ＿＿ |
| 6.在社会团体中担任职务 | ＿＿ | ＿＿ |
| 7.检查与评价别人的工作 | ＿＿ | ＿＿ |
| 8.结交名流 | ＿＿ | ＿＿ |
| 9.指导有某种目标的团体 | ＿＿ | ＿＿ |
| 10.参与政治活动 | ＿＿ | ＿＿ |

统计"是"一栏得分 ＿＿＿＿＿＿

| C:常规型(传统型)活动 | 是 | 否 |
|---|---|---|

1. 整理好桌面和房间　　　　　　　　　　　　____　____

2. 抄写文件和信件　　　　　　　　　　　　　____　____

3. 为领导写报告或公务信函　　　　　　　　　____　____

4. 检查个人收支情况　　　　　　　　　　　　____　____

5. 参加打字培训班　　　　　　　　　　　　　____　____

6. 参加算盘、文秘等实务培训班　　　　　　　____　____

7. 参加商业会计培训班　　　　　　　　　　　____　____

8. 参加情报处理培训班　　　　　　　　　　　____　____

9. 整理信件、报告、记录等　　　　　　　　　____　____

10. 写商业贸易信　　　　　　　　　　　　　　____　____

统计"是"一栏得分　　　　　　　　　　　　____

第三部分　您所擅长的能力

下面列举了若干种能力，其中你所擅长或较擅长的，请在"是"栏里打√；反之，在"否"栏里打×。请回答全部问题。

R：实际型能力　　　　　　　　　　　　　　是　　否

1. 能使用电锯、电钻和锉刀等木工工具　　　____　____

2. 知道万用表的使用方法　　　　　　　　　____　____

3. 能够修理自行车或其他机械　　　　　　　____　____

4. 能够使用电钻床、磨床或缝纫机　　　　　____　____

5. 能给家具和木制品刷漆　　　　　　　　　____　____

6. 能看建筑设计图　　　　　　　　　　　　____　____

7. 能够修理简单的电器用品　　　　　　　　____　____

8. 能修理家具　　　　　　　　　　　　　　____　____

9. 能修理收录机　　　　　　　　　　　　　____　____

10. 能简单地修理水管　　　　　　　　　　　____　____

统计"是"一栏得分　　　　　　　　　　　　____

A：艺术型能力　　　　　　　　　　　　　　是　　否

1. 能演奏乐器　　　　　　　　　　　　　　____　____

2. 能参加二部或四部合唱　　　　　　　　　____　____

3. 独唱或独奏　　　　　　　　　　　　　　____　____

4. 扮演剧中角色　　　　　　　　　　　　　____　____

5. 能创作简单的乐曲　　　　　　　　　　　____　____

6. 会跳舞　　　　　　　　　　　　　　　　____　____

7. 能绘画、素描或书法　　　　　　　　　　____　____

8. 能雕刻、剪纸或泥塑　　　　　　　　　　____　____

9. 能设计板报、服装或家具　　　　　　　　____　____

10. 写得一手好文章　　　　　　　　　　　　____　____

统计"是"一栏得分　　　　　　　　　　　　____

I：调研型能力      是    否

1. 懂得真空管或晶体管的作用 _____ _____

2. 能够列举三种蛋白质多的食品 _____ _____

3. 理解铀的裂变 _____ _____

4. 能用计算尺、计算器、对数表 _____ _____

5. 会使用显微镜 _____ _____

6. 能找到三个星座 _____ _____

7. 能独立进行调查研究 _____ _____

8. 能解释简单的化学现象 _____ _____

9. 理解人造卫星为什么不落地 _____ _____

10. 经常参加学术会议 _____ _____

统计"是"一栏得分 _____

S：社会型能力      是    否

1. 有向各种人说明解释的能力 _____ _____

2. 常参加社会福利活动 _____ _____

3. 能和大家一起友好相处地工作 _____ _____

4. 善于与年长者相处 _____ _____

5. 会邀请人、招待人 _____ _____

6. 能简单易懂地教育儿童 _____ _____

7. 能安排会议等活动顺序 _____ _____

8. 善于体察人心和帮助他人 _____ _____

9. 能帮助护理病人和伤员 _____ _____

10. 能安排社团组织的各种事务 _____ _____

统计"是"一栏得分 _____

E：事业型能力      是    否

1. 担任过学生干部并且干得不错 _____ _____

2. 工作上能指导和监督他人 _____ _____

3. 做事充满活力和热情 _____ _____

4. 有效利用自身的做法调动他人 _____ _____

5. 销售能力强 _____ _____

6. 曾作为俱乐部或社团的负责人 _____ _____

7. 向领导提出建议或反映意见 _____ _____

8. 有开创事业的能力 _____ _____

9. 知道怎样做能成为一个优秀的领导者 _____ _____

10. 健谈善辩 _____ _____

统计"是"一栏得分 _____

C：常规型能力      是    否

1. 会熟练地打印中文 _____ _____

2.会用外文打字机或复印机　　　　　　　　—— ——

3.能快速记笔记和抄写文章　　　　　　　　—— ——

4.善于整理、保管文件和资料　　　　　　　—— ——

5.善于从事事务性的工作　　　　　　　　　—— ——

6.会用算盘　　　　　　　　　　　　　　　—— ——

7.能在短时间内分类和处理大量文件　　　　—— ——

8.能使用计算机　　　　　　　　　　　　　—— ——

9.能搜集数据　　　　　　　　　　　　　　—— ——

10.善于为自己或集体做财务预算表　　　　 —— ——

统计"是"一栏得分

第四部分　您所喜欢的职业

下面列举了多种职业，请逐一认真地看，如果是您感兴趣的工作，请在"是"栏里打√；如果是您不太喜欢、不关心的工作，请在"否"栏里打×。请回答全部问题。

R:实际型职业　　　　　　　　　　　　　　是　　否

1.飞机机械师　　　　　　　　　　　　　　—— ——

2.野生动物专家　　　　　　　　　　　　　—— ——

3.汽车维修工　　　　　　　　　　　　　　—— ——

4.木匠　　　　　　　　　　　　　　　　　—— ——

5.测量工程师　　　　　　　　　　　　　　—— ——

6.无线电报务员　　　　　　　　　　　　　—— ——

7.园艺师　　　　　　　　　　　　　　　　—— ——

8.长途公共汽车司机　　　　　　　　　　　—— ——

9.建筑工人　　　　　　　　　　　　　　　—— ——

10.电工　　　　　　　　　　　　　　　　 —— ——

统计"是"一栏得分　　　　　　　　　————

S:社会型职业　　　　　　　　　　　　　　是　　否

1.街道、工会或妇联干部　　　　　　　　　—— ——

2.小学、中学教师　　　　　　　　　　　　—— ——

3.精神病医生　　　　　　　　　　　　　　—— ——

4.婚姻介绍所工作人员　　　　　　　　　　—— ——

5.体育教练　　　　　　　　　　　　　　　—— ——

6.福利机构负责人　　　　　　　　　　　　—— ——

7.心理咨询员　　　　　　　　　　　　　　—— ——

8.共青团干部　　　　　　　　　　　　　　—— ——

9.导游　　　　　　　　　　　　　　　　　—— ——

10.国家机关工作人员　　　　　　　　　　 —— ——

统计"是"一栏得分　　　　　　　　　————

I：调研型职业　　　　　　　　　　　　是　　　否

1. 气象学家或天文学家 ＿＿＿　＿＿＿

2. 生物学家 ＿＿＿　＿＿＿

3. 医学实验室的技术人员 ＿＿＿　＿＿＿

4. 人类学家 ＿＿＿　＿＿＿

5. 动物学家 ＿＿＿　＿＿＿

6. 化学家 ＿＿＿　＿＿＿

7. 数学家 ＿＿＿　＿＿＿

8. 科学杂志的编辑或作家 ＿＿＿　＿＿＿

9. 地质学家 ＿＿＿　＿＿＿

10. 物理学家 ＿＿＿　＿＿＿

统计"是"一栏得分 ＿＿＿

E：事业型职业　　　　　　　　　　　　是　　　否

1. 厂长 ＿＿＿　＿＿＿

2. 电视片编制人 ＿＿＿　＿＿＿

3. 公司经理 ＿＿＿　＿＿＿

4. 销售员 ＿＿＿　＿＿＿

5. 不动产推销员 ＿＿＿　＿＿＿

6. 广告部长 ＿＿＿　＿＿＿

7. 体育活动主办者 ＿＿＿　＿＿＿

8. 销售部长 ＿＿＿　＿＿＿

9. 个体工商业者 ＿＿＿　＿＿＿

10. 企业管理咨询人员 ＿＿＿　＿＿＿

统计"是"一栏得分 ＿＿＿

A：艺术型职业　　　　　　　　　　　　是　　　否

1. 乐队指挥 ＿＿＿　＿＿＿

2. 演奏家 ＿＿＿　＿＿＿

3. 作家 ＿＿＿　＿＿＿

4. 摄影家 ＿＿＿　＿＿＿

5. 记者 ＿＿＿　＿＿＿

6. 画家、书法家 ＿＿＿　＿＿＿

7. 歌唱家 ＿＿＿　＿＿＿

8. 作曲家 ＿＿＿　＿＿＿

9. 电影电视演员 ＿＿＿　＿＿＿

10. 作词家 ＿＿＿　＿＿＿

统计"是"一栏得分 ＿＿＿

C：常规型职业　　　　　　　　　　　　是　　　否

1. 会计师 ＿＿＿　＿＿＿

2. 银行出纳员　　　　　　　　　—— ——

3. 税收管理员　　　　　　　　　—— ——

4. 计算机操作员　　　　　　　　—— ——

5. 簿记人员　　　　　　　　　　—— ——

6. 成本核算员　　　　　　　　　—— ——

7. 文书档案管理员　　　　　　　—— ——

8. 打字员　　　　　　　　　　　—— ——

9. 法庭书记员　　　　　　　　　—— ——

10. 人口普查登记员　　　　　　　—— ——

统计"是"一栏得分　　　　　　　——————

第五部分　您的能力类型简评

表4-2、表4-3是您在6个职业能力方面的自我评定表。您可以先与同龄者比较自己在每一方面的能力，经斟酌后再对自己的能力做出评估。请在表中适当的数字上画圈，数字越大，表示您的能力越强。注意，请勿全部画同样的数字，因为人的每项能力不可能完全一样。

**表4-2　　　　　　　　　　　　职业能力自我评定表A**

| R型 | I型 | A型 | S型 | E型 | C型 |
|---|---|---|---|---|---|
| 机械操作能力 | 科学研究能力 | 艺术创作能力 | 解释表达能力 | 商业洽谈能力 | 事务执行能力 |
| 7 | 7 | 7 | 7 | 7 | 7 |
| 6 | 6 | 6 | 6 | 6 | 6 |
| 5 | 5 | 5 | 5 | 5 | 5 |
| 4 | 4 | 4 | 4 | 4 | 4 |
| 3 | 3 | 3 | 3 | 3 | 3 |
| 2 | 2 | 2 | 2 | 2 | 2 |
| 1 | 1 | 1 | 1 | 1 | 1 |

**表4-3　　　　　　　　　　　　职业能力自我评定表B**

| R型 | I型 | A型 | S型 | E型 | C型 |
|---|---|---|---|---|---|
| 体育技能 | 数学技能 | 音乐技能 | 交际技能 | 领导技能 | 办公技能 |
| 7 | 7 | 7 | 7 | 7 | 7 |
| 6 | 6 | 6 | 6 | 6 | 6 |
| 5 | 5 | 5 | 5 | 5 | 5 |
| 4 | 4 | 4 | 4 | 4 | 4 |
| 3 | 3 | 3 | 3 | 3 | 3 |
| 2 | 2 | 2 | 2 | 2 | 2 |
| 1 | 1 | 1 | 1 | 1 | 1 |

第六部分　统计和确定您的职业倾向

请将第二部分至第五部分的全部测验分数按前面已统计好的6种职业倾向(R型、I型、A型、S型、E型和C型)填入表4-4，并做纵向累加。

**表 4-4**

| 测试 | R 型 | I 型 | A 型 | S 型 | E 型 | C 型 |
|---|---|---|---|---|---|---|
| 第二部分 | | | | | | |
| 第三部分 | | | | | | |
| 第四部分 | | | | | | |
| 第五部分 A | | | | | | |
| 第五部分 B | | | | | | |
| 总分 | | | | | | |

请将表 4-4 中的 6 种职业倾向总分按大小顺序依次从左往右排列：

____型、____型、____型、____型、____型、____型

最高分____，您的职业倾向性得分____，最低分____

第七部分　您所看重的东西——职业价值观

这一部分测试列出了人们在选择工作时通常会考虑的 9 种因素(即工作价值标准)。现在请您在其中选出最重要的两项因素,并将序号填入下边相应的空格上。

工作价值标准：

1. 工资高、福利好。

2. 工作环境(物质方面)舒适。

3. 人际关系良好。

4. 工作稳定、有保障。

5. 能提供较好的受教育机会。

6. 有较高的社会地位。

7. 工作不太紧张、外部压力少。

8. 能充分发挥自己的能力特长。

9. 社会需要与社会贡献大。

最重要：____　　次重要：____　　最不重要：____　　次不重要：____

以上全部测验完毕。

现在,将您测验得分居第一位的职业类型找出来,对照表 4-5,判断一下自己适合的职业类型。

**表 4-5　　　　　　　　　　　职业兴趣代号与其相应的职业**

| 类型 | 职业 |
|---|---|
| R(实际型) | 木匠、农民、操作 X 光的技师、工程师、飞机机械师、鱼类和野生动物专家、自动化技师、机械工(车工、钳工等)、电工、无线电报务员、火车司机、长途公共汽车司机、机械制图员、修理机器电器师 |
| I(调查型) | 气象学者、生物学者、天文学家、药剂师、动物学者、化学家、科学报刊编辑、地质学者、植物学者、物理学者、数学家、实验员、科研人员、科技作者 |
| A(艺术型) | 室内装饰专家、图书管理专家、摄影师、音乐教师、作家、演员、记者、诗人、作曲家、编剧、雕刻家、漫画家 |

（续表）

| 类型 | 职业 |
|---|---|
| S(社会型) | 社会学者、导游、福利机构工作者、咨询人员、社会工作者、社会科学教师、学校领导、精神病工作者、公共保健护士 |
| E(事业型) | 推销员、进货员、商品批发员、旅馆经理、饭店经理、广告宣传员、调度员、律师、政治家、零售商 |
| C(常规型) | 记账员、会计、银行出纳、法庭速记员、成本估算员、税务员、核算员、打字员、办公室职员、统计员、计算机操作员、秘书 |

表 4-6 介绍了 3 个代号的职业兴趣类型及其对应的职业，对照表 4-6，根据您的职业兴趣代号，找出相应的职业，例如您的职业兴趣代号是 RIA，那么牙科技术员、陶工等是适合您兴趣的职业。然后寻找与您职业兴趣代号相近的职业，例如您的职业兴趣代号是 RIA，那么，其他由这三个字母组合成的代号（如 IRA、IAR、ARI 等）对应的职业，也较适合您的兴趣。

**表 4-6**　　　　　　　　**3 个代号的职业兴趣类型及其对应的职业**

| 类型 | 职业 |
|---|---|
| RIA | 牙科技术员、陶工、建筑设计员、模型工、细木工、制作链条人员 |
| RIS | 厨师、林务员、跳水员、潜水员、染色员、电器修理员、眼镜制作员、电工、纺织机器装配工、服务员、装玻璃工人、发电厂工人、焊接工 |
| RIE | 建筑和桥梁工程、环境工程、航空工程、公路工程、电力工程、信号工程、电话工程、一般机械工程、自动工程、矿业工程、海洋工程、交通工程技术人员、制图员、家政经济人员、计量员、农民、农场工人、农业机械操作员、清洁工、无线电修理工、汽车修理工、手表修理工、管工、线路装配工、工具仓库管理员 |
| RIC | 船上工作人员、接待员、杂志保管员、牙医助手、制帽工、磨坊工、石匠、机器制造工、机车(火车头)制造工、农业机器装配工、汽车装配工、缝纫机装配工、钟表装配和检验工、电动器具装配工、鞋匠、锁匠、货物检验员、电梯机修工、托儿所所长、钢琴调音员、装配工、印刷工、卡车司机 |
| RAI | 手工雕刻、玻璃雕刻、制作模型人员、家具木工、制作皮革品、手工绣花、手工钩针纺织、排字工作、印刷工作、图画雕刻、装订工 |
| RSE | 消防员、交通巡警、警察、门卫、理发师、房间清洁工、屠夫、锻工、开凿工人、管道安装工、出租汽车驾驶员、货物搬运工、送报员、勘探员、娱乐场所服务员、起卸机操作工、灭害虫者、电梯操作工、厨房助手 |
| RSI | 纺织工、编织工、农业学校教师、某些职业课程教师(如艺术、商业、技术、工艺课程)、雨衣上胶工 |
| REC | 抄水表员、保姆、实验室动物饲养员、动物管理员 |
| REI | 轮船船长、航海领航员、大副、试管实验员 |
| RES | 旅馆服务员、家畜饲养员、渔民、渔网修补工、水手长、收割机操作工、搬运行李工人、公园服务员、救生员、登山导游、火车工程技术员、建筑工作、铺轨工人 |
| RCI | 测量员、勘测员、仪表操作者、农业工程技师、化学工程技师、民用工程技师、石油工程技师、资料室管理员、探矿工、煅烧工、烧窑工、矿工、保养工、磨床工、取样工、样品检验员、纺纱工、炮手、漂洗工、电焊工、锯木工、刨床工、制帽工、手工缝纫工、油漆工、染色工、按摩工、木匠、农民建筑工人、电影放映员、勘测员助手 |

（续表）

| 类型 | 职业 |
| --- | --- |
| RCS | 公共汽车驾驶员、一等水手、游泳池服务员、裁缝、建筑工人、石匠、烟囱修建工、混凝土工、电话修理工、爆炸手、邮递员、矿工、裱糊工人、纺纱工 |
| RCE | 打井工、吊车驾驶员、农场工人、邮件分类员、铲车司机、拖拉机司机 |
| IAS | 普通经济学家、农场经济学家、财政经济学家、国际贸易经济学家、实验心理学家、工程心理学家、心理学家、哲学家、内科医生、数学家 |
| IAR | 人类学家、天文学家、化学家、物理学家、动物标本剥制者、化石修复者、艺术品管理者 |
| ISE | 营养学家、饮食顾问、火灾检查员、邮政服务检查员 |
| ISC | 侦察员、电视播音室修理员、电视修理服务员、验尸室人员、编目录者、医学实验定技师、调查研究者 |
| ISR | 水生生物学者、昆虫学者、微生物学家、配镜师、矫正视力者、细菌学家、牙科医生、骨科医生 |
| ISA | 实验心理学家、普通心理学家、发展心理学家、教育心理学家、社会心理学家、临床心理学家、目标学家、皮肤病学家、精神病学家、妇产科医生、眼科医生、五官科医生、医学实验室技术专家、民航医务人员、护士 |
| IES | 细菌学家、生理学家、化学专家、地质专家、地理物理学专家、纺织技术专家、医院药剂师、工业药剂师、药房营业员 |
| IEC | 档案保管员、保险统计员 |
| ICR | 质量检验技术员、地质学技师、工程师、法官、图书馆技术辅导员、计算机操作员、医院听诊员、家禽检查员 |
| IRA | 地理学家、地质学家、声学物理学家、矿物学家、古生物学家、石油学家、地震学家、原子和分子物理学家、电学和磁学物理学家、气象学家、设计审核员、人口统计学家、数学统计学家、外科医生、城市规划学家、气象员 |
| IRS | 流体物理学家、物理海洋学家、等离子体物理学家、农业科学家、动物学家、食品科学家、园艺学家、植物学家、细菌学家、解剖学家、动物病理学家、作物病理学家、药物学家、生物化学家、生物物理学家、细胞生物学家、临床化学家、遗传学家、分子生物学家、质量控制工程师、地理学家、兽医、放射性治疗技师 |
| IRE | 化验员、化学工程师、纺织工程师、食品技师、渔业技术专家、材料和测试工程师、电气工程师、土木工程师、航空工程师、行政官员、冶金专家、原子核工程师、陶瓷工程师、地质工程师、电力工程师、口腔科医生、牙科医生 |
| IRC | 飞机领航员、飞行员、物理实验室技师、文献检查员、农业技术专家、动植物技术专家、生物技师、油管检查员、工商业规划者、矿藏安全检查员、纺织品检验员、照相机修理者、工程技术员、编计算机程序者、工具设计者、仪器维修工 |
| CRI | 簿记员、会计、计时员、铸造机操作工、打字员、按键操作工、复印机操作工 |
| CRS | 仓库保管员、档案管理员、缝纫工、讲述员、收款人 |
| CRE | 标价员、实验室工作者、广告管理员、自动打字机操作员、电动机装配工、缝纫机操作工 |
| CIS | 记账员、顾客服务员、报刊发行员、土地测量员、保险公司职员、会计师、估价员、邮政检查员、外贸检查员 |
| CIE | 打字员、统计员、支票记录员、订货员、校对员、办公室工作人员 |
| CIR | 校对员、工程职员、海底电报员、检修计划员、发扳员 |
| CSE | 接待员、通讯员、电话接线员、卖票员、旅馆服务员、私人职员、商学教师、旅游办事员 |

（续表）

| 类型 | 职业 |
|---|---|
| CSR | 货运代理商、铁路职员、交通检查员、办公室通信员、簿记员、出纳员、银行财务职员 |
| CSA | 秘书、图书管理员、办公室办事员 |
| CER | 邮递员、数据处理员、办公室办事员 |
| CEI | 推销员、经济分析家 |
| CES | 银行会计、记账员、法人秘书、速记员、法院报告人 |
| ECI | 银行行长、审计员、信用管理员、地产管理员、商业管理员 |
| ECS | 信用办事员、保险人员、各类进货员、海关服务经理、售货员、购买员、会计 |
| ERI | 建筑物管理员、工业工程师、农场管理员、护士长、农业经营管理人员 |
| ERS | 仓库管理员、房屋管理员、货栈监督管理员 |
| ERC | 邮政局长、渔船船长、机械操作领班、木工领班、瓦工领班、驾驶员领班 |
| EIR | 科学、技术和有关周期出版物的管理员 |
| EIC | 专利代理人、鉴定人、运输服务检查员、安全检查员、废品收购人员 |
| EIS | 警官、侦察员、交通检验员、安全咨询员、合同管理者、商人 |
| EAS | 法官、律师、公证人 |
| EAR | 展览室管理员、舞台管理员、播音员、驯兽员 |
| ESC | 理发师、裁判员、政府行政管理员、财政管理员、工程管理员、职业病防治员、售货员、商业经理、办公室主任、人事负责人、调度员 |
| ESR | .家具售货员、书店售货员、公共汽车驾驶员、日用品售货员、护士长、自然科学和工程的行政领导 |
| ESI | 博物馆管理员、图书馆管理员、古迹管理员、饮食业经理、地区安全服务管理员、技术服务咨询者、超级市场管理员、零售商品店店员、批发商、出租汽车服务站调度员 |
| ESA | 博物馆馆长、报刊管理员、音乐器材售货员、导游、(轮船或班机上的)事务长、飞机上的服务员、船员、法官、律师 |
| ASE | 戏剧导演、舞蹈教师、广告撰稿人、报刊专栏作者、记者、演员、英语翻译 |
| ASI | 音乐教师、乐器教师、美术教师、管弦乐指挥、合唱队指挥、歌星、演奏家、哲学家、作家、广告经理、时装模特 |
| AER | 新闻摄影师、电视摄影师、艺术指导、录音指导、丑角演员、魔术师、木偶戏演员、骑士、跳水员 |
| AEI | 音乐指挥、舞台指导、电影导演 |
| AES | 流行歌手、舞蹈演员、电影导演、广播节目主持人、舞蹈教师、口技表演者、喜剧演员、模特 |
| AIS | 画家、剧作家、编辑、评论家、时装艺术大师、新闻摄影师、男演员、文学作者 |
| AIE | 花匠、皮衣设计师、工业产品设计师、剪影艺术家、复制雕刻品大师 |
| AIR | 建筑师、画家、摄影师、绘图员、环境美化工、雕刻家、包装设计师、陶器设计师、绣花工、漫画工 |
| SEC | 社会活动家、退伍军人服务官员、工商会事务代表、教育咨询者、宿舍管理员、旅馆经理、饮食服务管理员 |

（续表）

| 类型 | 职业 |
|---|---|
| SER | 体育教练、游泳指导 |
| SEI | 大学校长、学院院长、医院行政管理员、历史学家、家政经济学家、职业学校教师、资料员 |
| SEA | 娱乐活动管理员、国外服务办事员、社会服务助理、一般咨询者、宗教教育工作者 |
| SCE | 部长助理、福利机构职员、生产协调人、环境卫生管理人员、戏院经理、餐馆经理、售票员 |
| SRI | 外科医师助手、医院服务员 |
| SRE | 体育教师、职业病治疗者、体育教练、专业运动员、房管员、儿童家庭教师、警察、引座员、传达员、保姆 |
| SRC | 护理员、护理助理、医院勤杂工、理发师、学校儿童服务人员 |
| SIA | 社会学家、心理咨询者、学校心理学家、政治科学家、大学或学院的系主任、大学或学院的教育学教师、大学农业教师、大学工程和建筑课程的教师、大学法律教师、大学数学、医学、物理、社会科学和生命科学的教师、研究生助教、成人教育教师 |
| SIE | 营养学家、饮食学家、海关检查员、安全检查员、税务稽查员、校长 |
| SIC | 描图员、兽医助手、诊所助理、体检检查员、监督缓刑犯的工作者、娱乐指导者、咨询人员、社会科学教师 |
| SIR | 理疗员、救护队工作人员、手足病医生、职业病治疗助手 |

## 课堂练习

根据"课堂活动"霍兰德职业兴趣倾向测试，深入思考自己职业发展方向。

## 推荐阅读

1.金树人.生涯咨询与辅导.北京:高等教育出版社,2007年

2.吴芝仪.我的生涯手册.北京:经济日报出版社,2008年

3.(美)鲍利斯,(美)克里斯汀,(美)布卢姆奎斯特.柏静静译.你的降落伞是什么颜色.北京:中信出版社,2010年

4.(美)谢尔著,泰子冰译.过你热爱的生活.北京:中国轻工业出版社,2004年

# 第五讲
## 你能做什么？——职业技能探索

尽管我们常常谴责人类不了解自己的缺点，但恐怕也很少有人了解自己的长处。就像在泥土中埋藏着一罐金子，土地的主人却不知道一样。

——约拿珊·斯威夫特

### 学习目标

通过本章的学习，掌握能力和技能的概念及分类，学会从以往各种经验及做法中更好地认识个人所擅长的技能，从而制定好自己的职业生涯规划。

### 开篇案例

1. 陈敏是协和学院英语专业大三的学生。她感到现在会英语的人太多了，自己仅仅掌握这一个工具也许不会有很大的竞争力。另外，将来从事的工作如果只是与语言相关，那大概只能有翻译、教师、外贸等职业可供选择，就业面相对较窄。如果将来从事的工作与语言的关系不是很大，那就需要一些其他的技能，可是她不知道需要一些什么样的能力才能帮助自己找到一份比较好的工作。

2. 王胜是厦门工学院机械专业大二的学生。他对自己专业方面的能力不是很自信，也不是很感兴趣，将来也不打算从事本专业的工作。但对非本专业的领域，他又没有足够的信心能做得比专业出身的人更好。况且，如果浪费四年的专业学习，也会觉得很可惜，甚至会感到挫折，对于前途，他感到很迷茫。

3. "如果大学可以重来，我不会只读圣贤书，不闻窗外事。"

我是协和学院的学生，在进大学之前，我就被家里告知要珍惜这个学习的机会，不要虚度时光，不要浪费高额的学费。于是，来到学校后，我如履薄冰，不敢把目光投向学习以外的其他领域。上课时，我像在高中那样永远只坐在前三排；课后，我几乎全泡在图书馆。我以为只要把专业成绩搞好了，其他的都好说。但是，现在当我真正开始考虑以后出路的时候，我发现我错了！我想直接工作，我学的是新闻专业，需要实务方面的经验。可是我发现我几乎不会主动去跟人交流，也没有任何社团工作经验。我的求职简历除了学习成绩其他都是一片空白，各种面试也让我很没有底气。

**◆ 问题导入**

1. 从以上三位同学的案例来看,你可以了解到什么信息?
2. 什么原因导致了前两位同学产生困惑?
3. 造成第三位同学没有底气的原因是什么?
4. 你自己是否有上述三位同学的类似情况? 应该怎样解决?

大学生在选择职业时,不仅要考虑到个人喜欢什么、适合什么,还要看是否有胜任这项工作的潜力和素质。此处所体现出来的素质往往与性格、成长经历有密切的关系,很难通过短时间的培养和学习得到提高。因此,大学生一定要在大学期间,根据自己的择业目标有意识地培养自己的综合能力,同时在择业时也要根据自己的能力水平,选择合适的职业。

### 一、能力与生涯发展的关系

能力作为个性心理特征的一个重要组成部分,是指一个人所具有的掌握和运用知识技能的条件,如观察确切、思维活跃、分析全面、判断准确、善于表达等,这些条件决定了个人活动的效率。

心理学家罗圭斯特与戴维斯在对个体的工作适应问题进行多年研究之后,提出了明尼苏达工作适应论。他们认为:当工作环境能够满足个人需要时,个人会感到"内在满意";而当个人能够满足工作的要求时,个人能够达到"外在满意"(即令自己的雇主、同事感到满意)。当个人能够同时达到内在和外在满意时,个人与环境之间的关系就比较协调,个人的工作满意度会比较高,在该工作领域也能持久发展。

而在对"内在满意"和"外在满意"这两个指标的衡量当中,能力都占有很重要的地位。罗圭斯特与戴维斯认为:"外在满意"主要可以通过衡量个人职业技能与工作的技能要求之间的配合程度来进行评估;而"内在满意",则主要通过衡量个人价值观与企业文化及奖惩制度之间的适配性来评估。我们不难看到:做自己能够胜任的工作、培养和发展自己的能力、发挥个人的潜能,常常是个人选择职业时希望能够得到满足的需求,亦即与能力相关的价值观。由此可见,能力与个人的职业满意度、工作适应性以及职业稳定性具有直接的相关关系。

### 二、能力的分类

当一个人的能力和工作的要求相匹配时,最容易发挥自己的潜能,并且获得一种满足的感觉。相反,当一个人去做自己力所不及的工作时,就会感到焦虑甚至产生挫败感。而当一个人能力超出工作要求太多时,又容易感到工作缺乏挑战,比较乏味。因此,在选择职业时,我们同样要寻求个人能力与职业技能要求的适配性。我们需要清楚能力有哪些分类,从而清楚自己具备什么样的能力、职业又要求什么样的能力。

能力按照其获得的方式(先天具有与后天培养),可以分为"能力倾向"和"技能"两大类。

能力倾向(Aptitude)是指经过适当训练或被置于适当的环境下完成某项任务的可能

性,也就是说,能力倾向是指一个人能学会做什么,以及一个人获得新的知识和技能的潜力如何,而不是当时就已经具备的现实条件。通俗地说就是指上天赋予每个人的特殊才能,如音乐、运动能力等。它是与生俱来的,不过也有可能因未被开发而荒废。因此,只是一种潜能。如在中国13亿人中,虽然不是每个人都能像刘翔一样跑得那么快,但一定有一些人同样具备像刘翔那么好的节奏感和身体的协调能力,只是他们从来没有机会去发展这方面的天资。遗传、环境和文化都可以影响到天赋的发展。

技能(Skill)则是指经过后天学习和练习培养而形成的能力,如阅读能力、人际交往能力、表达能力等。在个人成长的过程中,从什么也不会做的小婴儿到一个自理生活,能够看、听、说、行走、阅读、写字的普通成年人,其实我们每个人都已经学会了无数的技能。

在现实生活中,个人的职业能力水平常是由职业倾向和职业技能两方面决定的。例如一个人的成功,这中间既有他先天良好的个人身心素质的原因,也离不开他后天勤奋刻苦的技能训练。但我们也要注意不能将两者混为一谈。如我们常常会听到某人说"我这方面的能力不行",那么,是真的不具备这方面的天赋,还是由于缺乏机会培养和练习?事实上,像人际交往能力、沟通能力等,主要有赖于后天的练习。许多人际交往技能不佳的人,往往是由于只注重学习成绩而不注重其他技能的培养而造成的。在今后的学习生活中,他们可以通过听讲座、看书、向人请教乃至心理咨询等方式改善自己在这方面的技能。正如中国古话所讲的"勤能补拙",先天的不足可以通过后天的努力得到弥补。如邓亚萍,虽然作为乒乓球运动员的先天条件并不好,但通过后天的刻苦训练还是取得了惊人的成就。技能与知识不同,例如生活常识、物理知识、化学知识、数学知识,可以通过语言文字等形式传授,而技能必须亲自学习,并要坚持练习才能掌握其中的技巧。而一旦停止练习,技能将很快变得生疏,技能是一种熟能生巧的体力活,对眼、手的协调能力要求很高。其实,每个人都有无限的学习、成长的能力,但许多人成年以后就开始故步自封。我们如果像孩子一样勇于、勤于学习,并且不怕失败和挫折,很多技能是可以通过练习而获得的,就像《卖油翁》中所讲的"无他,唯手熟耳"。

### 课堂练习

## 你是如此的多才多艺

你能做什么?你具备哪些能力?事实上,每个人所具备的能力可能会有上百种之多,所以认真地搜索,你会惊讶地发现自己竟然如此多才多艺。

按下列题目要求,填写相应的内容。

1.在纸上列出你曾经顺利完成并取得成功的工作(如负责一项活动、某科考试成绩班级第一、玩某游戏破纪录),然后想想完成这项工作需要哪些技能,将它们列出来。

_____

2.回顾你所受过的教育、所修的课程,在这个过程中,你学会了哪些技能?

_____

_____

3. 想想你平常从事的活动，列出这些活动需要的技能。

_____

_____

4. 回想一下你在工作(包含你曾做过的事)中经历的一次成功体验(亦指很快乐、很感动的一刻)，这次成功给你带来哪些宝贵经验？与你的同学分享你的经验，并分析在这些经验中显现出来哪些能力。

_____

_____

### 三、自我效能感

经研究发现，在实际生活和工作中，对个人行为起决定作用的往往不是个人实际能力的高低，而是个人的自我效能感。如成人学习英语并不比小孩学走路更难，唯一的区别可能在于：我们从来不会认为有哪个孩子学不会走路，但我们却常常怀疑自己能否娴熟地使用英语。这就是个人对自己的能力，以及运用该能力将得到何种结果所持的信心或把握程度，也就是所谓的自我效能感作用的体现。

自我效能感是班杜拉提出的一个概念，是指一个人对能成功地执行任何特定行动任务的期待，也叫功效期待。换句话说，自我效能感指个体能成功地执行特定情境要求的行为的信念。自我效能感影响着个体的行为。

自我效能感影响着人们为自己设立的目标和愿意冒的风险，人们感知的自我效能感越强，选择的目标越高，在从事目标中的毅力也越强。相反，那些认为自己缺乏应付生活能力的人容易焦虑，可能形成回避倾向，面对逆境时也容易抑郁，在应付不能控制的压力时免疫系统容易受到损害。相比之下，高自我效能感的个体能够坚持，轻易不放弃。

自我效能感是班杜拉社会学习理论的重要组成部分，也是其三元交互决定论的逻辑产物，如图 5-1 所示。班杜拉提出了环境(E)、人(P)和行为(B)三者的交互决定论。他认为，人的社会行为是人的内部因素(主要是认知)与环境(主要是社会因素)相互作用(选择与影响)的结果；人的认知不仅会影响行为的组织，而且行为的反馈又会使人产生对结果的认知与调节功能的提高；人的行为不仅改变着环境，环境也制约着人的行为。

该理论主要涉及个人的认知因素在三元相互作用模型中的作用——认知对情感和行为的影响以及行为、情感和环境事件对认知的影响。班杜拉认为，所有的心理和行为变化过程都是通过改变个体的自我效能感起作用的。自我效能感的最初定义为相当具体的期待类型，即关于个人对自己执行产生某一结果所要求的特定行为的能力信念。然而，自我效能感的定义已经扩展，指"人们对自己控制生活事件的能力的信念""动员任务所需要的动机、认知资源或行动过程的能力信念"。因而，自我效能感"不是关于个人拥有的技能，而是关于个人对自己使用已有技能所能做的判断"。根据班杜拉的观点，人们加工、权衡和整合关于自己能力的不同信息来源，调节自己的行为和努力的程度。因而，自我效能感决定目标的选择和指向目标的行动、在从事目标中花费的努力、面对逆境的

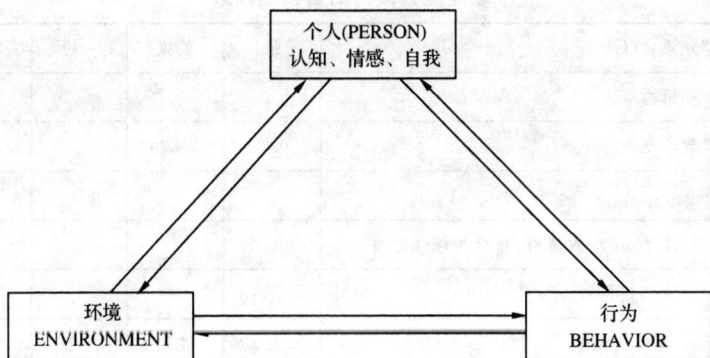

图 5-1 班杜拉的三元交互决定论

坚持性以及情绪体验。

### 四、能力倾向的分类

能力倾向也可以大致理解成智力，主要包括文字和语言运用能力、数字运用能力、空间判断能力、形体知觉能力、颜色分辨能力、手的灵巧度、手眼协调能力等。它是与生俱来的，只是尚未被发现而荒废。传统的智力理论通常以语言能力和数理逻辑能力为整体评判的标准，也就是人们常说的 IQ。1983 年，美国哈佛大学教授、发展心理学家加德纳（Gardner）提出了多元智力论（The Theory of Multiple Intelligences）。他认为，智力是多元的，是由同样重要的多种能力而不是一两种核心能力构成的，而且各种能力不是以整合的形式存在，而是以相对独立的形式表现出来的。他的研究表明，人类至少有七种不同的智力：言语——语言智力、逻辑——数理智力、视觉——空间智力、音乐——节奏智力、身体——动觉智力、交往——交流智力和自知——自省智力。这七种智力在个人的智力结构中处于同等重要的地位，每个人都同时拥有这七种智力，但它们在每个人身上以不同的方式、不同的程度组合，从而使得每个人的智力各具特点。例如，乔布斯、乔丹、爱因斯坦、贝多芬、达·芬奇、比尔·盖茨和奥黛丽·赫本这些在各自领域做出杰出贡献的著名人物之间很难比较谁更聪明。我们只能说他们各自在不同的领域，以不同的表现方式，将自己天生的聪明才智发挥到了极致。

从个人意义上说，加德纳的多元智力理论告诉我们：对于世界上的任何一个人来说，不存在谁更聪明的问题，只存在不同个体在哪个方面聪明的问题。每个人都是独特的。正如中国古人所言："天生我材必有用。"如果个人能将自己独特的天赋发挥出来，那么，每个人都可以是出色的。

### 课堂练习

#### 职业能力倾向的自我测评

表 5-1 是包括九个方面能力测验的简易量表，每种能力倾向都有四道试题。测验时，请你仔细阅读每一道题，并采用五星评分法对自己进行判定。

**表 5-1** 职业能力倾向的自我测评表

| （一）一般学习能力倾向（G） | 强 | 较强 | 一般 | 较弱 | 弱 |
|---|---|---|---|---|---|
| 1.快而容易地学习新内容 | | | | | |
| 2.快而正确地解数学题 | | | | | |
| 3.你的学习成绩 | | | | | |
| 4.对课文的字、词、段落、篇章的理解,分析和综合能力 | | | | | |
| 5.对学习过的知识的记忆能力 | | | | | |
| （二）言语能力倾向（V） | 强 | 较强 | 一般 | 较弱 | 弱 |
| 1.善于表达自己的观点 | | | | | |
| 2.阅读速度和理解能力 | | | | | |
| 3.掌握词汇量的程度 | | | | | |
| 4.你的语文成绩 | | | | | |
| 5.你的文学创作能力 | | | | | |
| （三）算术能力倾向（N） | 强 | 较强 | 一般 | 较弱 | 弱 |
| 1.做出精确的测量 | | | | | |
| 2.笔算能力 | | | | | |
| 3.口算能力 | | | | | |
| 4.打算盘 | | | | | |
| 5.你的数学成绩 | | | | | |
| （四）空间判断能力倾向（S） | 强 | 较强 | 一般 | 较弱 | 弱 |
| 1.解决立体几何方面的习题 | | | | | |
| 2.画二维度的立体圆形 | | | | | |
| 3.看几何图形的立体感 | | | | | |
| 4.想象盒子展开后的平面图 | | | | | |
| 5.想象三维度的物体 | | | | | |
| （五）形态知觉能力倾向（P） | 强 | 较强 | 一般 | 较弱 | 弱 |
| 1.发现相同图形中的细微差别 | | | | | |
| 2.识别物体的形状差异 | | | | | |
| 3.注意物体的细节部分 | | | | | |
| 4.观察物体的图案是否正确 | | | | | |
| 5.对物体的细微描述 | | | | | |

(续表)

| (六)书写知觉能力倾向(Q) | 强 | 较强 | 一般 | 较弱 | 弱 |
|---|---|---|---|---|---|
| 1.快而准地抄写资料(如姓名、日期、电话号码等) | | | | | |
| 2.发现错别字 | | | | | |
| 3.发现计算错误 | | | | | |
| 4.能很快查找编码卡片 | | | | | |
| 5.自我控制能力(如较长时间抄写资料) | | | | | |
| (七)眼、手运动协调能力倾向(K) | 强 | 较强 | 一般 | 较弱 | 弱 |
| 1.玩电子游戏 | | | | | |
| 2.打篮球、排球、足球一类活动 | | | | | |
| 3.打乒乓球、羽毛球运动 | | | | | |
| 4.打算盘能力 | | | | | |
| 5.打字能力 | | | | | |
| (八)手指灵巧度(F) | 强 | 较强 | 一般 | 较弱 | 弱 |
| 1.灵巧地使用很小的工具 | | | | | |
| 2.穿针眼、编制等使用手指的活动 | | | | | |
| 3.用手指做一件小工艺品 | | | | | |
| 4.使用计算器的灵巧程度 | | | | | |
| 5.弹琴 | | | | | |
| (九)手腕灵巧度(M) | 强 | 较强 | 一般 | 较弱 | 弱 |
| 1.用手把东西分类 | | | | | |
| 2.在推拉东西时手的灵活度 | | | | | |
| 3.很快地削水果 | | | | | |
| 4.灵活地使用手工工具 | | | | | |
| 5.在绘画、雕刻等手工活动中的灵活性 | | | | | |

　　记分方法为:选"强"得 5 分,选"较强"得 4 分,选"一般"得 3 分,选"较弱"得 2 分,选"弱"得 1 分。计算每一类能力的自评等级的公式为:自评等级=总分÷4。最后,将自评等级填入表5-2。

表 5-2 　　　　　　　　　　　自我测评计分表

| 职业能力倾向 | 自评等级 | 职业能力倾向 | 自评等级 |
|---|---|---|---|
| G | | Q | |
| V | | K | |
| N | | F | |
| S | | M | |
| P | | | |

根据结果对照表 5-3,可找到你适合的职业。

**表 5-3** 自我测评对照表

| 职业类型 | 职业能力倾向 | | | | | | | | |
|---|---|---|---|---|---|---|---|---|---|
| | G | V | N | S | P | Q | K | F | M |
| 生物学家 | 1 | 1 | 1 | 2 | 2 | 3 | 3 | 2 | 3 |
| 物理科学技术员 | 2 | 3 | 3 | 2 | 2 | 3 | 3 | 3 | 3 |
| 数学家和统计学家 | 1 | 1 | 1 | 3 | 3 | 2 | 4 | 4 | 4 |
| 系统分析和计算机编程 | 2 | 2 | 2 | 2 | 3 | 3 | 4 | 4 | 4 |
| 经济学家 | 1 | 1 | 1 | 4 | 4 | 4 | 4 | 4 | 4 |
| 社会学家、人类学者 | 1 | 1 | 2 | 2 | 2 | 3 | 4 | 4 | 4 |
| 心理学家 | 1 | 1 | 3 | 4 | 4 | 3 | 4 | 4 | 4 |
| 历史学家 | 1 | 1 | 4 | 3 | 3 | 3 | 4 | 4 | 4 |
| 哲学家 | 1 | 1 | 3 | 2 | 2 | 3 | 4 | 4 | 4 |
| 政治学家 | 1 | 1 | 3 | 4 | 4 | 3 | 4 | 4 | 4 |
| 社会工作者 | 2 | 2 | 3 | 4 | 4 | 3 | 4 | 4 | 4 |
| 法官 | 1 | 1 | 3 | 4 | 3 | 3 | 4 | 4 | 4 |
| 律师 | 1 | 1 | 3 | 4 | 3 | 4 | 4 | 4 | 4 |
| 职业指导者 | 2 | 2 | 3 | 4 | 4 | 3 | 4 | 4 | 4 |
| 大学教师 | 1 | 1 | 3 | 3 | 2 | 3 | 4 | 4 | 4 |
| 中学教师 | 2 | 2 | 3 | 4 | 3 | 3 | 4 | 4 | 4 |
| 小学和幼儿园教师 | 2 | 2 | 3 | 3 | 3 | 3 | 3 | 3 | 3 |
| 营养学家 | 2 | 2 | 2 | 3 | 3 | 3 | 4 | 4 | 4 |
| 画家、雕刻家 | 2 | 3 | 4 | 2 | 2 | 5 | 4 | 1 | 2 |
| 产品设计和内部装饰者 | 2 | 2 | 3 | 2 | 2 | 4 | 2 | 2 | 3 |
| 舞蹈家 | 2 | 2 | 4 | 3 | 4 | 4 | 4 | 4 | 4 |
| 演员 | 2 | 2 | 3 | 4 | 4 | 3 | 4 | 4 | 4 |
| 电台播音员 | 2 | 2 | 3 | 2 | 2 | 4 | 2 | 4 | 4 |
| 作家和编辑 | 2 | 1 | 3 | 3 | 3 | 3 | 4 | 4 | 4 |
| 翻译人员 | 2 | 1 | 4 | 4 | 4 | 3 | 4 | 4 | 4 |
| 体育教练 | 2 | 2 | 2 | 4 | 4 | 3 | 4 | 4 | 4 |
| 体育运动员 | 3 | 3 | 4 | 2 | 3 | 4 | 2 | 2 | 2 |
| 秘书 | 3 | 3 | 3 | 4 | 3 | 2 | 3 | 3 | 4 |
| 统计员 | 3 | 3 | 2 | 4 | 3 | 2 | 3 | 3 | 4 |
| 一般办公室职员 | 3 | 4 | 3 | 4 | 4 | 3 | 3 | 4 | 4 |
| 商业经营管理 | 2 | 2 | 3 | 4 | 4 | 3 | 4 | 4 | 4 |
| 警察 | 3 | 3 | 3 | 4 | 3 | 3 | 3 | 4 | 3 |
| 导游 | 3 | 3 | 4 | 3 | 3 | 5 | 3 | 3 | 4 |
| 驾驶员 | 3 | 3 | 3 | 3 | 3 | 3 | 3 | 4 | 3 |

### 五、探索职业技能

面试、找工作时，用人单位总喜欢问应聘者这样一个问题："你有哪些专业技能？"大学生在回答这些问题时，总偏向于介绍一堆自己在大学期间所考取的证书。试问：这些证书真的能够代表你的技能吗？我们该如何认识、评价、提高自己的技能？下面我们将主要探讨这些问题。

#### （一）"大话"技能

证书能否代表技能？

A：××，你要不要考计算机二级证啊？

B：我考虑一下吧。你呢？你怎么打算的？

A：我准备去报名了！你要是准备考的话就快点儿吧，明天就是报名的截止日期了。

B：哦……知道了……谢谢。

以上的对话经常出现在大学的校园中。不单单是计算机等级证书，还有英语四级证、普通话证书、教师资格证等一系列证书深深地困扰着广大学生。问老师，老师说："看自己的意思，大学里考几本证书是必要的，但不是什么都要考。有些不适合自己的，或者以后根本就不准备涉足的，不拿这些证书也行。"问父母，父母说："考吧，有总比没有强。你可以试一试，考不上也无所谓，我们以后又不一定非得做这个。"总之，所有人的话都基本是一个意思：你自己看着办吧。

××同学犯愁了，到底要不要考呢？要是考了没用怎么办？而且，通常女孩子学计算机要更困难一些，可能花费了很大精力，才勉强混个及格，这样势必耽误做其他事情的时间。但是，要是不考的话，等找工作时，人家真的要证书，怎么办？

案例中的××同学和大多数大学生一样，对于大学的"考证风"，既觉得耗时费力、耽误时间，考下的证书可能也派不上用场，又担心毕业找工作时，遇到没有证书的"瓶颈"。考证"考之无味，弃之可惜"，这一方面根源于学生尚未成熟的心理特征，另一方面在于对自己的发展定位不清晰。当代大学生，喜欢标新立异，很多人喊着"张扬个性"，但面对自己的职业生涯规划时，也是一脸茫然。大学里时常会涌起各种"风"：考证风、考研风、出国风……轮番上阵扮演主角，大多数学生是随大流跟着往前跑。不要说"个性"，连自己的"主见"都丢了。所以大家要明白：在这种风气下考出的证书大多不能完全代表所有者拥有这些方面的技能。

既然证书不能代表技能，那么到底技能是什么呢？下面我们来探讨有关技能的方方面面。

#### （二）技能的分类

对个人技能的认识，建立在对技能分类的了解上。辛迪·梵和理查德·鲍尔斯（Sidney Fine & Richard Bolles）将技能分为三种类型：知识技能；自我管理技能；可迁移技能（或称通用技能）。通常人们比较容易想到自己所具有的知识技能，但实际上后两种技能更为重要。它们使我们有可能不局限于自己所学的专业，可以在更广的范围内选择职业；它们对于我们在竞争中胜出具有关键性的作用，并且使我们能够在工作中得以更长久地发展；而雇主们对它们的重视程度，也往往超过了对单纯知识技能的重视。因此，在应聘时，面对"我为什么要录用你"这样的问题，在简历和面试中的回答都应当以自己与工作相关的能力为主线。谈到的任何能证明自己能力的事情，都将增加你得到工作的机会。需要对自己拥有什么样的能力有清楚的认识，同时还要了解具体职业所要求的技能是什么。最后还需要将自己与职业相关的技能以恰当的语言和实力充分地表达出来。

**1. 知识技能**

知识技能是指那些需要通过教育或者培训才能获得的特别的知识或能力，也就是个人所学习的科目、所懂得的知识。如你是否掌握外语、中国古代历史、电脑编程或化学元素周期表等知识。知识技能一般用名词来表示。

知识技能不可迁移，也就是说，它们是一些特殊的语汇、程序和学科内容，必须经过有意识的、专门的培训才能掌握。它们常常与专业学习或工作内容直接相关。正因为如此，许多大学生由于不喜欢自己的专业，在找工作时往往陷入两难的境地：一方面，他们认为找工作必须"专业对口"，但又不喜欢自己的专业，不想将之作为从事一生的职业；另一方面，如果"专业不对口"，自己不是"科班出身"，则担心自己与专业出身的应聘者相比缺乏竞争力，甚至觉得很难跨越专业的鸿沟。在这种情况下，似乎唯一可行的方式就是通过考研来转换专业。

事实上，知识技能并非只有通过正式的专业教育才能获得。除了学校课程，课外培训、专业会议、讲座、研讨会、自学、资格认证考试等方式都可以帮助个人获得知识技能。此外，很多公司也为新员工提供相关的上岗培训。例如，某国有银行在对新员工的培训中，第一年的主要内容就是针对非专业学生补充贸易及经济知识基础。由此可见，即使是一些专业要求较高的职业，如会计师等，其专业技能也可以在就职后的培训中获得。实际上，越是大的公司，越是看重个人的综合能力（也就是"自我管理技能"与"可迁移技能"），而不是那么在意个人是否已经具备专业知识，不少外企在校园招聘时都不再区分学生的专业背景。

因此，如果想从事本专业之外的工作而又不愿意或不能重新选修一个专业的话，仍然有许多途径可以获得相关的知识技能。在招聘过程中，专业知识技能绝不是用人单位所看重的唯一标准。当前的状况是知识技能的重要性被无限地放大，以至于大多数学生在校内选修很多的课程，参加各种培训班并考取一堆证书。在简历上以大篇幅列举学习成绩、获得的证书、拿到奖学金等，所有这一切无非都是为了证明个人的知识技能。但通常都忽略了这些知识技能与应聘职位之间是否存在必然的联系，让招聘人员并不明白它们与要招聘的职位之间有多大关系。

实际上，能够得到面试机会的人，应该说其简历上表述的只是技能都已基本达到了应聘职位的要求；而进入最后一轮面试的人，基本都是能够胜任该职位专业技能要求的人。那么最终获得这个工作机会，并在工作中能有长久发展的是什么呢？是技能的综合（除了知识技能外还含有自我管理技能和可迁移技能）。从近年来的市场分析报告中不难看出：大学生通常不缺乏知识技能，但常常缺少敬业精神、沟通能力等自我管理技能和可迁移技能。因此,大学生在校期间,一定要在学好专业知识的基础上,加强对自我管理技能和可迁移技能的培养。

## ◆ 课堂练习

### 一、你有哪些知识技能

对下面的经历进行分析,尽可能全面地列出你所掌握的知识技能,再从中分别挑选出自己感觉比较精通的和在工作中应用或希望应用的知识技能,最后排列出对你来说最重要的五项知识技能。

在学校课程中学到的,如英语等;

_____

_____

在工作(包括兼职和暑期工作)中学到的,如电脑绘图等;

_____

_____

从课外培训班、辅导班、研讨班学到的,如绘画等;

_____

_____

从专业会议中学到的,如心理学在现代生活中的应用等;

_____

_____

从志愿者工作中学到的,如照顾病人等;

_____

_____

从爱好、娱乐休闲、社团活动、家庭责任中学到的,如摄影等;

_____

_____

通过阅读、看电视、听磁带、请家教等方式学到的,如钢琴演奏、PPT 制作等;

_____

_____

请家人和同学帮助回忆你在校内外都学习过哪些专业知识(不管程度如何)。

_____

_____

在小组中,每人轮流说出一样自己具备而别人还没有说过的知识技能。

在盘点了自己现有的知识技能以后,把你的思绪转向未来,想想有哪些知识技能你目前还不具备,但希望自己拥有;可以通过一些什么样的途径来获得这些知识技能。

我尚不具备但希望拥有的知识技能:

需要注意的是,技能的组合也是非常重要的。通常所说的"复合型人才",正是指具有不同知识技能的人。技能的组合使得我们在人才市场上更具有竞争力,也更有可能将工作完成好。例如,如今懂英语的人很多,但既精通英语又精通建筑专业知识的人就不那么多了。而在大型合资建筑工程中,非常需要能与外国专家进行良好沟通的专业人才。从这个角度来说,不论现在学习的专业是否是你所喜爱的,或是你将来要从事的,你从中获得的专业知识在某个时候就有可能派上用场,甚至一些并非你所学专业、看上去并不那么起眼的知识,都有可能使你在面试的时候显得与众不同,比其他人略胜一筹。如小时候学的音乐和舞蹈可能会使你更有气质,而这样的气质也许正是招聘者所需要的。

## 二、知识技能的组合

想一想,在上一个练习里列出的知识技能之间是否可以相互结合? 它们的组合能够使你更好地完成什么工作?

我的知识技能组合:

_____

_____

与你的同学相比,除了共同学习掌握的专业知识以外,你还比他们多掌握了其他什么知识? 你有特别擅长的吗? 无论这些知识是大是小,都请不要忽略它们,因为也许就是这一点独特之处,将帮助你在竞争中胜出。思考一下:这些知识是否可能应用在你将来的专业工作中?

我独特的知识技能:

_____

_____

### 2. 自我管理技能

自我管理技能经常被看做是个性品质而非技能,因为它们被用来描述或说明一个人具有的某些特征。它涉及个体在不同的环境下如何管理自己:是勇于创新还是循规蹈矩、是认真还是敷衍了事,能否在压力下保持镇定、是否对工作有热情、是否自信等。

良好的自我管理技能能够帮助个体更好地适应周围的环境,应对工作中出现的问题,因此它也被称为"适应性技能"。一个人是如何使用自己的专业知识、以什么样的态度从事工作的,这甚至比工作内容本身更为重要。正是这样一些品质和态度,将个人和许多其他具有相同知识技能的候选人区别开来,最终得到一份工作,并能够适应新的环境和规则,在工作中取得成就,获得加薪和晋升的机会。因此,有人称它们为"成功所需要的品质、个人最有价值的资产"。

事实上,人们被解雇或离职,更多的时候是因为缺乏自我管理职能,而不是因为缺乏专业能力。在用人单位对刚毕业大学生的意见中,经常听到的就是"缺少敬业精神、没有服务意识、眼高手低、不认真不踏实、没有主动进取精神"等，而这些都是与自我管理技能相关的。很多大学生因为从小受到父母、老师的呵护，缺乏这方面的意识，在处理工作问题和人际关系上往往显得不成熟，以自我为中心。他们没有认识到：企业要求员工是成熟、能负责、能独立解决问题的成年人。可以说，在大学生从校园走向社会之前，培养良好的自我管理技能，学会如何为人处世，是至关重要的。

自我管理技能无论是一个人先天具有的还是后天习得的，都需要练习。它们可以从非工作领域迁移转换到工作领域。也就是说，耐心、负责、热情、敏捷这些技能并不是通过专门的课程学习到的，而是在日常生活中随时随地培养的。例如，一位大四同学在回顾自己的实习经历后写道："这段经历为我毕业后进入社会做了良好的准备。在这次实习中，我懂得了在工作中不仅要具备良好的知识技能，还要具备良好的社交能力，这样才能在工作中营造良好、和谐的工作氛围。在工作中要积极主动、虚心地向同事和前辈请教；要知难而上，不能遇到一点困难就放弃；要严格要求自己，不为自己的失职找借口；平时要和同事多多交流，和谐相处。"

### 课堂练习

#### 他人眼中的我

通过其他人对自己的认识反馈来更好地了解自己是一个很好的方式。可以通过多种方式向你的朋友咨询，让他们用三到五个词来形容一下你。请询问十个以上的人。

_____

_____

看一看他们对你的描述，其中哪些是你知道的，哪些是你以前没有认识到的？他们所说的符合你对自己的评价吗？哪些方面是你的长处？哪些地方需要改进？

_____

_____

通过这个练习，你对自己有什么新的认识？

_____

_____

在大学阶段，多参加一些社团活动和社会实践，有助于大学生在实际工作中更好地认识自己，了解自己的长处和不足。还可以通过与他人的比较，听取他人的反馈来更恰当地评价自己。

**3. 可迁移技能**

可迁移技能就是一个人会做的事。如教学、组织、说服、设计、安装、帮助、计算、考察、分析、搜索、决策、维修等。

可迁移技能的特征是它们可以从生活中的方方面面,特别是工作之外得到发展,却可以迁移应用于不同的工作之中。如在宿舍里发生大家是否使用空调的矛盾,宿舍长可以组织室友们一起开会讨论,协商解决如何平等地使用空调的问题。在这里面,就用到了组织、商讨、问题解决、管理等重要的可迁移技能。几乎在所有的工作中,都或多或少地会用到这些技能。因此,可迁移技能也被称为"通用技能"。

与知识技能相比,可迁移技能无所谓更新换代,而且无论你的需求和工作环境有什么样的变化,它们都可以得到应用。随着工作经验和生活阅历的增加,可迁移技能还会得到不断的发展。既然在许多工作中都会用到,可见它们的重要性不容忽视。某知名品牌 HR(人力资源)人员曾说:"我在聘用一个人时,最为看重的是他的人际沟通能力。这项能力极其重要,因为必须有能力与人交谈才能获得需要的信息。我把 80% 的时间用在与其他部门打交道上,我的员工也花费大量的时间与本部门之外的人打交道。"

事实上,知识技能的运用是建立在可迁移技能基础之上的。举例来说,你的知识技能也许是动物学,但你将怎样运用它呢?是"教授"动物学,还是当宠物医生"治疗"宠物,或是"写作"科普文章宣传爱护野生动物的知识,抑或在流浪小动物协会帮助"照料"小动物?这些加引号的词都是可迁移技能。你以前可能没有正式当过教师,但是通过当教师,在课堂汇报讲解小组科研项目等经历,你已经具备了"教学"技能。当你把"教学"技能与"动物学"知识结合在一起时,你就可以去应聘相关的职位了。

从这个意义上说,在求职的时候,尽管你从来没有从事过某个职务,但只要你实际上具备这个职务所要求的某种技能,你就可以证明自己有资格去从事它。因此,如果你并不是"科班"出身,仍然有可能跨专业从事你想从事的职业,尤其是那些对知识技能要求并不是很高而可迁移技能占重要地位的职业。如也许你并不是营销专业的学生,但凭着良好的人际交往技能,你曾经担任过某产品的校园代理,并在地区销售评比中取得过好成绩。从可迁移技能的角度看,这样的经历足以使你成功地应聘到一个公司的销售职位。

文学、历史、哲学等人文专业的学生常常感到苦恼,因为他们所学的专业似乎不如计算机、建筑、机械等理工科的专业实用。事实上,人文专业的学习除了使他们具备一些专业知识以外,也使他们掌握了许多可迁移技能,例如沟通技能(课堂上有效地倾听、小组讨论、论文写作)、问题解决技能(分析和抽象思维、找出同一问题的不同解决方案、说服他人按既定的方案行动)、人际关系技能(与同学合作完成老师布置的任务、与舍友相处)、研究技能(搜索数据库或检索参考资料、发现和形成主题、收集和分析数据、调查问题)等。

要提高自己的可迁移技能必须掌握下面两项技能:

(1)人际沟通技能:沟通是个双向的过程,语言沟通是最常用的沟通形式。学习语言沟通要先学听,后学说。听就是要听清楚此人要表达的中心意思是什么,如果对方的表达不清楚,在听的过程中可以适当要求对方澄清,只有完全听清楚了,自己准备表达的建议或意见才可能正确。有了听的经验再学说,要学会在最短的时间内清楚地表达自己的思想。所以,建议大家要有意识地主动寻找机会,锻炼自己的语言表达能力,因为用比别人短的时间把同样的事情说清楚也是一种能力的体现。

（2）时间管理技能："时间老人"对我们每个人都是公平的,每天都是 24 小时,可是对这 24 小时的使用权掌握在每个人的手里,使用的效率决定了使用后的结果。经长期观察发现:工作中时间安排混乱的员工,相对来说生活也是混乱的。一个随时都在打电话、接电话的员工,不能证明他很忙。所以时间管理最基本的原则是:紧急的事情不一定是重要的,重要的事情要按计划去做。

### 课堂练习

## EUREKA 技能问卷工作表

表 5-4 是一张 EUREKA 技能问卷工作表,这份问卷是为帮助你确定你现在拥有的技能,并弄清你工作中最喜欢使用的技能而设计的。

（1）首先,在一张纸上,尽可能从多个方面回答"我已经做了什么"这个问题。列出那些你已在某种程度上展示了的技能、达到了期望的目标或者应对了新的挑战的具体业绩或项目。要写出具体的事情,例如,"我盖了个狗窝"而不是"木匠活",或者"写了关于朱利叶斯·恺撒的报告"而不是"写作"。列出让你感觉良好的业绩,不仅仅是那些让你获得称赞和奖赏的事情,它可以包括你生活中的所有方面,不论其是工作、休闲还是学习方面的。从你所列的清单中选出七项能说明你个性不同方面的业绩,可以包括与工作有关的活动,如果这些活动让你感到满意的话。

（2）其次,在工作表专栏上面倾斜的表格内列出这些成就,然后阅读每项技能的定义并勾出运用该技能的业绩,这样你便能看出哪些技能你过去使用得最多。

（3）再次,确定你想在将来的工作中使用哪项技能。首先可以选择在技能清单中"令人满意技能"栏中列出的技能;即使在过去的业绩中没有使用过这种技能,如果你现在已经掌握或将在走上理想岗位之前掌握它,那么也可以选择。

（4）最后,决定你最喜欢使用的技能。在下面的"非常满意的技能"空格里写下你最满意的五项技能,把接下来的十项作为"中等满意的技能",再接下来的 20 项作为"还算满意的技能",列出技能的数字即可,不要在不同的地方列出同样的技能。

非常满意的技能:

_____

_____

中等满意的技能:

_____

_____

还算满意的技能:

_____

_____

表 5-4                     **EUREKA 技能问卷工作表**

| 技能 | 1 | 2 | 3 | 4 | 5 | 6 | 7 | 令人满意的技能 |
|---|---|---|---|---|---|---|---|---|
| **A. 自我管理** 1.效率:以节省时间或精力的方式安排活动 | | | | | | | | |
| 2.可靠性:始终以同样的质量水准完成要求的任务 | | | | | | | | |
| 3.灵活性:运用各种技能并且准备好应对不断变化的工作任务 | | | | | | | | |
| 4.坚韧性:不受令人分心的事情或者其他干扰的影响,为了一个目标持久地工作 | | | | | | | | |
| 5.内驱力:促使自己尽最大努力比其他人都优秀 | | | | | | | | |
| 6.遵从:根据工作的规定或惯例来穿衣打扮和规范言行举止 | | | | | | | | |
| 7.正直:根据道德伦理的规范而不是利益或流行观点来做出决定 | | | | | | | | |
| **B. 情境技能** 8.忍耐不适:在身体不舒服时工作或在棘手的位置上工作 | | | | | | | | |
| 9.忍耐重复:一而再再而三地重复同样的操作 | | | | | | | | |
| 10.应对压力:通过加速和迅捷地工作来应对紧急的情境 | | | | | | | | |
| 11.回应反馈:在上司或者你尊敬的人的建议和要求的基础上改变自己的行为 | | | | | | | | |
| 12.情绪控制:当其他人生你的气或感到挫折时能保持冷静 | | | | | | | | |
| 13.对紧急情况的反应:冷静且敏锐地处理危险或威胁性的情况 | | | | | | | | |
| 14.冒险:参加可能导致伤害或者经济损失的活动 | | | | | | | | |
| **C. 处理细节的技能** 15.谨慎:参加活动之前仔细审查这项活动,以避免受伤或者遭到损失 | | | | | | | | |
| 16.精确:认真工作,准确且精确地完成每一项任务 | | | | | | | | |
| 17.警觉:认识到事件的重要性,不管有无要求,恰当地做出反应 | | | | | | | | |
| 18.注意细节:记得去完成很多种不同的工作 | | | | | | | | |
| 19.按照程序办事:准确地按照他人决定的、应该遵从的程序完成任务 | | | | | | | | |
| 20.查证检验:为了精确,检查核实数字或者书面材料 | | | | | | | | |
| 21.保存记录:以书面形式跟踪钱、实物或者事实 | | | | | | | | |
| 22.分类:按正确的位置或类别归置物品 | | | | | | | | |

（续表）

| 技能 | 1 | 2 | 3 | 4 | 5 | 6 | 7 | 令人满意的技能 |
|---|---|---|---|---|---|---|---|---|
| **D. 动作技能** 23.手指灵敏度：精确运用你的手指 | | | | | | | | |
| 24.手工灵敏度：准确运用你的双手 | | | | | | | | |
| 25.协调运动：身体的多个部位能一起准确灵活地运动 | | | | | | | | |
| 26.快速反应：对刺激快速反应 | | | | | | | | |
| 27.耐久力：持续地做令人身体劳累的工作而不会感到疲惫 | | | | | | | | |
| 28.力量：能举起很重的物体或者完成其他类似的体力任务 | | | | | | | | |
| **E. 操作技能** 29.操作：能控制或操纵机器、电子设备或者其他仪器的运转 | | | | | | | | |
| 30.装配：能把机械装置、拼图或者建筑等拆分并组装起来 | | | | | | | | |
| 31.调整：通过系统地改变设置来提高机器、电子设备、乐器等的性能 | | | | | | | | |
| **F. 数学技能** 32.数数：能数出某个位置上或者类别内有多少东西 | | | | | | | | |
| 33.计算：能进行基本运算 | | | | | | | | |
| 34.测量：能利用适当的工具精确地测量长度、角度、容积或者质量 | | | | | | | | |
| 35.推算：预测某物的价值、尺寸、成本或者数字运算的结果 | | | | | | | | |
| 36.预算：计划经济需要 | | | | | | | | |
| 37.数字推理：运用数学或统计程序分析数据或解决问题 | | | | | | | | |
| **G. 沟通技能** 38.阅读：从书面材料中获取信息 | | | | | | | | |
| 39.书写：能写出有意义并合乎文法的句子或者文章 | | | | | | | | |
| 40.编辑：从语法、内容和格式上来修改文字材料 | | | | | | | | |
| 41.提问：提出问题促使他人提供有用的信息或者达成新的认识 | | | | | | | | |
| 42.解释：清楚准确地交流信息 | | | | | | | | |
| 43.表达情绪：能描述情绪或者能让他人感受到这种情绪 | | | | | | | | |
| **H. 概念技能** 44.形象化：能根据一个观点、一幅图画或者语言的描述在脑海中形成画面 | | | | | | | | |
| 45.画画：能创作物体图片或心理图像 | | | | | | | | |
| 46.设计：能为一项新工程、建筑物或者产品设计方案 | | | | | | | | |

（续表）

| 技能 | 1 | 2 | 3 | 4 | 5 | 6 | 7 | 令人满意的技能 |
|---|---|---|---|---|---|---|---|---|
| **I.**<br>**判断**<br>**技能** 47.声音辨别力：能听出声音的细微差别 | | | | | | | | |
| 48.颜色辨别力：能看出颜色的细微差别 | | | | | | | | |
| 49.形状辨别力：能看出形状、宽度和长度的细微差别 | | | | | | | | |
| 50.深度知觉：能精确判断远处物体和你的距离 | | | | | | | | |
| 51.运用事实：通过知识或者测量来判断或评价人、事或者观点 | | | | | | | | |
| 52.运用经验：运用过去的经验、知识来判断或评价人、事或者观点 | | | | | | | | |
| 53.美学鉴赏力：运用你的美感来判断或评价人、事或者观点 | | | | | | | | |
| **J.**<br>**推理**<br>**技能** 54.调查：系统查找和搜集信息 | | | | | | | | |
| 55.构建：能通过定义一个系统来组织人、事或者观点 | | | | | | | | |
| 56.计划：确定事情发生的顺序和时间 | | | | | | | | |
| 57.分析：把问题分成几个部分，以便单独解决每一部分 | | | | | | | | |
| 58.整合：用新的和有创意的方式来组织事实和观点 | | | | | | | | |
| **K.**<br>**人际**<br>**交往**<br>**能力** 59.服务：回应其他人的要求或紧急需要 | | | | | | | | |
| 60.治疗：通过治疗来解除身体的或情绪的问题 | | | | | | | | |
| 61.机智：巧妙地处理困难的社交情境，且不会冒犯他人或者令他人尴尬 | | | | | | | | |
| 62.合作：为了达到一个共同的目标协调自己和其他人的努力 | | | | | | | | |
| 63.理解：认识并承认他人的感受 | | | | | | | | |
| 64.建议：为他人的问题提供信息或者建议解决方案 | | | | | | | | |
| **L.**<br>**领导**<br>**技能** 65.决策：选择一项行动并为其后果负责 | | | | | | | | |
| 66.指导他人：告诉其他人做什么并且为他们的表现负责 | | | | | | | | |
| 67.开创：开始新的任务、观点、计划或者结识新的伙伴 | | | | | | | | |
| 68.说服：影响其他人的行为或者观点 | | | | | | | | |
| 69.面对：告诉其他人他们不想听到的事情 | | | | | | | | |
| 70.谈判：通过取舍的过程为问题找到双赢的解决办法 | | | | | | | | |
| 71.训练：让人或动物学会新的行为 | | | | | | | | |
| 72.执行：安排小组活动或指导他们 | | | | | | | | |

## 六、职业与技能

课堂阅读

### 凡人成功与何有关？

在西门子公司，有一位从农村来的小伙子，只是在车间里做些杂活。他平时不爱说话，每天只是闷头闷脑地干活，很少在休息时间与人聊天。但他总是会站在一些生产设备前看个不停，一会动动这个，一会摸摸那个，即使说话，也是问工人一些生产的问题，有时候还饶有兴趣地和工人讨论一些产品生产中的问题。他的行为起初遭到了同事们的嘲笑和不屑，但是两个月后的一天，车间的一台机器出了问题，技术师傅忙了半天也没有修好，而小伙子在这两个月中学习了产品生产的全过程，并且对机器的把握和操纵也非常熟练了，小伙子修好了机器。主管对他的学习精神非常欣赏，很快就把他提升为车间里的负责人。然而小伙子对此并不满足，依然向原来一样，抓住各种机会学习，学习产品生产的其他知识，还自学了外语，每个月自费去总部参观培训。如此半年后，这个其貌不扬的小伙子成了总公司生产制造部的主管，两年后又被提升为经理，深得总裁信赖。正是由于较强的学习能力，才使这样一个原本平庸无奇的人从一个普通的流水线工人成为一个优秀的公司部门经理。

从普通的流水线工人学习生产设备相关问题到解决机器故障升为车间负责人，再到不断学习成为生产制造部主管，其职业生涯是一步一步成功的。这个案例告诉我们：要想到达梦想的彼岸，不仅要有明确的目标，更要不屑地努力掌握必要的技能，只有这样，人生道路才会越走越宽广。事实上，很多人希望获得职业生涯的成功，但有的人因找不到通往职业生涯成功的方向而迷失了自我，有的人则因为没有掌握必要的技能而梦想破灭。

现在大学生就业难，其中一个原因是大学生缺乏企业所需要的技能。大学生提高职业技能是十分必要的。下面我们来讨论一下如何提高技能。

如今，各行各业的竞争都趋于"白热化"，为了节省人力资源成本，有一点工作经验并掌握工作技能的人，必然受到用人单位的青睐。而求职者在求职准备中关注自己的职业技能对于自己的职业生涯是非常重要的。那么怎样提高自身的职业技能呢？可以从以下几个方面入手：

（1）要有扎实的职业技能理论基础。理论来源于实践，理论指导实践。没有理论的实践是盲目的实践。有时间可参加一些技能培训，打牢技能理论基础。大学生要提高专业技能可以参加高校的学术性社团，该类社团主要结合大学生的学习、研究实际、学术背景，研究学术问题，深化专业知识，同时提高运用专业理论知识解决实际问题的能力。

（2）要勤动手多实践。实践出真知，实践是检验真理的唯一标准。一件事情只有自己经历过、亲自实践过，印象才会深刻。大学生要弥补"应届生无工作经验"的弱势，唯一的途径就是多参加社会实践。走进企业、单位去实习、锻炼，这样不仅可以促进专业知识的进步，而且能学习到很多在学校里学习不到的技能。招聘会上，经常有学生将自己在大学里做过的促销、家教等事情当做"工作经验"。事实上,用人单位所谓的"工作经验"更多的是指"专业实践"。而参与企业各种形式的校园招聘或者暑期实习计划,不仅可以为你将来的简历增加漂亮的一笔,还能让你的综合实力更加引人注目,积累到企业所看重的"专业技能"和"工作经验"。

(3)要勤学好问,多向师傅请教。对于不懂的问题要有打破沙锅问到底的精神,直到弄懂为止。师傅们工作时间长、经验丰富,有很多值得我们学习的地方。对于师傅讲过的东西要熟记于心,领会贯通,并用于指导自己的行动。肯钻研,凡事多问一个为什么,然后一个个去解决这些疑问。在逐渐解决疑问的过程中,你会发现你也在逐渐地进步和成熟。

(4)学会总结。对于自己的专业技能哪方面更突出,哪方面还有待提高,都要进行总结。

功夫不负有心人,只要奋斗过、努力过,付出总会有所收获。只有学好本领、提高技能,才能为自己的职业插上腾飞的翅膀。

## 七、回顾个人成就

回顾个人成就是制定职业生涯规划的重要一环。回想一下自己过去和现在已经取得的成就,有利于自己客观地认识自身的优势、能力以及掌握的技能,这对实现职业生涯目标至关重要。

很多学生总是感觉自己很忙,但是仔细想一想都在忙些什么呢?忙着上课?忙着写作业?忙着社团活动?每当这时,他们总会感到很郁闷:这样一天天地过去,一事无成,似乎都是在混日子。老师和家人总在要求我们上进,可我们每天都忙忙碌碌,并没有浪费时间啊。为什么回想起来,却总是感觉过去的日子毫无收获呢?

大学生活和我们以往的学生生活并不一样。小学、中学时,我们只要按时上课,按时完成作业,取得较好的成绩,便是最大的收获。在大学生活里,学习只是其中的一部分,有更多的事等着我们去做。大部分时间需要我们自己支配,甚至每学期上哪些课都需要我们自己选择。步入大学校园的新生,好奇、兴奋,一心想在大学时代有所作为,但匆忙中,却忽略了自己在这个过程中所取得的一点一滴的成就。这些成就虽然不太起眼,但一件件堆积起来便成了一项了不起的大事业。

### (一)你曾经收获了什么?

挤过高考的"独木桥",步入大学的"天之骄子"们都会有着一股"海阔凭鱼跃,天高任鸟飞"的激情和豪气。为了尽快适应大学生活,大家常常会参加社团、学生会以及各种各样的社会实践活动来提高自己。但是经过一段时间后,很多人沮丧地发现,除了更加忙碌、更加迷茫之外,自己似乎没有什么特别的收获。

#### 1. 个人成就清单

回顾一下,在你成长的历程中,有些什么样的成绩是可以量化的?除了一些常见的如"期末考试年级排名前三"或者"连续获得三好生"外,还有没有一些其他的事情可以用数字来说明你的成绩?如"担任校学生会文艺部部长并成功组织五场大型音乐会","在兼职销售品牌手机期间,提高了当月部门的销售额达5%"等。这样一些数据可以非常具体详细地说明你取得的成绩，能给人以更深刻的印象。当然，如果你要在简历或面试中提及这些例证，最好要明确在这些事例中你使用了什么样的技能来帮助你取得好的业绩。

**2. 来自他人的认可**

这种认可可以以你所得到的奖励（如获得运动会某项目第二名）、升职（被评选为院学生会副主席）的形式体现，也可以以他们对你直接的书面或口头表扬的形式出现（如你做家教后，学生家长对你的评价）。不过，更多的时候，它也许是一种微妙的认可，需要细心思考和回顾：

你是否曾经从多人中被选出来担当更多或更大的责任？如被同学推选出来担任某某班干部？而这是否意味着你在某个方面的能力比其他同学更加出色，或者你比其他同学更认真负责？

你的同学、朋友或上司是否需要依赖你来完成某件事？他们认为你特别擅长做的事情是什么？

如果一个了解你的人要向别人推荐你，他会怎么说？

对所有这些问题的回答，可以直接与周围的同学、朋友谈谈，请他们帮助你进行总结。也有可能，你觉得自己跟周围的人交往都较少，是时候该扩大你的人际交往圈了。别总是埋头于书本中，应该行动起来，多参加一些实践活动。

**（二）解剖成就动机**

说到成就，可能会想到动机，因为成就总是和动机联系在一起的。事实上，成就动机不仅会决定一个人在某一方面的成败得失，也制约着个人发展的全部过程和最终成就。因为成就动机能激发一个人的潜能，使个人能力充分发挥出来，并不断努力，使结果达到最佳状态。在某种程度上，解剖成就动机可帮助我们形成正确的成就动机，实现自己的职业生涯目标；而探索成就动机的高低有利于评估个人潜能。那么，究竟什么是成就动机呢？

成就动机（Achivement Motivation），是个体追求自认为重要的有价值的工作，并使之达到完美状态的动机，即一种以高标准要求自己、力求取得成功为目标的动机。有这种动机的学生，能刻苦学习，挑战学习中的种种困难，最终取得优异成绩。

**◆ 课堂练习**

### 测测你的成就动机

请认真阅读下面的每个句子，判断句子中的描述符合你的情况的程度。从①～⑤选出一个你认为的符合程度，数字越大表示越符合。

①非常不符合  ②有些不符合  ③不能确定  ④有些符合  ⑤非常符合

1. 我喜欢新奇的、有困难的任务，甚至不惜冒风险。（    ）

2. 我讨厌在完全不能确定会不会失败的情境中工作。（    ）

3. 我在完成有困难的任务时，感到快乐。（    ）

4. 在结果不明的情况下，我担心失败。（    ）

5. 我会被那些能发挥自己才智的工作所吸引。（　　　）

6. 在完成我认为困难的任务时,我担心失败。（　　　）

7. 我喜欢尽最大努力去完成工作。（　　　）

8. 一想到要去做那些新奇的、有困难的工作,我就感到不安。（　　　）

9. 我喜欢对我没有把握解决的问题坚持不懈地努力。（　　　）

10. 我不喜欢那些测量我能力的场面。（　　　）

11. 对于困难的任务,即使没有什么意义,我也很容易卷进去。（　　　）

12. 我对那些没有把握能胜任的工作感到忧虑。（　　　）

13. 面对能测量我能力的机会,我感到是一种鞭策和挑战。（　　　）

14. 我不喜欢做我不知道能否完成的事,即使别人不知道也一样。（　　　）

15. 我会被有困难的任务所吸引。（　　　）

16. 在那些测量我能力的情境中,我感到不安。（　　　）

17. 对于那些我不能确定是否能成功的工作,最能吸引我。（　　　）

18. 对需要有特定机会才能解决的事,我会害怕失败。（　　　）

19. 给我的任务即使有充裕的时间,我也喜欢立即开始工作。（　　　）

20. 那些看起来相当困难的事,我做时很担心。（　　　）

21. 能够测量我能力的机会,对我是有吸引力的。（　　　）

22. 我不喜欢在不熟悉的环境下工作,即使无人知道也一样。（　　　）

23. 面临我没有把握克服的难题时,我会非常兴奋、快乐。（　　　）

24. 如果有困难的工作要做,我希望不要分配给我。（　　　）

25. 如果有些事不能立刻理解,我会很快对它产生兴趣。（　　　）

26. 我不希望做那些要发挥我能力的工作。（　　　）

27. 对我来说,重要的是做有困难的事,即使无人知道也无关紧要。（　　　）

28. 我不喜欢做那些我不知道我能否胜任的事。（　　　）

29. 我希望把有困难的工作分配给我。（　　　）

30. 当我遇到我不能立即弄懂的问题时,我会焦虑不安。（　　　）

### (三)"成就"你的职业

仅仅对自身具备的技能有很好的了解仍是不够的,我们还需要了解这些技能可以在什么样的职业中得到应用,以及自己心仪的职业在技能方面有什么样的要求。因此,我们也需要探索掌握职业技能所要求的途径和方法。

**1. 参考网站**

www.jobsoso.com 是一个专门的职业分类网站,对 300 多种职业的工作内容和技能要求有详细的说明,是一个很好的参考资源。

● Jobsoso 网站对你所心仪的职业的技能描述是什么?

_____

_____

_____

_____

**2.生涯人物访谈**

所谓"生涯人物访谈"，就是向实际从事某一职业的人了解该职业的技能要求。通常，用这种方法可以比较详细、具体、直接地了解特定职业不为常人所知的要求，可以有效地帮助个人在进入某一行业前做好职业方面的技能准备。

**课堂阅读**

## 生涯人物访谈

被访谈人：王先生

访谈内容：

问题1：您是如何找到这份工作的？

答：用人单位到我们学校——厦门大学嘉庚学院招人。学校老师推荐并经面试被录用。录用后有三个月的见习期，见习期满，胜任会计工作后，才被正式录用。

问题2：目前，行业内要求从事这份工作的人应该具备什么样的教育和培训背景？

答：做好会计工作要具备一定的会计专业基础知识和基本技能，并取得会计任职资格证书，具有初级以上职称、三年以上工作经验或具有中级以上职称，有一定的沟通协调能力，对税法、财务成本管理有一定的了解。不过现在会计专业的毕业生很多，有注册会计证书就很好找工作了。

问题3：您认为做好这份工作应该具备哪些知识？

答：从事会计这份工作，首先应具备一定的会计基础知识，主要还在后天的实践，要不断地在实践中提高自己。还可以通过培训或自学来充实自己，现在有很多网上学校，可以去听课，名师们讲的都不错。随着全球经济一体化的到来，会计知识在不断地更新，计算机技术也运用到这个领域，因此更要求会计人员有不断地适应新形势发展的能力，并不断地更新知识和技能。

问题4：您认为什么样的个人品质、性格和能力对做好这份工作是重要的？

答：从事会计职业要求从业人员诚实守信、客观公正、坚持原则；按照会计准则和财务会计制度进行核算和报告，披露会计信息；及时给投资者、债权人、管理层提供报告；做会计工作还要有足够的耐心和细心。能力可以在工作中慢慢提高，诚实守信、客观公正、坚持原则是最重要的。

问题5：这项工作需要的个人品质、性格和能力同别的工作要求有什么不同吗？

答：会计工作要求的个人品质、性格、能力同别的工作都有不同之处。特别要求会计人员客观公正、诚实守信，要有足够的耐心和细心，要有全局观和服务意识，同时要求有不断进取的精神，能及时更新知识，适应新的法规、制度。要对税法、财务成本管理等知识融会贯通，熟练运用。

问题6：行业内，单位对刚进入该领域工作的员工一般会提供哪些培训？

答：进入会计工作领域，首先要通过会计资格考试并取得证书，这是最基本的要求，同时也要具备会计电算化证。进入领域后要随职位的变化，逐步取得助理会计师资格证、会计师资格证等。从业后，单位会组织学习本公司章程、财会法规等，了解本单位的会计核算情况。会计行业一般没有行业培训，但每年都有会计专业资格考试，可以通过参加考试不断地提高自己。

问题7：在行业内，先从什么样的工作岗位做起，才能学到最多的知识，最有益于发展？

答：从事会计工作要先从基础工作做起，做出纳、记账员、成本核算员，积累了经验后可以进行财力预测与决策，分析控制与考核，以全面掌握企业财务管理知识，全面发展。单位也可以进行必要的轮岗，使从业人员更快地熟悉全面管理，也有利于内部牵制。

问题8：据您所知，从事这种工作的人在单位或者行业内发展的前景怎样？

答：从事财会工作的人员，在单位或行业的发展前景还是可以的。我国的注册会计师队伍的人才缺口很大，高级管理人员相对少，可以先做基础工作，积累了经验后可以做主管、财务总监等。当然了，有注册会计师资格证的话，也可以到会计师事务所、审计师事务所发展。财务管理涉及企业管理的方方面面，把这项工作做好了，更有利于做好企业管理工作，有利于提高自己，也可以做职业经理人。

问题9：最近这个行业因为科技进步、经济的全球化发生变化了吗？

答：随着我国社会主义市场经济的发展，我国经济的发展已经融入世界经济的发展之中，全球经济正走向一体化，财务核算也要与世界接轨，2007年实行新的会计准则，上市公司从2007年起已经实行，其他企业也会逐步实行，知识也在不断更新。

问题10：您如何看待该单位的组织文化和该领域的工作方式在将来的变化趋势？

答：随着计算机技术的发展，计算机也正运用到会计领域，简化了核算工作，但要根据情况选用软件。财务管理的组织文化和工作方式的不断变化，使得原来的手工记账方式逐渐向计算机记账方式发展。

问题11：男女工作者在这个行业中机会均等吗？

答：男女工作者在这个行业中机会均等，有很多女性从事这份工作，女同志心细，或许更适合会计工作。

问题12：平常，在工作方面，您每天都做些什么？

答：日常工作是核算和监督，随着公司发展，工作也会转向预算、分析、考核等方面。工作之中要多向同行学习，也可以网上学习，并关注新的准则，以不断完善并丰富这方面的知识。

问题13：您在做这份工作时，感觉什么是最成功的，什么最具有挑战性？

答：做财务工作最成功的就是自己所提供的分析数据能为企业所用，为企业决策作出贡献，这同时也是最有挑战性的。

问题14：就您的工作而言，您最喜欢什么？最不喜欢什么？

答：在工作中无所谓喜欢与不喜欢，分内的工作总得去做，尽量以愉悦的心情完成工作。

问题15：从事这份工作实现了您的人生价值吗？家人对您现在的工作满意吗？

答：选择财务工作实现了我的人生价值，财会是我的专业，能学有所用，我真的很高兴，家人对我从事这项工作也很满意。

问题16：在您的工作领域中，初级职位和略高级别职位的薪水一般是什么水平？

答：在财会工作领域中，初级职位一般工资水平在 2500 元左右，略高级别职位的工资水平在 3000 元以上。不同的地区收入也会有所差别。

问题 17：据您所知，有什么职业杂志、行业网站或其他渠道能帮助我深入了解这个领域？

答：北大东奥会计网站、会计专家等可以帮助你深入了解这个领域，要想更多地了解，可以向相关人士咨询这方面的事情。

问题 18：您怎么看待考研？

答：虽然现在考硕士研究生挺不容易的，但是硕士研究生在工作上还是有一定优势的。不过这也是因人而异的。

问题 19：您觉得我们这些大学生在校期间应注意些什么？

答：无论如何在大学里都应该把专业学好，最好拿奖学金，同时要提高处理人际关系的能力。

**访谈总结：**

（一）要重视和精通自己的专业知识。

（二）要学好英语。

（三）要多学会做人的方法并多花一些心思经营自己的人际关系网络。

（四）要摆正心态，对工作要严谨、认真、负责，乐观面对未来所从事行业的发展前景。

（五）要积极投身到实践中去，去经历、去感受、去领会。

**3. 根据职业的技能要求培养和发展个人技能**

了解职业的技能要求具有重要的意义，因为技能是多种多样的，技能的发展和培养又需要相当长的时间，而人的时间和精力是有限的，在大学生活中要将有限的时间花费在一些什么样的活动上，这在很大程度上取决于我们希望达到的职业生涯目标和它所要求的技能。只有当我们明确了目标职业需要一些什么样的技能时，我们才能够提早准备，明确自己需要重点发展哪些技能，并通过校内外的各种课程和实践活动来培养这些技能，从而有计划、有针对性地过好大学生活，到求职应聘的时候才能够做到有信心、有实力。

## 课堂练习

### 教师这一职业岗位要求具备什么样的技能？

教师这一职业是我们每个人都熟悉的，因为在十几年的学生生涯中，我们见过无数的教师。但你是否真的了解教师这一职位需要哪些技能呢？教师所具备的这些技能是否可以在其他工作中得到应用呢？

教师的技能要求：

● 教师的自我管理技能：关怀他人、耐心、细心、较强的责任感……

● 教师的可迁移技能：教学、培训、沟通、指导、评估、激励、解决问题、与学生/家长和学校行政管理人员的互动、提供支持、说服、调节、调查、研究、分析问题、写作、提交报告、行政管理、组织、协调……

### 八、技能的表达

**1. 三种技能的结合与表达**

前面我们已经讲过,知识技能的运用是在可迁移技能基础上的。因此,我们可以将可迁移技能与知识技能结合在一起来说明你是怎样运用自己的知识技能的。但仅仅如此,还不足以显示出个人技能的特点,因为以什么样的态度来从事工作往往也是将我们和其他从事同样职业的人区别开来的关键因素。因此我们可以在可迁移技能与知识技能前加上用来描绘自我管理技能的词汇,如"耐心的""细心的""生动的""有创意的""活泼的"等。当然你还可以将这些词汇展开,例如"有创意的"可以更具体地描述为"使用多媒体教学手段""利用实践与理论结合的方式"等,这样一来,你对于自己的技能就提供了相当具体、确切的描述和说明。

**2. 在个人技能与职业技能要求之间架起桥梁**

技能是简历和面试所使用的语言。也就是说,在简历上和面试中,你都需要以技能为中心来展现自己、推销自己。但需要注意的是,这里所说的"技能",既是你所擅长的,又必须是职业所要求的。

在求职中,恰当的做法是:在列举个人技能和充分了解职业对技能要求的基础上写简历和进行自我介绍,做到有的放矢、量体裁衣。如果应聘的岗位是销售,就应当重点强调与销售工作相关的人际交往、沟通技巧等,而如果应聘的是音乐教师,则应当重点展现自己在音乐方面的才华。总之,要让简历和面试成为桥梁,让招聘者感受到你的个人技能与职业技能要求之间的紧密配合的相关性。

#### 课后练习

1. 完成3～5个成就故事,确认个人最擅长并愿意在工作中使用的技能。
2. 列出自己的个人成就清单。
3. 在四年的大学生活中,你希望自己能提高或获得哪些技能以及取得哪些成就?
4. 你理想的职业是什么?需要具备哪些技能?你通过什么手段进行提高?

#### 推荐阅读

1. 职业天空网站:http://www.careersky.org
2. 职业搜索引擎:http://www.jobsoso.com

# 第六讲
# 你想做什么？——价值观探索

播种一个思想,你收获一个行动;播种一个行动,你收获一个习惯;播种一个习惯,你收获一个性格;播种一个性格,你收获一个命运。

——拉尔夫·沃尔多·爱默生(Ralph Waldo Emerson)

## 学习目标

通过本章的学习,在理论上要认识到价值观对个人职业选择和发展所起到的作用;在职业规划中能重视个人真实的价值观;在实践上能够澄清并真正"拥有"自己的价值观,同时体会到他人的价值观对自己可能造成的影响。

## 趣味探索

### 有关"工作"的一分钟联想

(1)请拿出一张白纸,在纸上写下"我希望工作……"。在1分钟的时间内尽可能地写下你头脑中所联想到的任何短语。

(2)思考:你在工作中寻找的是什么?你判断工作"好"、"坏"的标准是什么?

## 一、价值观与生涯关系

价值观是社会成员用来评价行为和事物的准则,它是我们在生活和工作中重要的原则和标准。它指向了我们一生中重要的东西。职业价值观是个人在从事满足自己内在需求的活动时所追求的工作物质基础或属性,它是个体价值观在职业问题上的反映。

价值是人们考虑问题时所看重的原则和标准,它也是一大套自我激励机制,是人们行为内在的驱动力。它在人们生涯发展中起着非常重要的作用。如果说性格与兴趣是人的"自然性",那么价值观则是反映了个体的"社会性";如果说性格与兴趣是"材质性",那么价值观则是"精神性"。人作为一种寻找、追求意义感的超自然的存在,不会完全受到"自然性"和"材质性"的限制,甚至会超越这些限制,所以价值观可能对个人的性格和兴趣产生影响。如日本著名的影视明星山口百惠,结婚之后,正值事业巅峰之际的她突然宣布退出影视圈,成为默默无闻的家庭主妇。可见,个人的价值观对职业的发展有着极其重要的影响。

但是,个人由于所处生涯发展的阶段、社会环境的不同,他的需要也会发生变化,从而导致价值观变化。如刚毕业的学生大部分希望进名企,做白领,获得高收入。因为成家、购房都需要经济支撑。随着工作十几年后,当有了一定经济基础之后,不少人就意识到:赚钱不能成为首要目标,还需要平衡工作、健康和家庭等的关系。同时,在当前这个日益异质化、开放化的社会里,多元文化的价值体系也对传统价值体系造成影响。个体在这样一个变化的时代,其价值观处于模糊与波动之间,因此明确自身的价值追求是非常重要的。个体越清楚自己的价值观,就越了解自己在工作和生活中想要追求什么、什么对自己重要,那么他的生涯发展目标也就越清晰。而价值观不清晰的人,往往会陷入混乱中,难以抉择。

## 二、真实价值观澄清

每个人都有自己特有的价值观,生活中一些与自己关系密切的人,如父母、师长、同学等,以及自己所崇拜的英雄、偶像等,他们都会对自己的价值观产生影响。在职业生涯规划过程中,真实的价值观的澄清不是去评判价值观的对与错,而是去探索自己的价值观追求是什么,以及不同的价值观追求对自己产生什么样的影响。同时,还必须对自己一系列价值观进行排序,清楚哪个价值观是最为重要的,这样当有冲突时,才可以进行明确地选择与放弃。

路易斯·拉思斯(Louis Raths)等学者指出一种"价值观"需要具备以下基本要素:

**1. 选择**

它是你自由选择的,没有来自任何人或任何方面的压力吗?

它是从众多的价值观中挑选出来的吗?

它是在思考了所做选择的结果后被选出来的吗?

**2. 珍视**

你是否珍爱你的价值观,或者为你的选择感到自豪?

你是否愿意公开向其他人承认你的价值观?

**3. 行动**

你的行动是否与选择的价值观一致?

你是否始终如一地根据你的感受和信念来行动?

对这些问题的回答过程称为价值观澄清。价值观澄清需要时间和精力,这一过程中的问题是开放的,没有对错之分。因为价值观是高度个体化的,个体化的价值观所组成的整个感受、信念、行为的连续体都是有价值的。当我们按照符合自己健康发展要求的真实价值观行动时,会感觉到很大的满足。

## 课堂活动

### 生涯价值观问卷

在下列每一组的项目中，根据你选择职业或工作会考虑的重要性，在右边的栏中填入 1~5 的数字。（最不重要 1，最重要 5）

A

| | | |
|---|---|---|
| 我很快能赚大钱。 | | ★ |
| 即使占用我个人的时间，我也愿意做这份工作 | | ● |
| 我将为一家好公司及一位好老板工作 | | ■ |
| 我的工作对别人而言，将会有帮助 | | ◆ |
| 我能以自己的步调，做我自己的工作 | | ▲ |

B

| | | |
|---|---|---|
| 我会盼望每天去上班 | | ★ |
| 我会知道我该做什么，并且做得很轻松 | | ● |
| 我会在我的工作岗位，成为一位真正的专家 | | ■ |
| 我不会被占用太多时间 | | ◆ |
| 如果认真工作，我可以获得加薪 | | ▲ |

C

| | | |
|---|---|---|
| 我可以在一家非常大的公司里获得一个固定的职位 | | ★ |
| 我可以看见自己工作的成果 | | ● |
| 我工作时，不会有来自任何人的干扰 | | ■ |
| 如果我认真工作，我能够晋升到高薪的职位 | | ◆ |
| 即使我这份工作的薪水不是很高，我还是会做，因为我喜欢 | | ▲ |

D

| | | |
|---|---|---|
| 如果我工作做得完美，我会获得赞赏和认同 | | ★ |
| 我可以当自己的主人 | | ● |
| 我会变得富有 | | ■ |
| 我大部分的时间可以做有趣的事 | | ◆ |
| 我有一笔优厚的退休金 | | ▲ |

E

| | | |
|---|---|---|
| 每一天我都可以决定自己要做什么 | | ★ |
| 我做额外的工作,可以获得额外的报酬 | | ● |
| 我可以做我最想做的事 | | ■ |
| 我会拥有良好的工作环境及公平、公正的雇主 | | ◆ |
| 我会觉得把工作做得愈来愈好是一种挑战 | | ▲ |

F

| | | |
|---|---|---|
| 如果薪水高,我不喜欢的工作也会去做 | | ★ |
| 我的工作对我而言会是一种嗜好 | | ● |
| 我会受到完善的入职前训练 | | ■ |
| 我会在我的工作方面,成为杰出的权威 | | ◆ |
| 工作时,我可以自由地来来去去 | | ▲ |

G

| | | |
|---|---|---|
| 工作的兴趣会让我忘记了时间 | | ★ |
| 我不可能成为一名冗员 | | ● |
| 许多人会看到我工作的成果 | | ■ |
| 我可以自己决定工作的内容和进度 | | ◆ |
| 我可以享有高消费水准 | | ▲ |

H

| | | |
|---|---|---|
| 不管是生病还是发生意外,我都可以获得补助 | | ★ |
| 我可以充分发挥自己的天赋 | | ● |
| 我可以自己决定每天该做的工作量 | | ■ |
| 如果加班,我的薪水可以增加 | | ◆ |
| 在这公司里,我可以调职至其他有趣的部门 | | ▲ |

I

| | | |
|---|---|---|
| 我的工作对国家而言是宝贵的 | | ★ |
| 我可以自行决定与谁一起工作 | | ● |
| 这家公司的利润,我可以分红 | | ■ |
| 我会遇见与我兴趣类似的人 | | ◆ |
| 我的工作中不需要克服任何困难 | | ▲ |

J

| 我工作的成效受到应有的评价,但不会受到监督 | | ★ |
|---|---|---|
| 工作杰出时,可获得奖金 | | ● |
| 这份工作不会令人厌烦或只是例行公事 | | ■ |
| 我会相信同事之间的友谊 | | ◆ |
| 我会升到一个令人尊敬的职位 | | ▲ |

【计分】

1.将你每一组所写的数字填入下面框里。数字必须与每一框的图形相配合。如▲中的数字填入▲的框里。

2.将每一列的数字相加,结果填在后面总和那一栏里。

3.总和最高分的为第一名,次高分为第二名,以此类推。

4.排第一名的是你认为你的工作生涯最重要的事。

| A | B | C | D | E | F | G | H | I | J | 总和 | 排名 |
|---|---|---|---|---|---|---|---|---|---|---|---|
| ★ | ▲ | ◆ | ■ | ● | ★ | ▲ | ◆ | ■ | ● | | M |
| ● | ★ | ▲ | ◆ | ■ | ● | ★ | ▲ | ◆ | ■ | | I |
| ■ | ● | ★ | ▲ | ◆ | ■ | ● | ★ | ▲ | ◆ | | S |
| ◆ | ■ | ● | ★ | ▲ | ◆ | ■ | ● | ★ | ▲ | | R |
| ▲ | ◆ | ■ | ● | ★ | ▲ | ◆ | ■ | ● | ★ | | A |

【解释】

M 金钱:从事工作时,你优先考虑的是金钱,这是最重要的因素。

I 兴趣:从事工作时,你优先考虑的是兴趣。

S 稳定:从事工作时,你优先考虑的是工作及未来的稳定。

R 自豪:你要一份能够充分发挥你能力的工作。

A 独立:你要一份能给予最充分独立自主的工作。

※讨论、分享彼此的看法:＿＿＿＿＿＿＿＿＿＿＿＿＿＿＿＿＿＿＿＿＿

※我最重视的生涯价值是:＿＿＿＿＿＿＿＿＿＿＿＿＿＿＿＿＿

因为 ＿＿＿＿＿＿＿＿＿＿＿＿＿＿＿＿＿＿＿＿＿＿＿＿＿＿＿＿

※我最不重视的生涯价值是:＿＿＿＿＿＿＿＿＿＿＿＿＿＿＿＿＿

因为 ＿＿＿＿＿＿＿＿＿＿＿＿＿＿＿＿＿＿＿＿＿＿＿＿＿＿＿＿

### 课后练习

根据"课堂活动"的生涯价值观测试,澄清自己真实的价值观。

### 推荐阅读

(美)施恩著,北森测评网译,《职业锚》,中国财经出版社。

# 第七讲
## 社会需要什么？——工作环境探索

命运不是一个机会，而是一个选择。

——威廉·詹宁斯·布赖恩

## 学习目标

通过本章的学习，了解大学毕业生的三大去向，明确自己的选择；理解社会环境和职业环境探索的重要性；掌握产业、行业、职业、企业、职位信息探索和评估的内容和方法；掌握 SWOT 分析法；掌握外部环境信息探索的内容与方法，为明确就业方向和目标、制订切实可行的职业发展计划奠定基础。

## 趣味探索

### 知己知彼　成功起步

先写下自已的三个目标职业或与你专业相关的工作，然后通过与专业老师、亲戚朋友、业界人士交谈，或者参与社会实践、实习与兼职，又或者阅读网络材料等渠道了解就业信息，见表 7-1。

表 7-1　　　　　　　　　　　　目标职业的 PLACE 信息

| 目标职业 | 职位 Position | 地点 Location | 晋升机会和工作保障 Advancement | 雇佣条件 Condition | 入门要求 Entry |
|---|---|---|---|---|---|
| 1 | | | | | |
| 2 | | | | | |
| 3 | | | | | |

## 开篇案例

天津卫视《非你莫属》是一档现场招聘类节目。一次，来了位应届毕业生，叫××。主持人问他有什么才艺，他说："我是个公交迷，对北京市的公交、地铁线路都有一些研究。"主持人来了兴趣，现场考他："从国贸到旧鼓楼大街该怎么乘车？"他不假思索地回答："在国贸坐 1 路汽车，到天安门东，换乘 82 路，就可以到达。"主持人再问："那从国贸出发，到营慧寺呢？"他同样不假思索地回答："先坐地铁一号线，坐到五棵松站下车，然后再换乘运通 113 路就能到达。"

他的回答把台上十二位老板的情绪都调动了起来,他们开始争先恐后地向他提问。他有问必答,不但准确无误地按顺序报了一大堆地铁站的名字,而且还给一对情侣设计了一个北京一日游的路线。老总们不仅不约而同地向他发出了热情的邀请,甚至在现场因人设岗,给他非常好的职位和待遇,只为留住这个人才。最终,他选择了一家自己感兴趣的公司,这家公司给他的薪水也比较高。

现实中,很多应届毕业生因为缺少工作经验,在职场上缺乏竞争力,很多企业也因此不招应届毕业生。然而,作为一名应届毕业生,××却因为他对公交系统的这种着迷,而受到了用人单位的青睐。社会到底需要什么样的人才?大学在校生应该为此准备什么?

## 一、确定毕业去向

不管你如何度过自己的大学四年,时间都不会等你。当你临近毕业的那一天,你站在人生的十字路口上,你会有以下几个选择:继续深造、直接就业或选择创业。当然,你也可能暂时没找到工作,或者暂时不想就业,从而选择延缓就业或回家"啃老"。

表 7-2 中列出了大学生毕业后的三大去向及其具体选择。在毕业之前,必须对毕业去向有个大体的了解,这是做好就业准备的前提条件。每个学生都必须根据自我探索的结论,并综合考虑社会形势、家庭需求、专业发展等因素,选择最适合自己的去向,并有针对性地进行准备。这样才能有效地利用求学时间,让自己的大学生活更有效率,以便有助于实现自己的目标与理想。

表 7-2                         大学生的毕业去向

| 序号 | 毕业去向 | | 具体选择 |
|---|---|---|---|
| 1 | 继续深造 | 读研 | 考研、保研 |
| | | 留学 | 欧美、日韩、澳洲、港澳台、东南亚或其他 |
| 2 | 直接就业 | 自主性就业 | 考公务员、事业单位就业、国有企业就业、外资企业就业、民营企业就业 |
| | | 政策性就业 | 到西部或基层工作、选调生、三支一扶、大学生村官、参军、带薪见习 |
| 3 | 选择创业 | 个人创业 | 个人创办研发型、服务型、生产型或商业型企业 |
| | | 合作创业 | 合作创办研发型、服务型、生产型或商业型企业 |

### (一)继续深造

#### 1.读研

2011 年,报名参加研究生入学考试的人数再创新高,达到了 151 万人。读研究生是部分本科毕业生的主要选择之一,而且在当前就业压力下,会有越来越多的大学生选择考研。在某些学校或某些专业中,考研似乎已经成了必然的选择。

选择走这条道路的同学,必须端正自己的考研动机。想继续深造是值得鼓励的,但很多学生选择考研是因为不想就业。道路到底是会越走越宽还是越走越窄,考研是更有利于就业还是会面临更大的困难?关键还是要想清楚自己以后要做什么,而实现这一目标考研是不是必经的道路。

相反地，有很多学生却因为担心自己考不上，而放弃考研的机会。要是你真的觉得自己的学校和学历缺乏竞争力，觉得自己想要学习更多的理论知识，觉得自己想从事其他更适合自己的专业，那就考研吧，你不应该放弃一个改变自己的机会。

最后，你需要从尽可能多的渠道中去了解你所要报考的学校和专业的信息，重要的是去了解研究生的学习和生活，以及所报考专业的就业前景、工作性质、薪酬待遇等，确定这是否是自己想要的和是否更容易达成自己的目标。然后要留意考研信息，并拟定和执行考研计划，考研能否成功，关键是看你能否坚持到底。

**2. 留学**

随着我国经济的高速发展，国民收入大幅度增加，留学也成为近年来较多学生的选择。未来中国的发展必将更为开放，作为未来社会骨干力量的大学生应该具有国际视野，留学是大学生谋求竞争优势的重要途径。加之中国人当前的心态，出国留学已成为很多条件较好的家庭的必然选择。

当然，不一定要出国才有发展。"海龟"（海外留学归国人员）成了"海带"（海外留学归国人员待就业），这曾一度是社会热议的现象。首先，很多专业并不一定要出国留学才能继续深造，国内这些专业一样很优秀。其次，很多学生并不太适合国外的生活，也无法承担独立学习的压力。第三，国际视野固然重要，但具有本土优势同样重要。

出国留学切忌跟风，很多家长甚至为了攀比，而不顾学生实际情况，坚持将学生送往国外留学。首先，必须要确定的是现在或毕业后出国留学是否合适，考虑的问题包括未来目标、个性特征和家庭经济状况等。其次，出国去学些什么？提高外语水平、增加人生历练、培养先进理念，还是其他的什么目的。第三，如果确定要出国，剩下的就是准备考取外语资格证、出国材料、生活资金等。第四，很多学校有一些与国外学校合作办学或出国实习的项目，通过这些项目较容易实现出国留学的目标，当然你也可以选择工作几年后靠自己的力量和公司的资源出国深造。

**（二）直接就业**

**1. 自主性就业**

自主性就业是指大学生主动就业的行为，包括考公务员和去不同类型的企业就业等。考公务员是近几年来最热门的就业选择之一。2011年我国公务员考试达到了历史高位，共有141万人报名，很多职位都有几千人在竞争。当前，公务员或事业单位被社会很多人认为是"铁饭碗"，很多家长无论如何都要求孩子一定要去考。公务员真的是"铁饭碗"吗？公务系统的工作真的都是"福利好又工作轻松"的吗？这其中存在很多认识上的偏差。

去企业工作，首先面临的是企业类型的差异。国有企业、外资企业、民营企业的企业性质和文化都不同，工作压力、人际关系、发展道路、薪酬待遇等方面均有较大的差别。还有企业规模的差异，是大公司比较好，还是小企业比较好？这其中的抉择仍然要依据自己的个性特征和职业发展目标而定，只要是合适的，都能走出一条成功的职业发展道路。

"睡觉睡到自然醒、数钱数到手抽筋"的工作仍然在职场的某些角落中存在，但这样的工作毕竟是极少数，而且难以实现个人的自我与社会价值。如果你有一天碰到这样或类似的工作，每天都在"熬下班"，你将会体会到自我实现需求的满足是多么重要。你逃避不了就业，那为何不好好选择它，更何况工作是一个人一生中花费时间和精力最多的一项活动，你的大部分成就感和满足感都来源于工作。因此，选择适合自己的目标职业，并为此做好准备，就能为幸福人生的实现奠定基础。

**2. 政策性就业**

政策性就业是指国家为缓解大学生就业难而采取的一些鼓励或帮助大学生取得岗位的就业形式，如当村官、去西部、三支一扶、参军、基层就业以及到科研院所见习等。要注意的是，政策性就业是有一定的报名条件限制的，并且要通过一定的选拔程序。而且，这些去向一般不是大学生的终身职业，而是阶段性的毕业去向，如村官满三年后，参军两年后，大都要重新选择出路。而且，这些就业去向基本上没有优厚的福利待遇，也缺乏专业技能的培养，更无法保证一个理想的未来等，这些问题都需要学生事先有心理准备。

### （三）选择创业

创业可分为个人创业和合作创业两种。近几年来，国家出台了一系列鼓励大学生创业的政策，全国高校的创业教育也掀起了一个新的高潮。越来越多的学生选择了毕业后直接创业。

有些大学生选择创业，是为了逃避为人打工的不自由，或为了更快地获得财务自由。其实，自由是相对的，创办一个企业的辛苦是常人难以想象的。虽说赚的每分钱都是创业者自己的，但经营的压力也是常人难以承受的。所以，很多人在创业，也有很多人倒在创业的道路上。有些家庭可能会无条件、无限制地供应孩子无数次创业的资金，这可能会因此而免去了后顾之忧，但有责任感的创业者反而会因此而倍感压力。

很多人都有创业的梦想，但你首先必须思考的一个问题是：你是否适合创业？如果你不适合，但又想创业，那又该选择什么样的创业道路？"创业，看上去很美"，你不能只看到成功企业家光鲜亮丽的一面，而看不到其艰辛奋斗的一面。创业的道路很辛苦，你可能要为此付出长时间的努力、牺牲与亲友相聚的时间、承受经营压力和人情冷暖，更可能要经历很多次的失败，这些你都准备好了吗？

## 二、社会环境探索

明确了毕业去向后，还必须搜集更多的外部环境信息，这样才能进一步确定自己选择的目标是否适合自己、是否有前景与困难程度如何，只有获得更多如何实现目标的信息，才能够拟定科学有效的职业发展计划。

### （一）经济环境探索

经济环境对个人的职业生涯发展将会产生直接的影响。当经济发展非常景气时，百业兴旺、薪资提升，就业与职业发展的机会就会大增，反之，会使人的职业发展受阻。由美国2007年下半年的次贷危机所引发的全球性的金融危机对全球企业发展与就业状况产生了深远的影响，中国东南沿海外向型经济较为突出的地区也受到重创，曾掀起民工返乡潮，这都说明了经济环境对职业发展有直接的影响。2009年，很多大学生在求职时也感受到了金融危机下的艰难。

对经济环境的了解可以通过以下几个方面获得：经济改革状况；经济发展速度；通货膨胀率；经济建设状况；国际贸易状况等。目前，中国总体经济形势仍被广泛看好。但从短期来看，由于产业结构调整等问题以及突发性社会事件日益增多的问题，失业有可能增长。另一方面，中国现在每年仅进入市场的大学毕业生就超过了 600 万，再加上经济增长速度的下降，这将会带来一定程度的就业困难。

从长期趋势来看，为了努力避免社会的不稳定性，中国政府势必努力维持一定的发展速度。和十年前相比，中国政府的财政实力和金融实力已大大加强，即使出口的外部需求疲软，中国政府也完全有体制上和经济实力上的能力，来保证每年一定的增长目标。另外，中国还正处于城镇化过程的中期，还有几亿人口会在未来十年内从农村移往城市，还有大量的基础设施投资需求在推动中国经济规模的进一步扩张。

中国整体经济在短、中长期的发展将会对大学生求职和职业发展带来哪些影响，哪些因素可能是正面的影响，哪些是负面的影响？在整体经济环境下，有哪些因素与你专业或目标职业紧密相关，试着做出评估。而在经济形势不好的情况下，你将采取哪些措施来增强求职竞争能力或者为了转换思路做出哪些调整？另外，你可能还需要对全球经济形势及其变化趋势做出一定的研究和评估，经济全球化对大学生求职与职业发展的影响是显而易见的。

### （二）社会文化环境探索

#### 1. 政策法规分析

政策法规环境主要是指一个国家或地区的法律、法规、方针政策、经济管理体制、人才培养开发政策、人才流动方面的有关规定等。如政府有关人员招聘、工时制、最低工资的强制性规定、现行的户籍制度、住房制度、人事制度和社会保障制度等，这些因素都会对职业的选择和发展产生重要的影响。

另外，关注国家重大政策走向和社会发展潮流，将为我们的职业选择提供重要依据。如近年来，中央多次提到了环保问题，温家宝总理三次亲自修改环保改革方案，环保法有望上升为国家基本法，国家也正在考虑将环保局升格为环境保护部，"低碳经济"成为2010 年政协提案的关键词等，这些事件都表明以前相对冷门的环保行业可能成为未来的热门行业。

国家对相关行业的规定同样重要，政府会根据国家宏观经济与社会发展状况对一些行业制定法规、政策与标准，对某些行业实施鼓励和扶持政策，而限制另外一些行业的发展，缩小其规模等。如近年来国家对文化、旅游产业的大力扶持将带动这些产业大规模增长，由此带来对这些专业人才的大量需求。此外，还必须关注国际国内重大事件，如2008 年北京奥运会的成功举办给北京的建筑业、旅游业和服务业都提供了较大的发展空间和较多的就业机会。

对于即将毕业的大学生而言，有必要研究相关就业政策，包括国家对定向生、委培生、结业生、肄业生、第二学位毕业生、师范类毕业生、父母支边的毕业生等的不同政策；对报考公务员、选调生、到军队工作、基层就业、创业、报考研究生、出国留学等的不同规定；有关派遣和接收的规定；就业、报到、落户、档案转递、党团关系转递等就业相关程序。

**2. 知识经济与信息时代的到来**

知识经济从内涵来看是经济增长直接依赖于知识和信息的生产、传播和使用，它以高技术产业为第一产业支柱，以智力资源为首要依托，是可持续发展的经济。知识经济正在给中国的经济发展与社会发展注入更大的活力、带来更好的机遇。要想占领未来职场，掌握高新知识、习得创意方法将会成为现代大学生就业和职业发展的竞争力来源。

在知识经济兴起的同时，计算机的逐步普及，把信息对整个社会的影响逐步提高到一种绝对重要的地位。信息量、信息传播的速度、信息处理的速度以及应用信息的程度等都以几何级数的方式增长，人类进入了信息时代。在这样的时代，掌握知识与计算机技能，学会处理大量信息并能够迅速做出应变无疑是大学生适应这个社会和提高职场竞争力的重要保障。

**3. 就业观念的变化**

大学生的就业观念在这几年发生了较大的改变，你的父辈与你在就业与职业发展上有很多不同的看法。现阶段大学生的择业观发生了较大的变化，表现在以下几个方面：①在择业标准方面，看重发展前景、施展才干机会、薪酬福利和工作环境；②在就业认识上，逐渐打破机关、事业、企业和国有、集体、个私单位之间的等级观念，"创业也是就业"成为普遍接受的观念；③在择业意向上，由"重工轻商"转变为"工商并重"，往日不被看好的服务行业逐渐成为择业的热门；④在职业评价上，政治色彩更加淡化，而是向往适合自己兴趣的职业，把物质需求与精神追求结合起来；⑤在就业地点与父母所在地的距离上，对父母和他人的依赖心理淡化；⑥勇于创业，由被动就业向自主创业转变。

**4. 社会价值观的转变**

一个人思想发展的过程，在一定程度上其实就是认可、接受社会价值观念的过程。社会价值观念正是通过影响个人价值观而影响个人的职业选择。如美国公民普遍喜欢市场的契约制度，崇尚职业的新奇性和变换性，因此流动率较高。而日本公民喜欢终身雇佣制，人们追求工作的安全感和稳定性，流动率较低。

在价值选择和评价上，人们的主体意识明显加强了，追求和取向日趋多样化了，个人的价值取舍也不再盲目听从别人的安排。当今的中国社会面临着传统与现代、落后与先进、东方与西方、旧的与新的等一系列尖锐的矛盾和冲突，无论在中国宏观背景上，还是在个体的精神世界中，都同时存在着中国传统的价值观念，以及在改革开放实践中形成的新价值观念等多种价值观念。社会价值观念的变化会影响人们对职业的看法，有些职业可能现在不被人们所接受，但在未来的发展空间却很大，一些新奇行业的出现对传统社会价值观念提出了挑战。

**5. 文化环境探索**

文化环境包括教育条件和水平、社会文化设施等。社会文化是影响人们行为、欲望的基本因素。在良好的社会文化环境中，个人能受到良好的教育和熏陶，从而为职业发展打下更好的基础。中国社会整体教育水平逐年增高，大学生就业的竞争性加大了。

我国从20世纪90年代后期开始大幅度地进行高等教育扩招，全国教育事业发展统计公报显示，高等教育招生数和在校生规模持续增加。一方面是文化教育的提高和高校教育的扩招,另一方面是大学生就业形势的日趋严峻。每年新增加劳动力是 1000 万,大学生就占了一半。目前,我国高等教育已经步入了大众化时代,新一轮的教育改革也正在酝酿,大学生就业压力逐年增大,就业前景越来越不被公众看好。

### (三)大学生就业形势分析

#### 1. 全国劳动力市场状况

我国是一个劳动力大国,近几年的劳动力市场一直处于供大于求的局面。据国家统计局发布的 2010 年第六次人口普查提供的数据显示,我国现有的劳动力总数已经达到 9.2 亿人,比 2000 年多出了 1 亿人。而且在 2020 年之前,将持续拥有 9 亿多人的就业大军。

2011 年,我国高校毕业生为 630 万人,今后几年我国每年的大学毕业生将超过 600 万人。另外,每年还有 2000 余万农村剩余劳动力进城务工。我国"十二五规划"期间,GDP 的平均增长率保持在 7% 左右,可提供劳动岗位 4500 万个,平均每年 900 万个,就业岗位不足是个不争的事实,就业问题将日渐凸显。

#### 2. 当前大学生总体就业现状

随着高等教育的大众化,我国高校毕业生达到了总量和增量的高峰。一方面大学毕业生人数不断增加,另一方面是我国经济发展能够新增的就业岗位有限,因此大学生的就业压力还是比较大。表 7-3 是 2001—2010 年我国高校毕业生人数及就业情况统计。由表看出,2010 年我国大学毕业生就业率为 72%,就业形势依然严峻。

表 7-3　　　　2001—2010 年我国高校毕业生人数及就业情况统计表

| 年份 | 毕业生人数(万人) | 毕业生人数增长率(%) | 就业人数(万人) | 毕业生就业率(%) |
|---|---|---|---|---|
| 2001 | 110 | 9.48 | 77.3 | 70 |
| 2002 | 142 | 28.4 | 99.4 | 80 |
| 2003 | 212 | 49.63 | 176.1 | 83 |
| 2004 | 280 | 31.95 | 235.2 | 84 |
| 2005 | 338 | 20.71 | 287.3 | 85 |
| 2006 | 413 | 22.19 | 297 | 72 |
| 2007 | 495 | 19.85 | 351 | 71 |
| 2008 | 559 | 12.9 | 363.3 | 65 |
| 2009 | 611 | 9.3 | 415 | 68 |
| 2010 | 630 | 3.1 | 455.6 | 72 |

大学生就业难,有很大的原因是源于我国社会经济发展转型而引起的结构性矛盾,这在短期内无法完全克服。另外,高校培养的大学生同质化倾向严重,难以适应快速发展的社会现实需要。所以,一方面是部分地区和企业遭遇"用工荒",另一方面却是高校毕业生面临"就业难"。

#### 3. "十二五"规划带来的机遇与挑战

我们所处的时代正值国民经济发展的"十二五"规划期间,国家建设给大学生们提供了无限的机会和发展空间。因此,大学生们应该从国家的发展规划中去找到自己的位置和机会,努力投身到祖国的建设大潮中去。

"十二五规划"期间，我国将促进区域协调发展和城镇化健康发展。如推进新一轮西部大开发，全面振兴东北老工业基地，大力促进中部地区崛起，积极支持东部地区率先发展，加大对革命老区、民族地区、边疆地区和贫困地区的扶持力度等。从国家区域性经济布局中，各地大学生可以找到自己的定位，改变过去单一向"北上广"聚集的局面。一方面，大学生可以积极响应国家号召，去西部、农村工作；另一方面，大学生可以更理智地选择就业地区，回家乡工作或去二三线城市发展更容易实现自我价值和保障生活品质。

"十二五规划"期间，我国也将加大产业结构调整力度。农业基础进一步巩固，工业结构继续优化，战略性新兴产业发展取得突破，服务业产值增加值占国内生产总值的比重提高了4个百分点。这些政策给我们描绘了国家发展的方向，预示着产业、区域的发展规模和速度，各个专业的大学生应审时度势，抓住机遇，适时改变，实现充分就业。

**4. 相关行业或专业的就业形势**

不管社会形势和国家政策如何，不同行业或专业的就业形势仍存在差异。为了获得职业目标定位与发展计划拟定更具体和充分的信息，大学生必须加强对目标行业和专业的信息探索。

大学生之所以与其他社会求职者不同，是因为他们掌握了一定的专业知识和技能，所以，如果能够在自己的专业领域内就业，就比较容易获得更好的就业机会和发展平台。大学生可以通过各种渠道去了解目标职业和专业的信息，如与本专业的老师和学长进行访谈，在公司网站或人才网上搜寻相关信息，通过已经就业的亲戚朋友了解相关工作等，这对他们做出就业选择有很大的帮助。

## 三、职业环境探索

了解了社会、经济、政策等外部环境及其对大学生就业形势的影响之后，我们还需要了解更为具体的产业、行业和职业信息，这样才能更有针对性地选择目标，也才能更有效地拟定大学学习计划和职业生涯开发方案。

### （一）宏观职业环境探索

**1. 产业探索**

（1）产业分类

产业主要指经济社会的物质生产部门。一般而言，每个部门都专门生产和制造某种独立的产品，由多个相对独立、业务性质一致的行业组成。如农业、工业、交通运输业等。

我国的产业划分经历了几次变更，根据2002年最新的划分方法，我国的三大产业分别是：第一产业指农业，包括种植业、林业、牧业和渔业。第二产业指工业和建筑业，工业具体包括采掘业、制造业、电力、煤气、水的生产和供应业。第三产业指除第一、第二产业以外的其他行业。

根据我国的实际情况，第三产业包括流通部门和服务部门，具体可再划分为四个层次：第一层次为流通部门，包括交通运输、邮电通信、商业、饮食、物资供销和仓储等行业；第二层次为生产和生活服务的部门，包括金融、保险、地质普查、房地产、公用事业、居民服务、旅游、咨询信息服务和各类技术服务等行业；第三层次为提高科学文化水平和居民素质服务的部门,包括教育、文化、广播、电视、科学研究、卫生、体育和社会福利等行业;第四层次为社会公共需要服务的部门,包括国家机关、政党机关、社会团体以及军队和警察等行业。

(2)产业结构

产业结构是各产业在其经济活动过程中形成的技术经济联系,以及由此表现出来的一些比例关系。进入 21 世纪以来,我国产业结构持续优化,第一产业增长相对缓慢,第二产业增长快速,第三产业突破了以商贸、餐饮为主的单一发展格局,加速了金融、保险、研发、咨询等行业的发展。但是,无论是从静态还是动态的角度来分析,我国现阶段的产业结构仍然存在许多问题,如过分依赖农业和服务业。

产业结构调整是我国"十二五"规划的重点内容。国家在农业领域的调整,将给生物、动物医学、建筑、水电、物流、电子商务、环保、交通等专业的大学生带来无限的发展机遇。在工业领域的调整将给机械、制造、汽车、纺织、包装、石油化工、电子信息、船舶制造等专业的大学生提供广泛的发展机会。

值得重视的是在第三产业的调整。目前,第三产业增加值占 GDP 的比重,世界平均水平是 50%左右,发达国家是 60%~70%,发展中国家平均水平在 40%以上,我国是第三产业占 GDP 比重过低的为数不多的国家之一。现阶段,在各级政府的鼓励和支持下,未来第三产业将在就业中发挥主渠道的作用。

三个产业吸纳劳动力的数量变动和产业结构的变动趋势是基本一致的。我国第一产业的劳动力占总劳动力的比重自改革开放以来就不断下降,从 1978 年超过 70%下降到 2005 年不足 50%;与之相对的,第二产业和第三产业的就业人员有所提升,分别从 1978 年的 17.3%和 12.2%提升到 2005 年的 23.8%和 31.4%。

**2. 行业探索**

(1)行业分类

一个产业可以包含许多行业。行业是根据生产单位所生产的物质或提供的服务的不同而划分的,它表示就业者所在单位的性质。中国的行业结构主要按企、事业单位和机关团体以及个体从业人员所从事的生产或其他社会经济活动的性质来确定。

2006 年,国家统计局将我国国民经济行业分为以下标准门类:①农林牧渔业;②采矿业;③制造业;④电子、燃气及水的生产和供应业;⑤建筑业;⑥交通运输、仓储和邮政业;⑦信息传输、计算机服务和软件业;⑧批发和零售业;⑨住宿和餐饮业;⑩金融业;⑪房地产业;⑫租赁和商务服务业;⑬科学研究、技术服务和地质勘查业;⑭水利、环境和公共设施管理业;⑮居民服务和其他服务业;⑯教育;⑰卫生、社会保障和社会福利业;⑱文化、体育和娱乐业;⑲公共管理与社会组织;⑳国际组织。

(2)行业发展趋势

了解行业发展趋势对选择毕业去向有十分重要的意义。大学生应该根据自己所学专业类别对目标行业及其发展趋势进行信息探索,可以从国家、主管部门或行业协会制定的行业发展纲要和相关政策中去了解。如 IT 行业、通信行业的发展可以从国家相关部门的发展规划中得到信息,文化产业的发展可以从地方政府编制的"十二五专项发展规划"中得到信息。

行业是否景气与热门将对大学生求职就业产生重要影响。据有关专家预测,未来中国热门行业中技能化、复合型实践人才将走俏。信息技术与互联网行业、电子行业、建筑业、快速消费品、耐用消费品五大行业将是就业市场的热门行业。机械专业、电子类专业、医药、建筑工程等贴近百姓生活的专业也将受青睐。今年,新型现代服务产业将吸纳大批人才。另外,传统的商业流通行业在经济复苏的刺激下也将迎来快速发展的春天,这方面的热门行业有快速消费品行业、耐用消费品行业、贸易行业、零售批发行业等。

从中国人民大学大学生就业研究所的调查结果来看,新的形势下具有热门就业岗位需求、正在获得迅速发展的产业依次是:①信息产业,包括计算机硬件和软件业、通信器械生产业、通信服务业、网络服务业及其他信息技术业等。②经贸行业,包括国内贸易业、对外贸易业、物流业、广告业以及各类经济服务业(如经济信息、技术市场、管理咨询、会展等)。③现代生活产品制造业,包括汽车、家用电器、时装服饰、家具、工艺美术收藏品等各种现代生活用品的制造业。④建设行业,包括居民住宅业、大型设施建筑业、房地产开发业、建筑装饰行业、绿化园林事业等。⑤基础产业,包括钢铁、材料、能源、化工、城市公共事业等。⑥金融业,包括银行、证券、保险三大行业,并进一步扩大到风险投资、资本运作、金融理财等领域。⑦教育产业,包括幼儿学前教育、正规学校教育、职业资格教育与就业技能培训、在职培训、继续教育、远程教育、网上学校等。⑧社会服务业,包括各类社会生活与民事服务、社区服务业、物业管理、法律服务等。⑨医药行业,包括医疗卫生业、生物工程、制药业与保健品生产业等。⑩健康产业,包括保健行业、体育行业以及心理咨询行业等。

除此之外,目前正获得迅速发展的产业还包括:①文化与生活休闲业(包括出版业、大众传播业、旅游业、餐饮业、宾馆业、娱乐业等);②老年产业(其主要发展方向包括老年用品制造、老年生活服务、老年医疗、托老所、老年教育、老年休闲等诸多领域);③环境行业(包括环境保护行业、资源再利用行业、节能行业、新材料与新能源业,例如太阳能、"绿色"材料、替代资源的人造材料等);④科学技术业(包括自然科学、人文社会科学的各科学领域的基础理论研究、信息技术、生物技术、生命科学技术、航天技术、海洋工程、核利用技术等各技术领域的研究开发。高新技术产业是科学技术业发展的灵魂);⑤社会管理业(主要指政府机构以及相关的公共服务和社会工作);⑥知识产业(除了上述教育、信息、文化、科技业外,专门从事知识的生产、搜集和管理的部门,以及进行专门知识的训练,如人工智能训练、国际关系训练、精神护理训练,对知识、信息进行加工的部门,构成需求旺盛的知识产业)。

**3. 职业探索**

（1）职业分类

社会分工是职业分类的依据。在分工体系的每一个环节上，劳动对象、劳动工具以及劳动的形式都各有特殊性，这种特殊性决定了各种职业之间的区别。对应于不同的个性特征类型，适合于每一个人的职业类型是不同的。

职业分类依据标准不同、国情不同，类型也不同。最为大家所熟知的分类是按脑力劳动和体力劳动的性质、层次进行分类。这种分类方法把工作人员划分为白领工作人员和蓝领工作人员两大类。这种分类方法体现了职业的等级性，特别是在受"劳心者治人，劳力者治于人"的儒家思想影响下的中国表现得特别明显。但社会在发展，现在很多蓝领工作的薪酬待遇已远超过部分白领工作。

根据《中华人民共和国职业分类大典》，我国职业归为8个大类、66个中类、413个小类和1838个细类。8个大类分别是：第一大类是国家机关、党群组织、企业、事业单位负责人；第二大类是专业技术人员；第三大类是办事人员和有关人员；第四大类是商业、服务业人员；第五大类是农、林、牧、渔、水利业生产人员；第六大类是生产、运输设备操作人员及有关人员；第七大类是军人；第八大类是不便分类的其他从业人员。每一种分类方法，对其职业的特定性都有明确的解释，这对我们更好地掌握某一职业的特点、选择适合自身的职业有指导作用。

（2）职业发展趋势

随着社会的发展，我国职业发展呈现以下趋势：

①社会职业种类推陈出新

职业产生初期，种类极少，且发展缓慢。随着社会生产力的发展和科学技术的进步，社会分工越来越细，新的职业不断涌现，职业种类增加的速度也越来越快。如原始社会只有一种职业，即狩猎。封建社会初期（商朝），职业与行业是同一术语，只被分为王公（统治者）、士大夫（执行官）、百工（手工匠人）、商旅、农夫、妇功（纺织、编织的妇女）等，各种行业加起来，不过三四十种。到隋朝行业有100多种，宋朝达200多种，明朝增至300多种，人称"三百六十行"。建国后，各种职业总和已发展到10000余种。据有关资料介绍，在20世纪70年代，全世界职业种类已超过42000种。21世纪，在人身安全保障、健康保健、社会保险、环境保护、海洋开发、太空资源利用等领域，将形成许多新的职业。

②职业的专业性增强

随着科学技术的发展，职业的专业性越来越强，从业者必须具备一定的专业知识和能力。同时，职业与职业之间相互交叉延伸，职业种类向综合化、多元化方向发展，如在市场经济条件下，研究人员既是生产者、管理者，同时还可能是市场开拓者和经营者。疯狂英语创始人李阳，既是研究者、管理者，又是开拓者；五笔字型发明人王永民，既搞研究又搞管理，同时也做技术推广和市场开发。

③社会职业结构变迁速度递增

纵观人类社会的历史，产业结构和行业结构变迁速度逐渐加快。从农业革命到工业革命经历了数千年,从工业革命到20世纪新的产业革命只有200多年,而在这200多年时间里,新的行业不断涌现,且主次地位变化越来越快。如电子行业从产生发展到成为一个重要行业,只用了几十年时间。另外一个表现是,随着科学技术水平的提高,第三产业的职业数量迅速增加,就业人员也明显增多。我国目前第三产业从业人员较少,但发展潜力很大。

④职业活动内容不断更新

历史上,脑力劳动者远比体力劳动者少,随着科技、教育、文化事业的发展,脑力劳动者逐渐增多。同时,科学技术日新月异,职业活动内容也发生了很大变化,一些手工操作工作也越来越脑力化,如工程师搞设计,过去用图版、尺子、圆规、绘图笔等工具手工绘制图纸,而如今用电脑CAD技术绘制,省时省力、准确高效。

⑤职业流动成为社会发展趋势

随着社会主义市场经济的发展,人们的就业观念也发生了深刻的变革,打破了一次就业定终身的"从一而终"的旧观念,职业流动成为人一生中的常事,从业者也从被动服从安排到主动适应社会需求。值得注意的是,正常的职业流动能够促进劳动者的全面发展,发挥专长,使潜能得到最大限度的发挥。

## (二)微观职业环境探索

### 1.企业单位探索

(1)企业单位探索的维度

作为求职者,一般要从哪些方面去分析和评价一个单位呢？虽然每个人价值取向和思路不一样,但评价一般从以下几个方面入手:组织规模和组织结构;组织文化、组织氛围和人际关系状况;组织发展战略和发展态势;组织政策和组织制度;组织人力资源开发与管理状况,如人力资源需求、晋升发展政策、薪资和福利、教育培训、工作评估等;工作设施设备条件和工作环境等。表7-4包括了大学生求职应该了解的主要因素。

表7-4 企业单位探索表

| 单位全称 | | 地理位置 | |
|---|---|---|---|
| 管理性特征 | 单位类型 | 事业、企业还是机关单位等 | |
| | 组织架构 | 单位的部门构成 | |
| | 组织文化 | 单位在发展过程中形成的共同价值观、行为准则等 | |
| | 人员结构 | 单位员工的性别结构、年龄结构、学历结构等 | |
| | 人员流动 | 单位人员流动率及造成人员流动的主要原因等 | |
| | 新手现状 | 单位新进员工的发展现状等 | |
| 发展性特征 | 所属主管部门及行业 | 单位的上级部门或主管部门、单位所属行业的背景 | |
| | 业务范围 | 从事的业务或服务 | |
| | 发展阶段 | 单位前身、成立时间等 | |
| | 发展规模 | 单位的员工人数、有无分公司、营业状况等 | |
| | 业内排行 | 单位在同行业内的地位 | |

（2）管理性因素探索

管理性因素是从静态角度去考察单位,对文化、结构、人力资源等因素的考察。一般来说,大学生需要关注两大方面:一是单位的整体情况,可以从组织结构、人力资源、组织文化等因素去了解,考虑自己在单位中的定位问题;二是单位的文化理念或经营风格,可以从单位类型、组织文化和人员流动等情况去考虑。不同类型单位的风格和理念不同,如企业单位的创新和竞争、事业单位的稳定与专业等。单位文化与风格没有好坏之分,关键是看是否适合自己,以求达到自身与单位协调一致。

①对单位类型的考察。单位类型通常分为企业、事业和机关政府单位。企业单位是指从事生产经营和社会服务等经济活动,具有法人资格、实行独立核算的盈利性组织,可以分为以下几类:国有企业、集体企业、乡镇企业、私营企业、三资企业、股份制企业等。事业单位是指不履行党政群机关职能、以非生产劳动为主、靠国家财政拨款为主要经济来源、不以营利为直接目的、以创造出来的物质和精神产品服务于整个社会的单位。事业单位按服务领域分为以下 13 类:科学研究事业单位、勘察设计事业单位、教育事业单位、文化艺术事业单位、新闻出版事业单位、体育事业单位、城市公用事业单位、农林水牧事业单位、社会福利事业单位、城市公用事业单位、综合服务事业单位、机关服务事业单位以及学会、协会等事业单位。机关单位泛指国家政党或团队为实现其职能而设立的负责指挥和控制行政活动的机构,主要包括中国共产党的各级机关、人民代表大会机关、政府机关、中国人民政治协商会议的机关、社会团体等。

②对组织结构的考察。组织结构是指单位根据不同任务的需要所设置的部门或机构。大学生了解组织架构,以便于了解单位未来的发展状况,明确自己想要从事的岗位在整体架构中的地位与作用。此外,由于每个单位组织架构有所不同,分管人事招聘的部门也有所不同,了解架构便于自己求职。组织结构也决定了组织所属岗位的分布情况,反映组织运行时的状态,如果组织结构制定合理,组织的管理效率就高。按照分工的具体需要,形成以组织的等级结构为代表的垂直方向的专业化活动和水平方向的部门化活动,大型组织一般具有 U 型结构和 M 型结构两种。当然,一般还有直线制、职能制和矩阵式的组织结构。

③对组织文化的考察。组织文化是指一个组织在长期生存和发展中形成的,为组织多数成员共同遵循的基本信念、价值标准和行为规范。组织文化一般包括四个层次:表层物质文化(厂容厂貌、产品样式及包装、设备特色、建筑风格、厂服等);浅层行为文化(经营活动、教育宣传活动、协调人际关系的活动和文娱体育活动等);中层制度文化(各种制度、规章、特殊电力、仪式、风俗等);深层精神文化(组织目标、组织精神、组织风气、组织道德等)。显然,组织文化构成了组织的软环境,这会影响到企业的经营效益,也决定了一个企业如何看待其员工,因而影响到员工的职业生涯规划和发展。

另外,组织文化按照不同的角度,可以分为若干类。按企业的任务和经营方式的不同,迪尔和肯尼迪把企业文化分为硬汉型文化、拼命干尽情玩文化、赌注型文化和过程型文化四类。硬汉型文化鼓励内部竞争和创新,鼓励冒险;拼命干尽情玩文化鼓励员工完成风险较小的工作；赌注型文化具有在周密分析基础上孤注一掷的特点；过程型文化着眼于如何做，基本没有工作的反馈，员工难以衡量他们所做的工作。再如，按照企业的状态和作风的不同，将企业文化分为有活力的企业文化、停滞型企业文化和官僚型企业文化。有活力的企业文化重组织、追求革新、有明确的目标；停滞型企业文化急功近利，无远大目标，带有利己倾向；官僚型企业文化例行公事、官样文章。你更喜欢或更适合在哪种组织文化下工作？如果员工个人的价值观与企业文化有冲突，难以适应企业文化，那么他在组织中就难以发展。

除此之外，大学生还需要进一步了解组织的特征、战略目标以及具体单位的人员结构（学历、性别及年龄分布等）、人员流动（引进和离职员工数量）等，通过对这些问题的考察，可以了解单位的用人理念、人才规划、行事风格等，减少入职后的不适应和跳槽现象。总之，通过对上述因素的探索可以在择业时对企业有个充分、全面的了解，从而为人职匹配分析提供足够的信息。

（3）发展性因素探索

发展性因素是从动态角度去考察单位，以判断单位未来一段时间的发展前景。对单位发展状况的探索，可以通过多种指标去考察。大学生可以通过努力挖掘一些指标对单位现状进行判断，如发展阶段、发展规模、业内排行及名气等。

①对发展阶段的考察

单位处于不同的阶段，发展的侧重点也会不同，可以给个人提供的发展空间也不同，给什么样的人才提供更多的发展机会是以单位的发展重心为转移的。单位的发展规模是单位实力的重要指标之一，业内排行是单位实力的社会认可，可以是整体水平排行，也可以是局部项目的排行，多关注与自己未来从事的相关领域的排行情况。

②对企业规模的考察

企业规模的划分标准可依据投资额、营业额或员工数等。不少在小企业上班的人会羡慕在大企业上班的人，因为大企业有制度、有保障。也有在大企业上班的人羡慕在小企业上班的人，因为小企业学得快、学得多、升迁又快。其实，大小企业各有利弊，最重要的仍要看个人的志趣以及未来的生涯规划。其实，并非选择大企业就一定有保障，选择小企业就没出路。大企业可能在薪资福利方面较有保障，但有一定的制度，凡事必须在既定的制度下运作，较缺乏弹性，也有可能面临派系之争，可能花在"做人"上的时间要比"做事"上的时间多。而小企业薪资福利方面可能不如大企业，但工作较具有挑战性及发挥空间。有人选择先在小企业磨炼一番，再转战到大企业，这也是生涯规划的一种发展。

③对其他因素的考察

我们还可以通过以下角度来认识一家企业。首先是成立时间。成立时间代表企业的历史，老字号企业可能经营稳健，但除非经营者有眼光，否则恐怕流于保守，甚至停滞。成立两年内的新企业，经营风险较大。一般而言，经营五年以上的企业，比较稳健，颇有冲刺力，经营风险也较小。其次是营业项目。从营业项目可看出这家企业所制造或销售的产品，并概略了解该企业属于哪一产业和行业，以及未来发展的可能性，是否符合自己的志趣和专长。第三是资本额与营业额。资本额代表企业的经营筹码,资金越多当然越稳健。营业额包括企业全年出售商品所获得的总收入,不包括非盈利收入,如利息、租金等。第四是员工人数。通常制造业的员工人数较多,服务业的人数较精简。第五是负责人。从负责人的背景,如是白手起家、企业家二代或是专业经理人,一般可看出这家企业的企业文化。第六是关系企业。从关系企业可看出这家公司的资源、人脉关系,不少集团企业都具有相当多的大企业资源,未来轮调、升迁的机会较多。第七是人事制度。在进入企业后,首先要了解其教育培训制度、薪资福利制度等。求职者可从该企业员工的性别分布、平均年龄及学历分布来了解该企业的特性,再思考自己是否适合这样的工作环境。

### 2. 企业职位探索

(1)职位的相关概念

①行业、职业与职位分类

行业结构和职业结构是两个不同的概念。职业是按就业者本人所从事的工作性质来划分的,而与就业者所在单位属哪个行业无关。职业与行业是可以互相交叉的,不同的行业可以包含相同的职业,如工业这一行业,仅有生产工人是不够的,还有工程师、技术人员、管理人员,甚至也有医生、教师、厨师、驾驶员等。职业分类与职位分类也不同。职位分类是根据企业内部岗位职责和权限的大小而进行的人员层次的划分,如业务督导、行政督导、经理、事业部经理、首席执行官(CEO)及其助手等。

②职位

职位是指承担一系列工作职责的某一任职者所对应的组织位置,它是组织的基本构成单位,职位与任职者一一对应。也就是说,职位是组织的一个节点,因组织工作层次的需要而存在。而岗位是工作流程的节点,因具体工作流程的需要而存在。

一般来说,组织中的职位结构主要有以下两种:单轨制,在组织结构中,只设单一的管理职位,管理层次对应着管理责任大小、薪酬高低,职位越高,薪酬越高。如果组织中存在技术员工,这种结构将导致技术员工没有发展通道,或只能挤向"仕途",不利于组织的技术发展;双轨制,在组织结构中,同时设立管理职位、技术职位,让从事经营管理的员工和从事技术工作的员工都有发展通道。管理职位的等级一般包括高层(决策层)、中层(职能层)、基层(执行层),技术职位的等级一般包括高级(高级工程师)、中级(中级工程师)、初级(助理工程师、技术员)。

(2)职位探索维度

对职位的探索应该是多维度的,见表7-5,一般包括三大方面:一是入职机会与入职条件,前者指客观机遇及制度因素,后者指自身的素质条件与职位要求的匹配性;二是工作实况,具体地了解某个职位上要求做什么、怎么做、怎么评估等,对工作对象、内容、任务及责任进行考察;三是工作的所得所感,即通过工作可以获得的报酬及相关的心理感受,工作给人带来的不完全是物质收入,更多的是心理感受及情感体验。

表 7-5　　　　　　　　　　　　　企业职位探索简表

| 项目 | | 具体信息 |
|---|---|---|
| 入职机会<br>与<br>入职条件 | 入职机会 | 招聘人数 |
| | | 招聘政策 |
| | | 用工制度 |
| | 入职条件 | 基本条件（性别、籍贯、年龄等） |
| | | 教育培训要求（毕业院校、专业方向等） |
| | | 心理要求（性格、能力） |
| | | 工作经验 |
| | | 社会关系 |
| 工作<br>实况 | 工作内容 | 对象、任务、责任、设备等 |
| | 工作强度 | 工作时间、工作量 |
| | 工作环境 | 物理环境（办公设备、办公用品）；社会环境（人际关系、工作气氛等） |
| | 工作控制 | 直接上司、监督与管理、绩效考评 |
| 所得<br>所感 | 薪酬福利 | 工资、奖金、津贴、福利 |
| | 个人发展 | 培训、进修、晋升 |
| | 社会资源 | 人际关系资源、社会地位 |
| | 工作满意感 | 公平感、成就感、自我实现 |

## （三）获取与评价职业信息

### 1. 职业信息的重要性及其内容

毕业于厦门某高校会计专业的本科生小孙，刚上大学时就开始进行职业设计，四年期间，他不仅有计划性地修完自己的本科课程，还提前搜集了关于他们专业的就业方向和职业信息。经过各方面的了解后，他觉得进入四大会计事务所比较符合自己设计的职业之路。于是他又搜集了大量关于普华永道、毕马威、德勤、安永四大会计事务所的信息和资料，经过认真地比较和了解之后，他把目标锁定在这四个公司上，并告诉认识的人自己想进四大的想法，让其帮助自己留意信息。大学四年，他根据四大公司的要求，积累了所需要的各方面的能力。大四上学期，他在网上向这四个公司投递了简历，经过几轮筛选，顺利进入毕马威实习。而在实习期间，他不凡的工作能力和敬业精神给上司留下了很深的印象。于是等到毕业时，公司提前提出和他签订合同。一切都是水到渠成！他的职业生涯无疑有一个成功的开始。也许很多人都觉得小孙是幸运的，其实真正成就他的是他获取了最有效的职业信息，并据此早早规划了自己的职业生涯。

职业信息都包括哪些方面呢？一般包括工作地点（在什么地方上班、具体的位置在哪里、工作地点是否固定等）；工作环境（办公环境如何、工作气氛是否轻松融洽、人际关系简单还是复杂等）；工作条件（这里一方面指物质环境，另一方面指是否是事业发展的良好平台）；工作的技能要求（该职业都要求具备什么技术和能力、需要哪些专业技能和通用技能等）；工作性质（指该职业最基本的特征，也是与其他职业最大的不同之处）；工资及福利(包括薪水、福利、进修机会、工作时间、休假及特殊雇用规定等);工作对个人的素质要求(该工作对个人素质需求的要求、应达到的文化程度、具备的道德素养等)。

**2. 职业信息获取途径**

当今社会进入了一个信息爆炸的时代,获取职业信息的途径主要有以下几种:通过查阅相关资料,如图书、报刊、杂志等获取信息;上网浏览相关网站;留意媒体的相关报道;与周围的人交流,向他人请教;亲身体验获得经验。这些都是最常见的办法和途径。每个人的性格、文化层次、社交群体不一样,所采取的方式也会五花八门,而通过不同方式搜集到的信息的准确性是不同的。所以,每个人应该根据自身的特点和所要获取的信息的特点,来确定适合的途径和方式。表7-6列举了一些求职渠道,并进行了简单的比较。

表 7-6                           求职渠道优缺点比较

| 渠　道 | 优　点 | 缺　点 |
| --- | --- | --- |
| 亲朋师长的介绍 | 对该企业与工作有进一步的了解;避免求职陷阱 | 承担人情压力 |
| 毛遂自荐 | 主动出击,给予企业积极的印象 | 投入相当时间;机会不普遍 |
| 就业辅导中心 | 政府单位,有不错的辅导;较少求职陷阱 | 机会有限 |
| 专业杂志 | 情报化的就业资讯,方便求职者比较;报道相关就业资讯;附设其他就业服务 | 资讯量较少 |
| 人才中介公司 | 专业、特定的中高级人才适用 | 机会太少 |
| 报纸 | 发行量大;工作机会较多 | 信息量有限;职业陷阱多 |

**3. 搜集职业信息的常用方法**

根据大学生生活环境的特点,我们提供以下几个途径供大家参考。根据搜集资料方式的不同,可以分为静态的资料接触、动态的资料接触以及参与真实情境三种。

静态的资料接触包括有目的性地阅读名人传记、利用各种就业信息(报纸、电视、网络及招聘会)、听取各种职业指导报告会、向亲戚和朋友了解职业信息、通过文学或影视来获取一些职业角色信息、通过媒体的报道来获取职业信息。动态的资料接触包括生涯人物访谈、参加各种形式的招聘会和面试、通过问卷调查法搜集职业信息等。参与真实情境可通过兼职、实习来获得,除了去与自己专业相关的公司实习外,大学生还可以通过选择适合自己的兼职行业和方式去了解职场和提高自己的工作技能。适合大学生兼职的行业有家教、导游、促销员、礼仪、翻译、服务生等。

**4. 职业信息库与职业评价工作单**

当你探究不同的职业时,需要将你搜集的信息组织起来,这样可以进行分别处理和相互比较。职业信息库和职业工作评价单是两种处理和比较职业信息的方法。职业信息库(PLACE信息)要求你考虑关于每个职业的五个参数:

(1)职位(Position):包括一般责任、工作层次和有关单位。

(2)地点(Location):包括你将工作的地理区域和地理环境。

(3)晋升机会和工作保障(Advancement)。

(4)雇佣条件(Condition):包括薪水、奖金、工时和着装规范等特殊要求。

(5)入门要求(Entry):包括要求具备的教育和培训经历。

职业评价工作单可帮助搜集职业信息,你可对不同职业进行比较并依此判断该职业是否符合你的理想。表 7-7、6-8 提供了两种职业评价工作单。

**表 7-7**　　　　　　　　**职业评价工作单 A(分值表示对你的吸引力程度)**

职业名称:

|  | 评价 | 评分 |
|---|---|---|
| 职业特点 |  | 0　1　2　3　4　5 |
| 职位描述 |  | 0　1　2　3　4　5 |
| 地点描述 |  | 0　1　2　3　4　5 |
| 晋升机会 |  | 0　1　2　3　4　5 |
| 雇佣条件 |  | 0　1　2　3　4　5 |
| 入门要求 |  | 0　1　2　3　4　5 |
| 总得分 |  |  |

**表 7-8**　　　　　　　　**职业评价工作单 B(分值表示与你价值观的一致性程度)**

职业名称:

| 我的理想职业将使我得到: | 评价 | 评分 |
|---|---|---|
| 从他人处获得的成就感,承认地位或赞同 |  | 0　1　2　3　4　5 |
| 欣赏存在于人、艺术和自然中的美的机会和时间 |  | 0　1　2　3　4　5 |
| 能运用我的创造性、所受培训、才智和天赋来应对富有挑战性的任务 |  | 0　1　2　3　4　5 |
| 无忧无虑,保持身心健康的机会 |  | 0　1　2　3　4　5 |
| 显著提高我的经济地位的机会 |  | 0　1　2　3　4　5 |
| 不依赖他人而独立工作的自由 |  | 0　1　2　3　4　5 |
| 使我保持同朋友及家人的亲密关系的时间 |  | 0　1　2　3　4　5 |
| 在符合我的道德和宗教标准的环境中工作的机会 |  | 0　1　2　3　4　5 |
| 享受玩乐的时间 |  | 0　1　2　3　4　5 |
| 影响或控制别人活动的机会 |  | 0　1　2　3　4　5 |
| 与情感需要的相容度 |  | 0　1　2　3　4　5 |
| 总得分 |  |  |

当你对这些信息进行归类分析后,你会发现你的职业目标变得越来越清晰,职业决策变得不再是一件困难的事情,因为你知道哪些职业是你期望的,哪些是不能满足你的需求的。对于大学生来说,由于其年龄、经历及外界的影响等原因,往往容易在选择职业时出现思想和观念上的偏颇,如只想去南方经济发达地方或大城市,只想寻找高薪酬的工作,却没有认真想过是否适合自己。此外,虽然大多数大学生无法通过全职工作或大量的社会实践去了解真实的工作环境,但他们仍可以从很多渠道了解到足够帮助他们做出决策的信息。遗憾的是,一方面大学生因为信息不足而感到无从下手,另一方面却不积极地去探索环境信息。

## 四、职业发展评估

在了解了关于自己和关于环境的大量信息后,我们需要对这些信息进行一定的整理、分析和评估,并在此基础上制订职业生涯目标与发展计划。对信息的分析和评估方法有很多,SWOT分析法便是一种有效的分析方法。

### (一)SWOT分析法的内容

SWOT分析法的重点就是进行内外部环境分析,明确内部环境的优势和劣势,以及外部环境的机遇和局限性。

(1)优势(Strength)。个人本身可控并能充分利用的具有积极影响的方面:良好的工作经验和教育背景;很强的专业知识(包括硬性、软性的专业知识及专业术语);具体的通用技能(如沟通能力、团队合作能力、领导能力等);优秀的个性特点(如遵守工作规范、自律性、在压力下工作的能力、创造性、乐观及充满精力等);善于沟通、良好的人际关系;能积极和专业组织进行交流等。

(2)劣势(Weakness)。在可控范围之内的、希望能进一步提高的内在的影响因素:缺少工作经验;专业不对口或学习成绩不突出;缺乏明确的目标、自我认知或具体的工作知识;专业知识不足;没有突出的技能(如领导能力、人际交往能力、沟通能力、团队合作能力等);缺乏寻找工作的能力;负面的个性特点(如不愿受工作准则的约束、缺乏自律性、犹豫不决、胆小、过于情绪化等)。

(3)机遇(Opportunity)。积极的外部条件,你无法控制但是可以充分利用的:属于朝阳产业(包括成长性、全球化、技术性优势);教育程度的提高可以带来更多的机会;良好的经济环境;通过更好的自我认知确立更具体的工作目标来提升机遇;领域内的晋升机会;领域内的专业发展机会;既定职业发展道路提供的特别机遇;地理区域的影响;较强的人脉关系。

(4)局限性(Threat)。负面的外部条件,你无法控制但是可以弱化的:属于夕阳产业(裁员、淘汰型);来自大学毕业新生的竞争;具有良技能、经验丰富、知识全面的竞争对手;比你更熟悉招工技能的竞争对手;知名学校毕业的竞争对手;职业发展中的阻碍(如缺乏良好的教育、培训背景等);领域内有限的晋升空间;领域内有限的专业发展空间,很难保持竞争优势;公司不再招收你的专业、学位。

为了进一步完善关于优势、劣势、机遇和局限性的分析,你也可以问自己一些关键性的问题并进行适时的调整。从自身的角度考虑你的优势,但是也要从雇主角度考虑,他们是如何看待你的强项的。克服过分谦虚,但是也要绝对诚实和现实地对待自己。简单地列出可以描述你自己的词汇,你就会发现自己的优势所在。你最大的强项可能是"热爱你所从事的工作"。有些人很早就知道什么样的工作能令他们高兴,但对于大多数人来说,需要一些时间去明确自我认知。参加一个或更多的测试并看看这些结果是否符合你的总体规划和期望,也可以通过职业实践去了解自己的兴趣、技能、个性、学习方式和价值观。从事自己喜欢而且适合的工作是很多人成功的因素。

在评估你的劣势的时候,也要从雇主的角度去考虑。积极面对你的不足,进行职业规划时才能够给你带来巨大的领先优势。一般来说，我们容易注意到自己的优势，但比较难确定自己的劣势。测评工具可以帮助我们确定哪些方面需要改进。如果你选择的某一领域需要某种技能，但你在这方面是薄弱的，你就需要想办法来提高你的技能。过去的工作鉴定，甚至你的成绩和学校老师的评价都可以提供有价值的反馈。

网络也是一个好的信息来源，你可以借助网络的海量信息研究某一领域的机遇和局限及新的发展趋势。也不要忘记印刷资源，如报纸、杂志和商业出版物。在网络上查询招聘启事，去感受在你的领域内有多少相关数量的公开职位。如果你是大学毕业生，去学校的就业指导办公室咨询以获得相关的信息。

从这些分析中，你将获得一个清晰的脉络图，它表明你将如何强化自己的优势，转变自己的弱势。然后你可以利用这个脉络图去充分利用机遇，同时规避局限性。在分析了你的优势、劣势、局限性和机遇后，你可以利用这些信息去计划如何推销自己。

### （二）SWOT 分析步骤

一般来说，对自身的职业和职业发展问题进行 SWOT 分析时，应遵循以下五个步骤：

#### 1. 评估自己的长处和短处

我们每个人都有自己独特的技能、天赋和能力。在当今分工非常细的市场经济里，每个人擅长于某一领域，而不是样样精通。譬如说，有些人不喜欢整天坐在办公桌旁，而有些人则一想到不得不与陌生人打交道就惴惴不安。请做个表，列出你自己喜欢做的事情和你的长处所在。同样，通过列表，你可以找出自己不是很喜欢做的事情和你的弱势。找出你的短处与发现你的长处同等重要，因为你可以基于自己的长处和短处做两种选择：一是努力去改正你常犯的错误，提高你的技能；二是放弃那些你不擅长的、技能要求很高的职业。列出你认为自己所具备的很重要的强项和对你的职业选择产生影响的弱项。

#### 2. 找出你的职业机会和威胁

我们知道，不同的行业（包括这些行业里不同的公司）都面临不同的外部机会和威胁，所以，找出这些外界因素将有助于你成功地找到一份适合自己的工作，因为这些机会和威胁会影响你的第一份工作和今后的职业发展。如果公司处在一个常受到外界不利因素影响的行业里，很自然，这个公司能提供的职业机会将是很少的，而且没有职业升迁的机会。相反，充满了许多积极的外界因素的行业将为求职者提供广阔的职业前景。

#### 3. 列出今后 3～5 年内你的职业目标

仔细地对自己做一个 SWOT 分析评估，列出你从学校毕业后 5 年内最想实现的四至五个职业目标。这些目标可以包括：你想从事哪一种职业；你将管理多少人；或者你希望自己拿到的薪水属于哪一级别。请时刻记住：你必须竭尽所能地发挥出自己的优势，使之与行业提供的工作机会完美匹配。

#### 4. 列出一份今后 3～5 年的职业行动计划

这一步主要涉及一些具体的内容，即拟出一份实现第三步列出的每一目标的行动计划，并且详细地说明为了实现每一目标，你要做的每一件事，何时完成这些事。如果你觉得需要一些外界帮助,请说明你需要何种帮助和你如何获取这种帮助。例如,你的个人SWOT分析可能表明,为了实现你理想中的职业目标,你需要进修更多的管理课程,那么,你的职业行动计划应说明要参加哪些课程、什么水平的课程以及何时、以何方式进修这些课程等。

**5. 寻求专业帮助**

能分析出自己职业发展及行为习惯中的缺点并不难,但要用合适的方法改变它们却很难。相信你的父母、老师、朋友、上级主管、职业咨询专家都可以给你一定的帮助,特别是很多时候借助专业的咨询力量会让你大走捷径。有外力的协助和监督也会取得更好的效果。很显然,做此类个人SWOT分析需要你的一些投入,而且还需认真地对待,当然要做好你的职业分析难度也很大,但是,不管通过什么渠道,进行一次详尽的个人SWOT分析却是值得的,因为当你做完详尽的个人SWOT分析后,将有一个连贯的、实际可行的个人职业策略供你参考。在激烈的职场竞争中,拥有一份挑战和乐趣并存、薪酬丰厚的职业是每一个人的梦想,但并不是每一个人都能实现这一梦想。因此,为了使你的求职和个人职业发展更具有竞争力,请认认真真地为你的职业发展做些实事吧。

## 课后练习

1. 请结合本章内容,在环境信息探索的基础上,通过表7-9对自己的目标职业进行梳理。

表7-9 目标职业信息梳理

| 序号 | 项目 | 具体内容 |
| --- | --- | --- |
| 1 | 毕业去向 | |
| 2 | 工作地点 | |
| 3 | 产业 | |
| 4 | 行业 | |
| 5 | 目标单位 | |
| 6 | 阶段性规划 | |

2. 列举五个与你专业相关的职业,运用各种渠道和方法进行探索,并分析它们是属于哪一类型的产业、行业和职业,其职务内容有哪些? 它们是否热门,其职业潜力如何?

3. 对你心仪的单位和岗位进行深度环境探索,比较结果与你想象中的差异,谈谈为什么会出现这样的情况。

4. 当前的社会经济环境对大学生职业规划有哪些方面的影响? 你如何看待当前的大学生就业形势,它受到哪些经济、社会与文化因素的影响? 你如何看待自己专业的就业形势,它受到哪些经济、社会与文化因素的影响?

5. 用SWOT分析的方法对自身的职业规划进行思考。

## 推荐阅读

1. 现场招聘类电视节目,如天津卫视《非你莫属》等。

2. 李开复著,《做最好的自己》,人民出版社,2005

3. 林少波著,《毕业5年决定你的一生》,武汉出版社,2009

4. 李晓林著,《20～30岁:你拿这10年做什么》,金城出版社,2008

5. 覃彪喜著,《求职:从大一开始》,长江文艺出版社,2010

# 第三篇　生涯规划篇

第三章　生殖系统与功能

# 第八讲
# 你的理想自我是什么？——生涯目标的拟定与决策

计划就是先将未来摆放在面前,然后现在就为它做些事情。

——亚伦·勒凯斯

## 学习目标

通过本章的学习,了解生涯目标拟定的基本内容,熟悉职业生涯决策的流程与方法以及如何改进决策,从而为自己拟定切合实际的生涯目标并作出科学的决策。

## 开篇案例

影视明星刘德华在当初面临自己的职业生涯时,他是这样说的:"第一次要面对人生抉择是高中毕业那年,左手拿着无线艺员训练班的报名表格,右手拿着应届高等程度教育课程的报名表,顿时觉得自己的前途都掌握在自己手中。要继续学业,还是去读艺员训练班? 是念大学,然后学士、硕士、博士这样一路念下去? 还是选修艺员训练班有一技之长,将来无论条件符合与否,台前也好幕后也好,总算有门专业的知识傍身? 一连串的问题在我心中此起彼伏,魔鬼、天使各据一方,展开辩论大会。反反复复地考虑,我把自己的优点和缺点逐一写在纸上,自己给自己理智地分析利弊:这样一直念书适合我的性格吗? 我喜欢艺术工作吗? 我喜欢什么样的人生呢? 平稳安定,还是多姿多彩、充满挑战? 直到那一天我才明白,人本身才是自己生命的主宰者,向左走还是向右走都是自己决定的路。我的心做了我的指南针,只有它才会明白我希望的方向,也是它让我选择了左手那张报名表格。"

有人说人生充满选择,但关键处只有几步。正如下棋,一步之差,可能全盘皆输。生活就是由一系列的选择组成的,在做出选择之前有一个很重要的心理过程——决策。一个人遇到的麻烦和不如意,往往是由于他做出了不合适的决策而产生的。日常生活中的很多决策往往在不经意间就完成了,其过程相当缺乏理性。但关于职业生涯决策却并非一蹴而就。

# 第一节 理想自我与职业生涯目标的拟定

## 一、理想自我

每个人都有理想自我和现实自我,这二者是有机结合在一起的。现实自我是个体对当前自我状况的认识和评价,理想自我则是个体期望达到的自我状况。二者之间的差距既是个体进步和完善的动力,也是当今大学生在职业生涯规划中烦恼的重要根源。

大学生是一个抱负水平相对较高的群体,现实自我和理想自我之间的差距短时间难以弥补,导致一部分人产生自卑和自责情绪,或者沉湎于好高骛远、难以踏实做事的虚幻自信中。一个人既然有梦想,就要为梦想而奋斗。站高一点,看远一点,再以实际的行动,将自己的梦想变得更实在一点! 在对两个自我进行比对时应该本着认真、谨慎的态度。明确自己的目标,知道自己想要的是什么、适合自己的是什么。只有明确了方向,才能更坚定自己的目标和信念。

## 二、职业生涯目标的拟定

### 🖊 课堂活动

#### 名片探索

设想一下,自己将来与别人会面时,递给别人的名片会是什么样的?

接着找一张纸,自己设计,包括正面、反面、颜色、图标及称呼和职务等。

然后给别人讲一下你为什么这么设计,怎样努力才能得到这个称呼和职务。

思考一下,自己要想达到以上目标得具备什么优势? 可行性有多大? 有什么困难?

#### (一)职业生涯目标拟定的含义

许多人埋头苦干,却不知所为何来,到头来发现追求成功的阶梯搭错了边,却为时已晚。目标就像茫茫大海上的灯塔,为我们的航行指明了方向。职业生涯目标,也就是我们常谈的人生目标,实际上就是探讨人的一生要成为什么样的人,人的一生该如何度过,怎样才能使人生过得有意义、有价值,怎样才算取得成功,怎样才能拥有幸福的生活。职业生涯目标是指引人生成长和发展的导航标。职业生涯目标定位是指结合自我评估和职业环境评估,确定自己长期的职业发展方向,明确自己已取得职业成功时的状态和水平。例如,某位学生的职业生涯目标是"创建有自己品牌的中国咨询公司"。

#### (二)确定职业生涯目标的意义

目标对人生有巨大的导向作用。行为科学认为,目标是一种刺激,合适的目标能够激发人的动机,规定行为的方向。一个人要想获得事业的成功,须按照人生成功的规律来制定行动的目标和规划。确定职业生涯目标具有以下几个方面的意义:

(1)职业生涯目标使我们产生积极性。给自己定下目标之后,它就在两个方面起作用：它是努力的依据，也是对自我的鞭策。目标是一个看得见的射击靶。只要努力实现这些目标，就会有成就感。

（2）职业生涯目标使人们看清使命。每一天，人们都可能遇到对自己的处境不满意的人。在这些对自己处境不满意的人中，有98％的人对心目中喜欢的世界没有一幅清晰的图画，他们没有改善生活的目标，没有一个人生目的去鞭策自己。结果是，他们继续生活在一个他们无意改变的世界中。

（3）职业生涯目标有助于人们安排轻重缓急。制定目标的一个最大的好处是有助于人们安排日常工作的轻重缓急。没有这些目标，我们很容易陷进跟理想无关的日常事务当中。

（4）职业生涯目标引导人们发展。当人们不停地在自己有优势的方面努力时，这些优势会进一步发展。最终，在达到目标时，成为什么样的人比得到什么东西重要得多。

（5）职业生涯目标使人们有能力把握现在。人在现实中通过努力实现自己的目标，正如希拉尔·贝洛克所说："当你做着将来的梦或者为过去而后悔时，你唯一拥有的现在却从你手中溜走了。"虽然目标是朝着将来的，是有待将来实现的，但目标使人们能把握住现在。

（6）职业生涯目标有助于评估进展。不成功者有个共同的问题，他们极少评估自己取得的进展。他们大多数人或者不明白自我评估的重要性，或者无法度量取得的进步。目标提供了一种自我评估的重要手段。

（7）职业生涯目标使人们未雨绸缪。成功人士总是事前决断，而不是事后补救。他们提前谋划，而不是等待别人的指示。他们不允许其他人操纵他们的工作进程。

（8）职业生涯目标使人们把重点从工作本身转到工作结果。不成功者常常混淆工作本身与工作成果。他们以为大量的工作，尤其是艰苦的工作，就一定会带来成功。也就是说，成功的尺度不是做了多少工作，而是得到多少成果。

理想的职业生涯目标，对个人的发展有着重要的激励作用。大学生由于知识、经验、阅历、态度、各自的利益等不同，个人目标存在着差异，每个人对于自己预期的职业生涯目标各不相同，应根据自己不同的需要来确定自己的职业生涯目标。

### （三）确定职业生涯目标的准则

在确定职业生涯目标后，就要选择和设计合理的职业生涯路线，执行生涯战略。勇于执行，是个体有效管理的关键。美好人生，始于规划；完美规划，则靠卓越执行。生涯规划的执行主要是通过一套周密的行动计划，来确保目标的实现。

著名职业生涯规划专家程社明提出，选择生涯路线应把握四条原则：择己所爱，择己所能，择世所需，择己所利。大学生可以根据自己的总体目标，采取链条分解法逐层分解，将总体目标分解成一个个具体目标，在每一学年、每一学期，甚至每一月都有自己的小目标，然后根据具体的小目标，采取相应的具体措施步步落实，并辅以考核措施以确保目标的实现。

**1. 择己所爱（兴趣—知己）**

在制定职业生涯规划时，一定要珍惜自己的兴趣，择己之所爱。兴趣与成功概率有着明显的正相关。

## 2. 择己所能（能力—知己）

在制定职业生涯规划时，一定要选择最有利于发挥自己优势的职业，择己之所长。职业不同，对技能的要求也不一样。任何一种职业技能都是要经过一定时间的训练后才能掌握的。一生很短暂，任何人都不可能在一生中掌握所有的职业技能。

## 3. 择世所需（知彼）

制定职业生涯规划时一定要分析社会需要，即选择社会需要的职业，择世之所需。

## 4. 择己所利（价值观—知己）

职业是谋生的手段，人们都期望职业生涯能带给自己幸福，利益倾向支配着个人的职业选择（社会地位、职业生涯稳定感、收入、挑战性等十种）。以利益最大化原则权衡利弊，在以上诸多因素中找到一个最佳结合点。

## （四）确定生涯目标的 SMART 方法

让我们来看一下管理大师彼得·德鲁克早年经历的一件事。1944 年，彼得·德鲁克负责研究通用汽车公司的管理结构和管理政策，时任通用汽车公司 CEO 的斯隆对他说："我不知道我们要你研究什么，要你写什么，也不知道该得到何种结果，这些都应该是你的任务。我唯一的要求，只是希望你将你认为正确的写下来，你不必顾虑我们的反应，也不必怕我们不同意。尤其重要的是，你不必为了使你的建议容易为我们接受而折中。在我们公司，谈到折中，人人都会，不必劳驾你来指出。你当然可以折中，不过你必须先告诉我们什么是正确的，我们才能有正确的折中。"这是多么经典的界定结果，你可以对新业务的发展规律还不清楚，但不可以对目标说不清楚。将自己都不清楚的事毫无原则地甩给员工去做，是不负责任的表现。

成功的大学生职业生涯规划，在职业方向明确后，最紧迫的就是制定切实可行的目标。那么如何才能制定出切实可行的目标呢？遵循目标管理中的 SMART 原则是关键。

### 1. S——Specific，具体的

制定目标必须是具体的，不能是抽象模糊的。职业生涯规划必须明确、清晰、具体才具有可行性。例如当谈论目标的时候，不要只是单一地说"我要找份好工作""我要成功地晋升"之类的话，这只是远景，不是具体的规划，因此没有办法去具体落实。然而，"我的目标是成为××学校的优秀英语教师""我要在两年内把月薪提升至六千元"，这才能称之为目标。当我们开始做职业规划时，应该更加注重细节的具体化，只有细节问题处理好了，才不会只有大方向，却没有脚踏实地的前进步伐。再如我们制订一个学习计划，并且向老师保证要好好学习。但是，什么是好好学习呢？这很模糊，很难界定。要具体点，如保证除了紧急情况之外，每天学习时间至少 5 小时。那么，什么算是紧急情况？这又需要具体定义，如朋友来访、老师召集有事等。如果不规定清楚这些，那么到时候就会无所适从。

### 2. M——Measurable，可量化的

可量化指的是可衡量、可测量的、有一定的评定标准，尤其针对结果而言。量化要求理性的数据和数字，拒绝"大概""差不多""快了"之类的模糊修饰语。面对职业规划，我们不需要任何自我欺骗和任何借口，因为数据、数字、事实会说明一切。因此，制定的目标最好以明确的数据单位来描述，如"每天早上听 VOA News 40 分钟""每周去图书

馆6次,一次至少2小时"等。制定一个可测量的目标,能让一个人真切感受到他处于逐步的进步中,并积累成功经验和树立信心。此外,制定长远的目标最好将它分成几个渐进达成的步骤,并且随时检视是否需要修正进度或方向。

### 3. A——Attainable,可达成的

可达成很容易理解,就是目标必须是可以达到、可以实现的。职业规划设定的目标要高,有挑战性,但是,一定要是可达成的。也就是说,制定的目标要在力所能及的范围内。例如,有个同学没有音乐天分,甚至五音不全,却一直想当歌星,这目标对她而言是永远达不到的天方夜谭。因此,制定的目标应是靠自己的能力和努力可以达成的,而非浮夸或好高骛远的梦想。

### 4. R——Relevant,相关性的

相关性指的是所制定的目标必须和其他目标具有相关联性。在职业生涯规划中,所制定的目标要与岗位的工作职责相互关联,不能彼此孤立起来。简而言之,如想在大学毕业后做一名空姐,学点英语就很好,如果学习化学知识,就比较离谱了。再如,想做的是大学英语教师,学习一些西方文化方面的知识是有必要的,这是和本职工作有关联的,但是如果花时间去考注册会计师,这就与未来的职业生涯规划发生冲突了。

### 5. T——Time-based,时限性的

时限性指的是制定目标需要有预定达到的进度和完成的时间表,这样才能确认要投入多少时间以及在什么时候完成。职业生涯目标的制定,应从一生的发展写起,然后分别设定10年、5年、3年、1年计划以及1月、1周、1天的计划。计划制订好后,再从1天、1周、1月目标实施下去,直到实现1年目标、3年目标、5年目标、10年目标。因此,一个合理的时间表不仅能帮助一个人建立信心,而且还可以学会做好时间管理。

## (五)外职业生涯目标和内职业生涯目标

### 1. 外职业生涯目标

外职业生涯目标是指侧重于职业过程的、外在的、可看得见的目标,它主要包括工作内容、职务目标、经济收入目标、工作环境和工作地点等。

### 2. 内职业生涯目标

内职业生涯目标是指在职业生涯规划中的知识、经验的积累,观念的转变,能力和素质的提高,以及成就感、价值感等内心感受。这些目标必须通过自己的努力才能获得和掌握。职业生涯的内外目标是截然分开的,两者是相辅相成、相互促进的,内职业生涯目标的发展可以推动外职业生涯目标的发展,而外职业生涯目标的实现又可以促进内职业生涯目标的实现。

## (六)定位职业生涯目标

通过筛选,大学生确定出适合未来发展的职业,但是这还只是一个方向。例如,有学生确定出自己的职业生涯目标是企业的负责人。而职业生涯目标定位则是根据SMART原则,把职业生涯目标更具体化,如什么类型企业的负责人? 多大规模的企业? 多长时间达到这个目标? 达到后是一个什么状态? 内外职业生涯目标分别是什么? 这需要更加详细地探索,最终确定。这有利于大学生职业生涯路线的选择和今后阶段性目标的

制定。

### (七)职业生涯的五种方向

职业生涯的方向大体包括以下五种：

(1)技术型：持有这类职业定位的人出于自身个性与爱好考虑，往往并不愿意从事管理工作，而是愿意在自己所处的专业技术领域发展。在我国，过去不培养专业经理的时候，经常将技术拔尖的科技人员提拔到领导岗位，但他们本人往往并不喜欢这个工作，更希望能继续研究自己的专业。

(2)管理型：这类人有强烈的愿望去做管理人员，同时经验也告诉他们有能力达到高层领导职位，因此他们将职业目标定为管理岗位。成为高层经理需要的能力包括三方面：①分析能力：在信息不充分或情况不确定时，判断、分析、解决问题的能力；②人际能力：影响、监督、领导、应对与控制各级人员的能力；③情绪控制力：有能力在面对危急事件时，不沮丧、不气馁，并且有能力承担重大的责任，而不被其压垮。

(3)创造型：这类人需要建立完全属于自己的东西，或是以自己名字命名的产品或工艺，或是自己的公司，或是能反映个人成就的私人财产。他们认为只有这些实实在在的成就才能体现自己的才干。

(4)自由独立型：有这种职业定位的人同时也有相当高的技术型职业定位，更喜欢独来独往，但是他们不同于那些简单技术型定位的人，他们并不愿意在组织中发展，而是宁愿做一名咨询人员，或是独立从业，或是与他人合伙开业。自由独立型的人往往会成为自由撰稿人，或是自己开一家店。

(5)安全型：有些人最关心的是职业的长期稳定性与安全性，他们为了安定的工作、可观的收入、优越的福利与养老制度等付出努力。目前我国绝大多数的人都选择这种职业定位，很多情况下，这是由社会发展水平决定的，而并不完全是本人的意愿。将来随着社会的进步，人们的选择将更多元化。

# 第二节　大学生职业生涯目标的拟定

职业生涯目标的确定是职业生涯规划中的关键环节之一。没有目标，人生将会失去本来的意义；而没有清晰的路线，职业生涯目标也会变得虚无缥缈；没有目标实现的有效方法，职业生涯规划就是空缺。达到目标的路线有多种，但是必定有一个相对较佳的路线和更有效的方法。

## 一、大学生毕业之后的从业路线

大学生毕业之后的从业路线如图 8-1 所示。

由图 7-1 可见，大学生职业生涯目标的路线是多种多样的，因人而异。目标的相对稳定性也可以通过不同的途径去实践。实现目标的方法也具有灵活性，可以因时间和地点的变化而调整。成功的人不轻易改变目标，而常调整方法；不成功的人经常改变目标，而不愿调整方法。

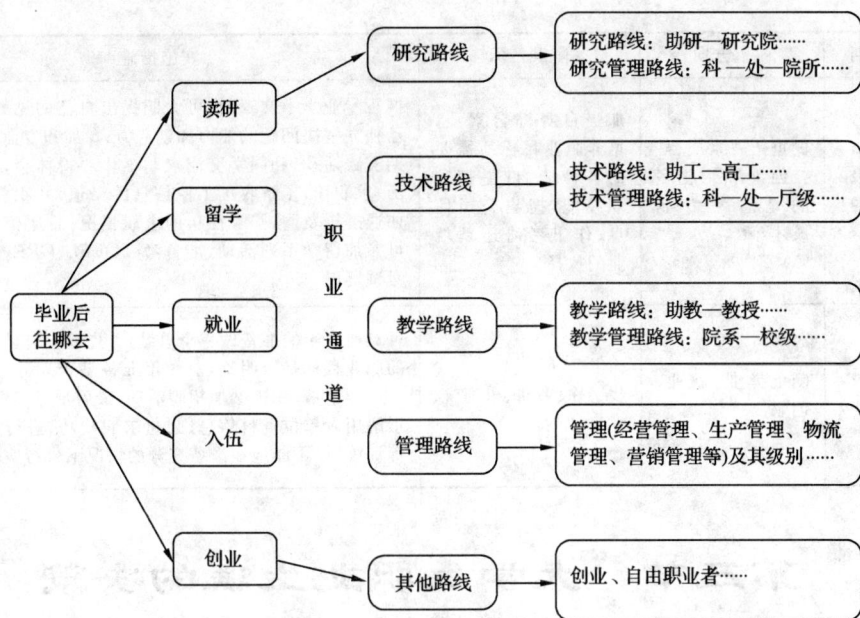

图 8-1　大学毕业之后的从业路线

## 二、大学不同时期的职业生涯规划表

大学不同时期的职业生涯规划见表 8-1。

表 8-1　　　　　　　　　　　　　大学不同时期的职业生涯规划表

| 时　期 | 侧重方向 | 侧重目标 | 实施措施 |
| --- | --- | --- | --- |
| 一年级<br>（试探期） | 侧重正确认识大学；认识自我；进行生涯剖析；制定职业目标 | 初步了解职业，特别是自己未来想从事的职业或自己所学专业对口的职业，提高人际沟通能力 | 多和学长们交流，尤其是大四的学长，询问就业情况，多参加学校活动，增加交流技巧，为可能的转系、获得双学位、留学计划做好资料搜集及课程准备，多利用《学生手册》了解相关规定 |
| 二年级<br>（定向期） | 侧重夯实基础；拾遗补缺；进行生涯设计 | 应当考虑清楚未来是深造还是就业或自主创业，并以提高自身的基本素质为主 | 对目标进行细化和调整。通过参加学生会或社团等组织，锻炼自己的各种能力，同时检验自己的知识技能。可以开始尝试兼职、社会实践活动，最好能在课余实践（长时间）中从事与自己未来职业或本专业有关的工作，提高自己的责任感、主动性和抗挫折能力，增强英语口语能力、计算机操作能力，通过英语和计算机相关证书考试，并开始有选择地辅修其他专业的知识来充实自己 |

（续表）

| 时 期 | 侧重方向 | 侧重目标 | 实施措施 |
|-------|----------|----------|----------|
| 三年级<br>（拼搏期） | 侧重拓展素质、科技创新,此时更多的是思考专业成才 | 加强自身综合素质,培养职业目标所需要的各种能力;提高求职技能,搜集公司信息;作出考研还是就业的抉择 | 撰写专业学术文章时,可大胆提出自己的见解,锻炼自己独立解决问题的能力和创造力;参加和专业有关的暑期实践活动,和同学交流求职工作心得体会,学习写简历、求职信;了解收集工作信息的渠道,并积极尝试,例如通过校友网,了解往年的求职情况;希望留学的学生可参加留学系列活动,准备考 TOEFL、GRE,留意留学考试资讯 |
| 四年级<br>（冲刺期） | 侧重择业、就业、创业 | 找工作、考研、出国 | 可对前 3 年的准备做一个总结:首先检验自己已经确立的职业目标是否明确,前 3 年准备是否充分;然后开始工作的申请,积极参加招聘活动;最后预习或模拟面试。了解用人单位资料信息、强化求职技巧、进行模拟面试等训练,尽可能地在准备充分的情况下进行实战演练 |

# 第三节　大学生职业生涯的决策

职业生涯决策在大学生职业选择和人生发展中起着至关重要的作用。在职业生涯规划过程中,同学们要有意识地提高职业决策的自我效能感,即有信心利用所拥有的能力或技能去完成职业决策,进行合理的自我评估,做出科学的职业决策。

## 一、职业决策概述

### （一）职业决策的内容

#### 1. 自我定位决策

自我定位就是要了解自己的需要,了解自己的特点,了解自己的能力,并客观评价自我。自我定位首先应从自我实际出发,客观地分析、评估自己的文化素质、能力特征、性格特点、身体条件,总结出自己的特长、兴趣、爱好;其次应从横向上将自己放于同班、同专业、同年级、同区域乃至全国同专业同学中进行比较,分析自身的综合素质以及求职中的优势和劣势所在。通过纵向和横向的定位分析,找准自己的位置,明确切入社会的起点,避免自我定位过高或过低。

#### 2. 行业定位决策

在进行较为准确的自我定位之后,还应该进行行业定位。大学生要认真了解行业整体情况、发展趋势、对人才的基本要求,从而结合自身实际情况,做出行业定位,避免出现盲目择业和无从择业的现象。行业的选择还取决于家庭影响和个人的理想,以及社会舆论。参考他人意见时更应该避免社会、家庭和周围人群不正确的舆论导向对自身择业定位的影响,做到真正从社会需求出发,结合个人理想和兴趣以及实际能力做出较为理性的行业定位,而不是片面地追求热门行业和高薪行业。

#### 3. 岗位定位决策

岗位的选择是因人而异的,他受个人偏好、能力、素质等因素的影响。大学生在进行岗位定位时,要在客观评价自我的基础上,根据自己的性格特点、长处、不足,对照相关用人单位的标准、条件、要求,实事求是地选择自己力所能及的合适的岗位,适合自己的才是最好的。

### 4. 地域定位决策

地域定位是指大学生在选择工作时对于工作区域的考虑。不少学生趋向于把经济发达地区和大城市作为自己地域定位的首选。其实,还应当看到近几年城镇化建设有了很大的进展,城镇和广大农村地区也有广阔的就业市场。因此,大学生在进行地域定位时,应该多考虑自己的能力、优势究竟在何处能够得到较大限度的发挥,自己的发展空间在何地能得到较大限度的拓展,而不仅仅着眼于大城市和经济发达地区。

### 5. 收入定位决策

准确的收入定位是建立在对市场行情充分了解的基础上,综合考虑自身的素质、能力和岗位发展趋势后得出的收入期望值。切忌局限于眼前利益,要以发展的眼光来定位。

## (二)影响大学生职业生涯决策的因素

### 1. 个人因素

(1)心理特征因素。个人对自我评估、职业评估和环境评估的内容及结果直接影响着职业决策,其中自我评估主要是对个体心理特征的评估,起着决策的定向作用。个体的心理特征是一种稳定的特性和倾向系列,包括性格、兴趣、能力、价值观等。

(2)个人背景因素。职业生涯决策的发展和形成是个漫长的过程,从特殊事件和经验的角度而言,每个人的人生是独一无二的,个人生涯所经历事件的差异会对职业决策产生影响,这体现在不同性别、年龄和教育背景等方面。

(3)进行决策时的即时状态。要做出有效决策,就必须保证在决策中身体、情绪和精神都处在最佳状态。在决策过程中会面临诸多障碍,这些障碍会影响决策。

### 2. 家庭和成长环境因素

家庭及成长环境对职业生涯决策产生重要影响。首先,教育方式的不同,造成学生认识世界的方式不同;其次,父母的职业是学生最早观察模仿的角色,学生必然会受到父母职业技能的熏陶,父母的价值观、态度、行为、人际关系等对学生的职业选择起到直接或间接的导向作用;再次,朋友、同龄群体的影响也是很大的,他们的职业价值观、职业态度、行为特点等不可避免地影响到个人对职业的偏好,以及选择从事某一类职业的机会和变换职业的可能性等方面。

### 3. 社会环境因素

社会环境中流行的工作价值观、政治经济形势、产业结构的变动等因素,无疑会在个人职业选择上留下深深的烙印。不同的社会环境给予个人的职业信息是不同的。宏观上社会的、经济的、历史的和文化的力量都能够干扰个人有效决策的制定。

现阶段,我们面临的是一个知识经济社会,对相关职业信息的搜集,对日新月异的职业环境的了解,都会影响学生对未来职业世界的认识。同时,用人单位对大学毕业生的素质要求、专业在社会中的具体发展状况等,也都是影响大学生职业生涯决策的因素。

## 二、职业决策的流程和方法

根据职业决策的内容,学生应该遵循科学的决策流程与方法,规避不良因素的影响,破解职业决策过程中存在的问题。

### (一)决策流程

目前职业决策过程中使用较多的是 CASVE 循环模型,如图 8-2 所示。学生可以用它来了解职业决策的过程。CASVE 循环模型是交流(Communication)、分析(Analysis)、综合(Synthesis)、评价(Valuing)和执行(Execution)的缩写,这五个技巧有助于学生做出更好的职业决策,在决策过程中被循环使用。

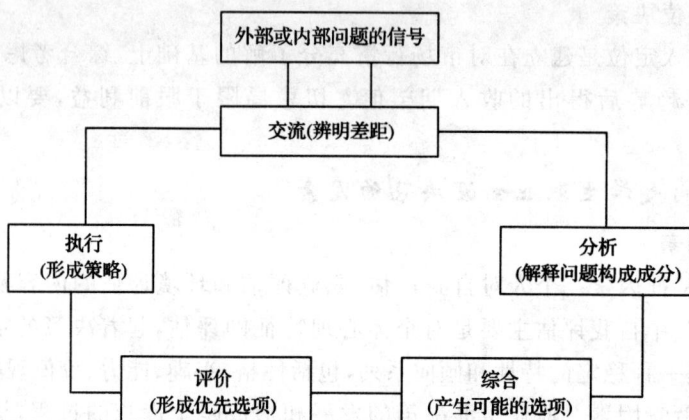

图 8-2　CASVE 循环模型图

**1. 交流(Communication)**

找出理想与现实之间存在差距的各种信息。一种是内部交流,通过自己的身体信号和情绪信号去获得信息;另一种是外部交流,利用他人评价、报纸、网络、电视等。

**2. 分析(Analysis)**

一方面要对自己的身体状况、感知、记忆、注意、意识、思维、情绪、动机、价值观、兴趣、人格、能力等方面深入分析;另一方面要全面了解和掌握外界与问题有关的各种信息。

**3. 综合(Synthesis)**

确定解决问题的方案,由多到少逐渐缩减,最终确定 3～5 个可行性较高的选择。

**4. 评价(Valuing)**

第一步是评估每个方案对自己、他人和社会的影响及解决问题的效率效果和投入产出比。第二步是对综合阶段最终确定的几个方案进行排序,选择一个方案。

**5. 执行(Execution)**

把思考转化为行动,用选好的最佳办法解决面临的问题。

## （二）决策的方法

### 1.SWOT分析方法

我们来看一个SWOT分析的实例。

小丁是某高校机械设计与制造专业的学生，在校期间成绩优秀，多次深入企业生产一线参与实训，且一直担任学生干部，得到了老师和同学的认可。但是小丁性格有些急躁，遇事易冲动，有时候很难踏踏实实完成工作。现在，小丁面临毕业，想找一份与专业相关的工作。小丁对自己的职业决策用SWOT分析法进行了分析，见表8-2。

表8-2　　　　　　　　　　　　小丁同学的SWOT分析表

| 　　　　　　　　　外部环境<br><br>内部环境 | 机会<br>机械方面人才需求旺盛<br>机械行业人才发展前景不错<br>机械设计人才较受重视 | 挑战<br>就业竞争激烈<br>经济形势影响企业招聘<br>企业更加看重实际经验 |
| --- | --- | --- |
| 优势<br>专业成绩优秀<br>学生干部经历<br>企业实训经历<br>人际关系和谐 | "优势—机会"策略<br>发挥专业优势，融入企业<br>发挥担任学生干部的优势<br>加强人际沟通，打动招聘官 | "优势—挑战"策略<br>准确定位竞争优势<br>强调自身学习能力<br>合理明确就业定位 |
| 劣势<br>缺乏工作经验<br>性格急躁，容易冲动 | "劣势—机会"策略<br>增加跨行业实训经验<br>学习职业技能课程<br>完善自身性格 | "劣势—挑战"策略<br>克制冲动的个性<br>加强学习，差异化竞争 |
| 职业决策结论 | 定位于本区域内中小型模具设计与制造企业，从事具体的设计与制造工作，在工作中进一步提升自己 | |

看过小丁同学的SWOT分析实例，同学们是否受到了启发？结合自身实际情况，作一份自己的SWOT分析记录，进一步了解自己，明确自己的职业发展方向。

另外，SWOT分析方法只是生涯决策过程中的一项比较实用的分析技术，要实现生涯决策的最优化，仅凭一个SWOT分析法是不够的，还需要综合考虑其他的方法进行综合决策。

**课堂阅读**

一般来说，求职者在进行SWOT分析时，应遵循如图8-3所示的四个步骤：

虽然做此类个人SWOT分析会占用一定的时间，而且还需认真地对待，但是，详尽的个人SWOT分析却是值得的。因为当你作完详尽的个人SWOT分析后，你将有一个连贯、实际可行的个人职业发展策略供自己参考。

### 2.整合决策方法

整合决策模式是一种系统的决策方法，学生可以采用自我鉴定的方式，进行职业决策。整合决策模式如图8-4所示。

在这个决策过程中，同学们可以自问自答，把结果记录下来：

（1）我想要做什么？这是价值取向。通过对自己的价值观、理想成就动机等因素的

评估自己的优势和劣势

　　有些同学不喜欢每天坐在办公室里，而有些同学一想到和陌生人打交道，就惴惴不安。列出自己喜欢做的事情以及优势所在，找出自己不喜欢做的事情以及劣势。

找出职业机会和威胁

　　如果企业处于常受外界不利影响的行业里，则该企业提供的机会将是很少的，很难有升迁的机会；充满很多积极因素的行业则会提供广阔的发展前景。列出自己所感兴趣的一两个行业，认真评估这些行业面临的机会和威胁。

列出自己的职业目标

　　列出一定时间内(例如五年内)自己的职业目标。目标包括：你想从事哪一种职业？你希望自己的薪酬级别怎样？你要达到什么样的位置？

列出自己的行动计划

　　列出具体目标的具体行动计划，详细说明要实现上述目标，自己所要做的每一件事情，规定完成的期限。

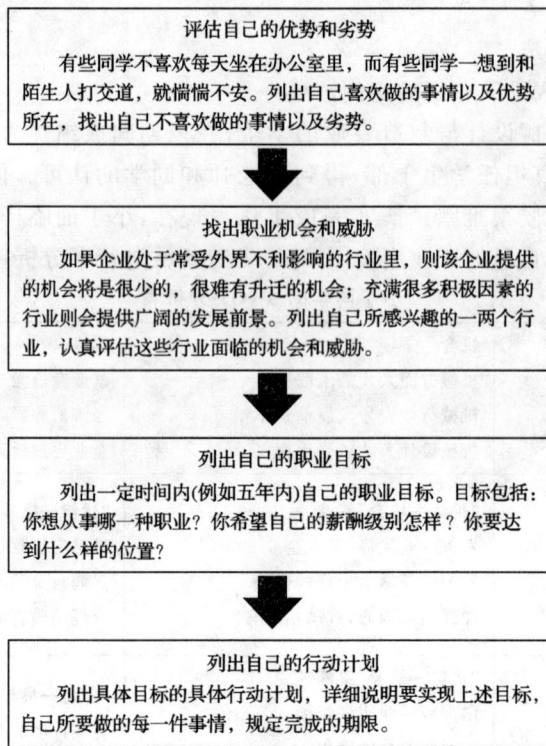

图 8-3　进行 SWOT 分析的步骤

分析，确定目标取向，决定自己的发展路线。

　　(2)我能做什么？这是能力倾向。通过对自己的性格、特长、知识、技能、学识等因素的分析，确定自己的能力倾向，也就是自己可以走哪一条路线。

　　(3)我可以做什么？这是机会取向。通过对当前及未来组织环境、社会环境、经济环境的分析，确定自己的机会取向，也就是自己是否可以走这条路线。

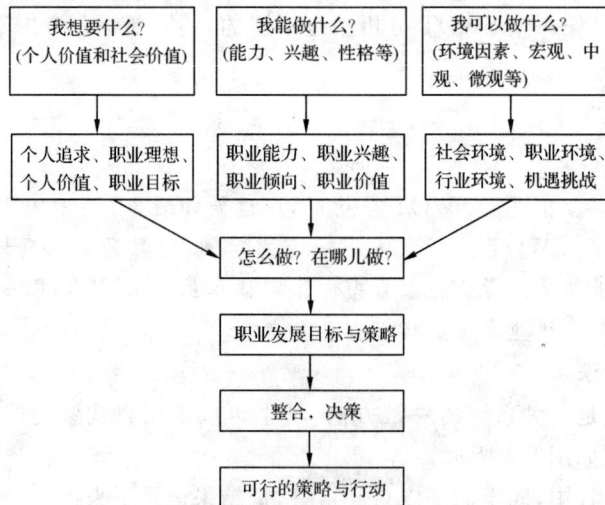

我想要什么？
(个人价值和社会价值)

我能做什么？
(能力、兴趣、性格等)

我可以做什么？
(环境因素、宏观、中观、微观等)

个人追求、职业理想、个人价值、职业目标

职业能力、职业兴趣、职业倾向、职业价值

社会环境、职业环境、行业环境、机遇挑战

怎么做？在哪儿做？

职业发展目标与策略

整合，决策

可行的策略与行动

图 8-4　整合决策模式图

### 三、如何改进职业决策

进行科学决策,首先必须了解职业决策反应形态,每个人的生涯形态都是独特的。

由于职业决策的牵动,以及决策与决策间彼此的关联与环环相扣,于是造成了个人独特的职业决策形态。一般而言,职业决策有四种反应形态:

**1. 逃避/犹豫型**

这种人是属于"船到桥头自然直"型。事前不作规划,遇到问题时也不仔细分析。此种类型的人最大的缺点是把自己的自主权完全交给命运。例如,就业压力如此大,能否有一个合适的岗位,就交给命运来决定吧。

**2. 依赖/被动型**

这种人在面对问题时,从不学习自己解决,因此也不负责任。问题发生时,一切听从父母、老师或是专家的意见。此种类型的人最大的缺点是盲目听信他人意见,而不主动思考。例如,妈妈说女生学文秘出路较好,就听从妈妈的意见吧。

**3. 冲动/直觉型**

这种人在遇到问题时,从不考虑可以用什么方法把问题解决,一切处理方式只凭自己的感觉率性而行。此种类型的人虽然主动但不积极,其最大的缺点是自己的直觉不一定准确。例如,今天心情不好,我就不出门了。

**4. 理性/逻辑型**

这是四种类型中最好的一种,这种人在事前会先规划,遇到问题时也会谨慎考虑事情的难易度及自己的优缺点,企图寻求一个最适当的解决方法。此种类型的人最大的优点是自己是命运的主宰者,事情的成败好坏完全掌握在自己的手中。例如,我的数学不好,但我喜欢画画,所以我选择广告设计专业。

根据不同的决策反应形态,有不同的决策方式。不同的决策方式没有好坏之分,不同条件之下,需要综合运用。进行科学决策,还应该注意以下几点:科学决策的前提是确定决策目标。它作为评价和检测整个决策的准则,不断地影响、调整和控制着决策活动的过程,一旦目标错了,就会导致决策失败。

一项决策在确定后,能否最后取得成功,除了决策本身外,还要依靠对决策运行的控制以及在决策确定过程中各阶段的控制。一旦确定了职业目标,就要为实现自己的职业目标进行准备:一是获取从事该项职业的知识和技能;二是培养获取这种职业的意识以及这种职业要求的综合能力。

## 课堂活动

### 决策类型测试

● 你是哪种决策类型?

计分方法:选择符合得1分,不符合不得分。

1. 我常常草率地作出判断。

2. 我常常冲动行事。

3. 我经常改变我所作的决定。

4. 作决定之前，我从不作任何准备，也不分析可能的结果。

5. 我常常不经慎重思考就作决定。

6. 我喜欢凭直觉做事。

7. 我做事时不喜欢自己出主意。

8. 做事时我喜欢有人在旁边，以随时商量。

9. 发现别人的看法与我不同，我便不知道该怎么办。

10. 我很容易受别人意见的影响。

11. 在父母、师长或亲友催促我作决定之前，我并不打算作任何决定。

12. 我常让父母、师长或亲友来为我作决定。

13. 碰到难作决定的事情，我就把它摆在一边。

14. 遇到需要作决定时，我就紧张不安。

15. 我做事总是东想西想，下不了决心。

16. 我觉得作决定是一件很痛苦的事情。

17. 为了避免作决定的痛苦，我现在并不想作决定。

18. 我处理事情经常会犹豫不决。

19. 我会多方搜集作决定所必需的个人及环境的资料。

20. 我会将收集到的资料加以分析，列出选择的方案。

21. 我会衡量各项可行方案的利益得失，判断出此时此地最好的选择。

22. 我会参考其他人的意见，再斟酌自己的情况来作出最适合自己的决定。

23. 经过深思熟虑之后，我会明确决定一项最佳的方案。

24. 当已经决定了所选择的方案，我会展开必要的准备行动并全力以赴做好它。

将自己的得分情况填入表 8-3。得分最高的一组代表你的决策风格。

表 8-3

| 题号组 | 1～6 题组 | 7～12 题组 | 13～18 题组 | 19～24 题组 |
|---|---|---|---|---|
| 得分 | | | | |
| 决策类型 | 冲动/直觉型 | 依赖/被动型 | 逃避/犹豫型 | 理性/逻辑型 |

● 验证职业决策

验证职业决策，是改进决策的必经过程，通过分析自身现状、自我反省、寻求帮助等步骤，来监控自身的职业决策过程。

● 分析自己的角色

(1) 自我优势分析（知己）

① 你曾经做过什么：即你已有的人生经历和体验，如在学校期间担当的职务、曾经参与或组织的实践活动、获得过的奖励等。这些可以从侧面反映出一个人的素质情况。

在自我分析时，要善于利用过去的经验选择推断出未来的工作方向与机会。

② 你学习了什么：在校期间，你从学习专业课程中获得了什么？专业也许在未来的工作中并不起多大作用，但是在一定程度上决定了你的职业方向，因而尽自己最大努力

学好专业课程是职业生涯规划的前提条件之一。

③最成功的是什么：你可能做过很多，但是最成功的是什么？为何成功？是偶然还是必然？通过分析，可以发现自我性格优越的一面，譬如坚强、果断，以此作为个人深层次动力之源和魅力闪光点，这也是职业生涯规划的有力支撑。

（2）自我劣势分析（知己）

①性格弱点：一个独立性强的人很难与他人默契合作，而一个优柔寡断的人也难以担当起企业管理者的重任。卡耐基说过，"人性的弱点并不可怕，关键要有正确的认识，认真对待，尽量寻找弥补、克服的办法，使自我趋于完善"。

②经验或经历中所欠缺的方面：也许你曾多次失败，就是找不到成功的捷径。需要你做某项工作，而之前从未接触到，这都说明经历的欠缺。欠缺并不可怕，怕的是自己还没有认识到，而一味地不懂装懂。

（3）环境分析（知彼）

①对社会大环境的认识与分析包括：当前社会政治、经济发展趋势；社会热点职业门类分布与需求状况；自己所选择职业在当前与未来社会中的地位情况；社会发展趋势对自己职业的影响。

②对自己所选企业的组织环境分析包括：所从事行业的发展状况及前景；在本行业中的地位与发展趋势；所面对的市场状况，包括行业环境分析和企业环境分析。

（4）人际关系分析（知彼）

个人职业发展过程中将与哪些人交往，其中哪些人将对自身发展起重要作用，是何种作用，这种作用会持续多久，如何与他们保持联系，可采取什么方法予以实现；工作中会遇到什么样的同事或竞争者，如何对待、相处。

外因是变化的条件，内因是变化的依据。知己知彼，职业决策就有了成功的基础。

（5）适当反省

确切地说，适当反省就是写下阻碍你达到目标的自身的缺点，以及所处环境的劣势。这些缺点和劣势一定是和你的目标有联系的，而不是分析所有的缺点和劣势。它们可能是你的素质方面、知识方面、能力方面、创造力方面、财力方面或者行为习惯方面的不足。当你发现自己不足的时候，就下决心改正它，这能使你不断进步。

（6）寻求帮助

能分析出自己行为习惯中的缺点并不难，但是要去改变他们却很难。相信你的父母、老师、朋友、职业咨询顾问都可以帮助你。有外力的协助和监督会帮你更有效地完成这一步骤。

### 课堂阅读

某同学英语本科毕业，但其在短短1年时间里换了7份工作。他对大部分工作都有所抱怨，自己有很多想法，却总是患得患失，也不知道采取什么办法来实现自己的理想。在他身上，集中体现了职业决策中一些有代表性的问题。譬如他认为，做文秘，很无聊；做销售，太辛苦；想创业，有风险；学心理，过程又太漫长。总之，没有一份工作令他称心如意。

其实对大部分人来说，职业决策中需要考虑的因素不止一个。所以，在职业决策过程中，首先要做好定位，从自身出发。本案例中主人公的教育背景是英语本科，一般适合助理性工作，但这些特长并没有在其所选职业中体现出来。应综合考虑自己的兴趣、性格、能力来做好定位，然后综合考虑其他影响因素及可能出现的问题。这样制定好合理的职业目标后，再确定职业目标中的行业、公司、从业状态、时间等其他要素，才不会频繁跳槽。

## 四、职业生涯决策拟定后应该做些什么

这里有个关于日本的马拉松选手山田本一的故事。1984年，在东京国际马拉松邀请赛中，名不见经传的日本选手山田本一出人意料地夺得了世界冠军。当记者问他凭什么取得如此惊人的成绩时，他说了这么一句话："凭智慧战胜对手。"当时许多人都认为，这个偶然跑在前面的矮个子选手是故弄玄虚。马拉松是体力和耐力的运动，只要身体素质好又有耐性就有望夺冠，爆发力和速度都在其次，说用智慧取胜，确实有点勉强。两年后，在意大利国际马拉松邀请赛上，山田本一又获得了冠军。有记者问他："上次在你们国家比赛，你获得了世界冠军，这一次远征米兰，又压倒所有的对手取得第一名，你能谈一谈经验吗？"山田本一性情木讷，不善言谈，回答记者的仍是上次那句让人摸不着头脑的话："用智慧战胜对手。"这回记者在报纸上没再挖苦他，只是对他所谓的智慧迷惑不解。十年后，这个谜团终于被解开了，山田本一在他的自传中这样写道："每次比赛之前，我都要乘车把比赛的线路仔细看一遍，并把沿途比较醒目的标志画下来，如第一个标志是银行，第二个标志是一棵大树，第三个标志是一座红房子，这样一直画到赛程的终点。比赛开始后，我就以百米冲刺的速度奋力向第一个目标冲去，等到达第一个目标后，我又以同样的速度向第二个目标冲去。四十几公里的赛程，就被我分解成这么几个小目标轻松地跑完了。起初，我并不懂这样的道理，我把我的目标定在四十几公里处的终点线上，结果我跑到十几公里时就疲惫不堪了，我被前面那段遥远的路程给吓倒了。"山田本一说的不是假话，众多心理学实验也证明了山田本一的做法是正确的。心理学家得出了这样的结论：当人们的行动有了明确目标，并能把自己的行动与目标不断地加以对照，进而清楚地知道自己的行进速度和自己与目标之间的距离时，人们行动的动机就会得到维持和加强，就会自觉地克服一切困难，努力达到目标。

确实，要想达到目标，就要像上楼梯一样，一步一个台阶，把大目标分解为多个易于达到的小目标，脚踏实地向前迈进。每前进一步，达到一个小目标，就会体验到"成功的喜悦"，这种"感觉"将推动他充分调动自己的潜能去达到下一个目标。在生活中，很多人做事之所以会半途而废，往往不是因为难度较大，而是觉得距成功太遥远或者自己想象难度较大。他们不是因失败而放弃，而是因心中无明确和具体的目标乃至倦怠而失败。如果我们懂得分解自己的目标，一步一个脚印地向前走，也许成功就在眼前。

### (一)职业生涯目标分解

#### 1.职业生涯目标分解的概念

职业生涯目标分解是将总目标分解成一个个分目标，把已确定的职业生涯目标从知识、能力、观念、心理等方面将其分解为有时间期限的长、中、短期分目标，直到将目标分

解为某确定的时间应该做什么，使目标具有可操作性，它是将目标清晰化、具体化的过程。

**2.职业生涯目标分解的目的**

职业生涯目标分解的目的是帮助我们在美好理想和现实环境（自我、企业、行业、社会）之间建立起可以拾级而上的通道，让我们清楚地知道为达到职业目标都要做哪些事情。

目标分解要一直分解到你知道为实现目标今年应该干什么，每学期应干什么，今天应该干什么，每一步应该干什么，否则目标永远只是一个美好的愿望。

**3.职业生涯目标分解的作用**

通过目标分解，明确每一个阶段的目标，我们会被一次又一次阶段性的（分目标）成功的喜悦激励着，不断向新的分目标迈进，最终实现我们的总目标。

**（二）职业生涯目标的组合**

目标组合是处理不同目标相互关系的有效方法，即指处理不同分目标间的相互关系。它着眼于各分目标之间的因果、互补关系。

**1.时间上的组合**

（1）并进：是指同时着手实现两个分目标，是具有长远眼光的表现，需要具备较强的时间管理能力和学习上的毅力。

（2）连续：是指分目标之间的前后联系，即实现一个分目标，再进行下一个分目标。

**2.功能上的组合**

功能上的组合即指职业生涯目标在功能上可以产生因果、互补关系。

（1）因果关系：有些分目标之间有非常明显的因果关系。例如，学好英语（因）→ 英语四、六级考试能考出好成绩（果）。

（2）互补关系：有些分目标之间有非常明显的互补关系。例如，管理人员希望在成为优秀部门经理的同时，得到 MBA 证书；心理素质提高的同时，人际交往能力提高（相辅相成）。

**3.全方位组合**

全方位组合指个人事务、职业生涯和家庭生活的均衡发展、相互促进。制定规划时要综合考虑。学业有成、职业生涯成功不等于家庭生活一定幸福，但可相互促进。常见的三方面愿望涉及以下内容：

（1）职业生涯方面：有自豪感和成就感的职业；有趣、喜爱的工作内容（兴趣），满意的工作环境；具有很强的责任心；个人发展顺利；良好的同事关系。

（2）感情生活和家庭生活方面：有好朋友；遇到生命中的伴侣；生活在稳定的亲情关系中；有可爱的孩子；协调职业生活与家庭生活的要求；家庭幸福（相互促进）。

（3）个人事务方面（保证健康发展个人爱好）：继续接受教育，不断学习；具有个人生活计划；保留思考时间；掌握生活常识和技能；有时间旅游；继续锻炼；保证有空闲时间休息和娱乐；欣赏音乐、美术作品和文化作品；发展个人爱好，如集邮、收藏等。

由此看出，完美的职业生涯规划并不把生活中的其他内容排除在外，而应在生活中建立起不同目标间的协调关系。

### （三）确定与实现职业目标范例

职业目标又可以分为长期目标、中期目标和短期目标。当我们把自己的中长期目标分解为一个个小的短期目标时，就有了具体的行动计划和步骤。这样做有助于个人对自己的职业生涯发展进行管理。

举例来说，假如现在你刚上大三，学的是中文，希望五年以后成为一名大公司的人力资源专业人士。那么，将这个目标倒退回来：四年后一定要跟一家大公司签上合约；两年后大学毕业时，应当获得一家公司人力资源部门的初级职位；一年后，应当争取进入一家公司的人力资源部门实习。这样，半年后就应当开始投递简历，寻求实习机会。因此，这一个学期，你就应该写好自己的简历，列出有可能向你提供相关信息的人际资源，并阅读一些与人力资源相关的书籍。

目标：在今年6月前完成对教师职业的调研。

小目标：

星期三开始阅读《职业指导》一书。

每周阅读一章并且做每一个练习，在5月31日读完这本书。

6月上旬，我将制定如何选择3个适合我的工作的策略。

6月中旬，我将参加大学举办的求职讲座。

6月中旬，我将对3份工作进行调研，方法是在职业指导中心和图书馆阅读，寻找至少3个本地做这类工作的人谈一谈。

6月下旬，我将去3个做这类工作的人的工作地点去访问。

## 课堂练习

1. 什么是职业生涯目标？职业生涯目标的拟定有哪些方法和准则？

2. 什么是决策？决策的流程和方法有哪些？职业决策有哪些不同的类型？

3. 你的大学生活是如何规划的？毕业后的从业路线是怎么拟定的？如何制定属于你的职业生涯目标？

4. 如何根据职业路线进行科学的职业决策，并进行目标的分解与组合？

## 推荐阅读

1. （美）费拉尔·凯普.金雨编译.没有任何借口.机械工业出版社,2003

2. （美）施恩.仇海清译.职业的有效管理.生活·读书·新知三联书店,1992

3. （美）托马斯.G.格持里奇等.李元明等译.有组织的职业生涯开发.南开大学出版社,2001

4. 程社明.你的职业——职业生涯开发与管理.改革出版社,1999

6. 赵北平.大学生职业生涯规划教程.武汉大学出版社,2007

7. 汪春胜.职业生涯规划与就业指导.安徽教育出版社,2007

8. 王革.大学生职业生涯规划.西北农林科技大学出版社,2008

# 第九讲
## 如何实施生涯规划?——大学生生涯规划的实施方案

以现在为阶梯,而向前追求,决不能以现在为天国。

——李大钊

世上充满了有趣的事情可做,在这令人兴奋的世界中,不要过着乏味的生活。

——戴尔·卡耐基

### 学习目标

通过本章的学习,学会制定职业生涯规划的具体实施方案;学会利用职业决策平衡单选择职业发展方向,进行自我定位,合理规划自己的人生。

## 第一节　制定生涯规划的实施方案

进入大学校门,就如同站在了一条通向未来的路上,前方有诸多方向,有不同出口。但无论我们选择哪个出口,都要详细地了解出路,制定科学的实施方案,并坚决地执行下去。所谓"知易行难",在拟定了职业生涯目标和决策之后,行动便成了关键的环节。没有达成目标的行动,目标就难以实现,就谈不上事业的成功。

制订行动计划应注意以下几个问题:为什么这个目标对我而言是最可能的?我将如何达成这一目标?我将分别在何时进行上述每一项计划?有哪些人将会或应该帮助我共同实施此计划?目前对我而言还有哪些不能解决的问题?

制订与大学生生涯与发展规划的具体行动计划,应与大学生涯的目标一致,如生涯目标有大学四年的去向目标,有在去向目标下制定的学业目标、生活成长目标和社会实践目标等内容。目标,也有以年度、学期、月、周、日为规划单位的阶段性目标。根据这些目标,分别制订四年、三年、二年、一年计划,一学期以及一月、一周、一日的计划。计划制订好之后,再从一日、一周、一月计划实行下去,直至实现自己的一年、二年、三年、四年目标,让自己的大学生活始终处于"有目标,有方案"的"可控、可测、可调"状态下。

### 一、大学四年的行动方案

大学四年的整体规划是根据你的毕业去向总目标制定的行动方案,它可以按照年度为单位来制订行动计划。比如,毕业去向是本科毕业后出国留学,那么在学业上,就要在高质量完成本专业要求的理论和实践课程基础上,特别加强留学要求的外语水平提升:第一年先完成大学英语四级考试;第二年开始准备 GRE、TOEFL 或者雅思考试;第三年完成这些考试;第四年具体联系相关学校…… 为了联系一个好学校,从第一学年开始,就要努力学习以确保每门功课成绩都是 A 或 B+,还要尽可能地参加社会实践和公益活动;要广泛汲取国外历史人文知识,了解国外的文化和风土人情;要锻炼和培养自己的交际和沟通能力……大学四年的行动方案见表 9-1。

表 9-1 　　　　　　　　　　　　　大学四年的行动方案

| 实施时间 | | 学业方案 | | 成长方案 | | 实践方面 | |
|---|---|---|---|---|---|---|---|
| | | 目标 | 方案 | 目标 | 方案 | 目标 | 方案 |
| 第一学年 | 上学期 | | | | | | |
| | 下学期 | | | | | | |
| 第二学年 | 上学期 | | | | | | |
| | 下学期 | | | | | | |
| 第三学年 | 上学期 | | | | | | |
| | 下学期 | | | | | | |
| 第四学年 | 上学期 | | | | | | |
| | 下学期 | | | | | | |

## 二、年度(或学期)行动计划

年度(或学期)行动计划是为了完成年度任务而制定的配套实施方案。比如,第一年要通过英语四级考试,那每月要完成多少单词,或者在考前三个月内分配时间、规划学习进度,完成单词准备、语法提升以及阅读听说能力的提高等,考前一个月做模拟试题,进行考试技巧的培训等。年度(或学期)行动计划见表 9-2。

表 9-2 　　　　　　　　　　　　　年度(或学期)行动计划

| 实施时间 | 学业方面 | | 成长方面 | | 实践方面 | |
|---|---|---|---|---|---|---|
| | 目标 | 方案 | 目标 | 方案 | 目标 | 方案 |
| 1 月 | | | | | | |
| 2 月 | | | | | | |
| 3 月 | | | | | | |
| 4 月 | | | | | | |
| 5 月 | | | | | | |
| 6 月 | | | | | | |
| 7 月 | | | | | | |
| 8 月 | | | | | | |
| 9 月 | | | | | | |
| 10 月 | | | | | | |
| 11 月 | | | | | | |
| 12 月 | | | | | | |

## 三、月度行动计划

月度行动计划应围绕月度目标、以每周为单位来制订。比如，计划本月完成 3000 个单词的学习，那前两周每周安排 1000 个单词的学习，后两周每周安排 500 个单词的学习等。这些计划都包括对要做的工作、应完成的任务、质和量方面的要求等。见表 9-3。

表 9-3　　　　　　　　　　　　　月度行动计划

| 实施时间 | 学业方面 | | 成长方面 | | 实践方面 | |
|---|---|---|---|---|---|---|
| | 目标 | 方案 | 目标 | 方案 | 目标 | 方案 |
| 第 1 周 | | | | | | |
| 第 2 周 | | | | | | |
| 第 3 周 | | | | | | |
| 第 4 周 | | | | | | |

## 四、周行动计划

周行动计划应围绕周目标、以每天的行动方案为单位来制订。以英语学习为例，比如，一周要完成 1000 个单词的学习，那每天至少要完成 150～200 个单词的学习。见表 9-4。

表 9-4　　　　　　　　　　　　　周行动计划

| 实施时间 | 学业方面 | | 成长方面 | | 实践方面 | |
|---|---|---|---|---|---|---|
| | 目标 | 方案 | 目标 | 方案 | 目标 | 方案 |
| 星期一 | | | | | | |
| 星期二 | | | | | | |
| 星期三 | | | | | | |
| 星期四 | | | | | | |
| 星期五 | | | | | | |
| 星期六 | | | | | | |
| 星期天 | | | | | | |

## 五、日行动计划

日行动计划是计划中最细小的单位，它围绕每天的目标来制订，一般计划到每小时的工作安排，非常具体。比如，每天安排早上 6：00～7：00、晚上 9：00～10：00 两个小时学习英语等。每天晚上进行当日总结和考虑明天的计划。但需要特别注意的是，每天也需要给自己留出足够的休息和休闲时间。见表 9-5。

表 9-5 日行动计划

| 实施时间 | 学业方面 | | 成长方面 | | 实践方面 | |
|---|---|---|---|---|---|---|
| | 目标 | 方案 | 目标 | 方案 | 目标 | 方案 |
| 6:00~7:00 | | | | | | |
| 7:00~8:00 | | | | | | |
| 8:00~12:00 | | | | | | |
| 12:00~14:00 | | | | | | |
| 14:00~17:00 | | | | | | |
| 17:00~18:00 | | | | | | |
| 18:00~19:00 | | | | | | |
| 19:00~21:00 | | | | | | |
| 21:00~22:00 | | | | | | |
| 22:00~6:00 | | | | | | |

总之,有了科学合理的大学期间职业生涯规划和与之配套的实施方案,就必须根据该方案严格实行,才能使自己向着既定目标迈进。

在许多情况下,大学生生活中可能出现许多意外或紧急的工作或事情,干扰你的计划,打乱你的安排,这时你就应该加倍地珍惜时间,把耽误的时间抢回来。同时,在制定具体方案时,要留有一定的机动时间处理这些特殊事件。为了保证自己的行动能与努力的目标一致,就需要最大限度地根据所确定的职业生涯发展规划,约束自己的行为。

这里提出几项措施,帮助大学生们更好地实施自己的大学生涯规划实施方案。

(1)保证经常回顾构想和行动规划,保持积极的心态和主动努力的方向。有些人有计划,但总是不将计划放在心上,只要有事做,就不知道自己努力的方向在哪里,缺乏时间观念,结果耽误职业生涯发展机会。

(2)如果自己的理想蓝图发生变化,职业生涯构想和行动规划也要做出相应的变动,从而目标和策略也应随之改变。计划毕竟是计划,往往需要和现实结合起来,实施动态管理,否则,缺乏灵活性,也会导致计划执行过于僵硬甚至最终落空。

(3)把学业构想和任务方案存入电脑文件或贴在床头等可以经常看见的地方。为了避免自己忘记重要的学习目标和时间表,最好将这些内容放在自己经常能看得见得地方,如写在日历上,时刻提醒自己。

(4)当做出一个对学习和生活极其重要的决定时,请考虑一下职业生涯构想和行动规划,并确保正在仔细考虑的决策与自己的本意相符。有的情况下,可能有一些重要的诱因,能获得短期内的收获,但从长期考虑将有损失。比如,很多大学生在对待毕业后是考研还是就业的问题上犹豫不决,这时就应拿出自己的规划表好好看一下,明确自己的本意和设想,这样可避免出现随大溜的盲目行为。

(5)与亲朋好友讨论自己的职业生涯构想和行动方案,并询问实现该构想的途径。向亲朋好友公开自己的职业生涯规划,往往能督促自己的行动。如果计划只是自己知道,往往在遇到困难时容易退却,而且心理上没有压力。反之,如果事先将自己的设想告诉家人和朋友,先征求他们的意见和建议再采取行动。这样做一方面可以集中集体的智慧,帮助自己设计最优的策略和方案;另一方面,可对自己进行约束,增加责任心及激励力量。

(6)保证至少每三个月检查一次自己的学习进度。过程监督十分重要,监督可以发现职业生涯规划中存在的问题,可以考虑计划的落实情况,可以有针对性地提出解决方案,如果感到生活过于忙乱,那就意味着目标不合理,需要进行调整。适时适当地调高目标,可以使自己的目标难度更合理,使成就水平更高。如果感到自己的生活节奏很慢,效率很低,没有实现原职业生涯规划的目标,首先要考虑自己的动机水平是否足够高。

(7)要有毅力。在大学里,可能朋友交际会比较多些,有时很多人都在娱乐,自己也有兴趣参加,如果没有职业生涯规划观念和自觉性,通常会使计划流产,一旦开始的职业生涯落空,以后也容易放弃,这是同学们一定要注意的地方。

# 第二节　把握职业生涯的方向
## ——职业决策平衡单

**课堂阅读**

王小姐工作一年多,在上海的一家贸易公司做行政助理,年薪32000元左右。日常工作“没钱又没一点成就感”。王小姐毕业于上海一所重点大学的国际贸易专业,英语不错,有时还帮着翻译公司的一些产品订单,因此她颇有一种才能被埋没的感觉。她打听到“行政主管”的职位年薪约54000元,而且公司正在考虑她的升职问题。但她又想去做进出口业务员,因为这个职位能使她学以致用,而且收入还高。不过这样一来就得从头开始,做行政助理的近两年时间算是浪费了。思前想后,到底做什么,王小姐颇感为难。

在职场中你可能会遇到很多可供选择的职业方向,但是何种职业适合自己,更有利于自己将来的发展,这不是一件简单随意的事情。因此需要大家考虑多方面的因素,综合评价,选择最适合自己的职业。职业决策平衡单是解决该问题的有效方法。

职业决策平衡单是一种量化地确定职业生涯目标的方法,它能更直观地告诉你哪种职业生涯目标更适合你。职业决策平衡单经常被应用于职业生涯目标的确定中,用以协助我们系统地分析每一个可能的选项,判断分别执行各选项的利弊得失,然后依据其在利弊得失上的加权计分排定各个选项的优先顺序,最后执行最优先或偏好的选项。职业决策平衡单的操作方法如下:

**1.确定职业决策考虑因素**

可以从以下几方面考虑:

(1)自我部分。本部分可以分为两个方面:一是自我精神方面,包括自己的能力、兴趣、价值观、自我实现程度、工作的挑战性、社会声望的提高、发挥个人才能等;二是自我物质方面,包括升迁机会、社会地位、工作环境、工作发展前景、休闲时间、培训机会、对健康的影响等。

(2)外在部分。本部分也可分为两个方面:一是外在精神方面,包括师长、家人的支持等;二是外在物质方面,包括家庭经济收入、与家人相处时间、家庭地位、足够的社会资源等。

**2.利用职业决策平衡单进行职业生涯目标决策**

首先列出自己的职业生涯发展方向,分别填到表格中的"职业方案"栏中。具体方法为:在第一栏"职业决策考虑要素"中,根据自己对职业选择的重要性和迫切性的认识,给这些要素赋予权数,加权范围1～5倍,填到"重要性的权数"一栏。权数即是你在职业选择时所看重的东西。其要素的权数越大,说明你越看重该要素。

**3.打分**

根据第一栏中的职业决策要素给每个职业方案打分,每个方案的得分或失分,可根据该方案的优势(得分)、劣势(失分)来回答,计分范围为1～10分(注:每个方案的得分或失分只能填一项)。

**4.计分方法**

将每一项的得分或失分乘上权数,得到加权后的得分和失分,并分别计算出总和(即加权后合计);再把加权后的"得失差数"算出来,即把每个方案加权后的得分减去失分,据此做出最终决定。得分越大,该职业方案越合适你,职业平衡决策单见表9-6。

表 9-6　　　　　　　　　　　　职业平衡决策单

| 职业决策考虑要素 | | 重要性的权数 | 第一职业方案 | | 第二职业方案 | | 第三职业方案 | |
|---|---|---|---|---|---|---|---|---|
| | | | 得(＋) | 失(一) | 得(＋) | 失(一) | 得(＋) | 失(一) |
| 自我精神方面的得失 | 1.适合自己的能力 | | | | | | | |
| | 2.适合自己的兴趣 | | | | | | | |
| | 3.适合自己的个性 | | | | | | | |
| | 4.符合自己的价值观 | | | | | | | |
| | 5.未来有发展空间 | | | | | | | |
| | 其他 | | | | | | | |
| 自我物质方面的得失 | 1.较高的社会地位 | | | | | | | |
| | 2.符合自己的理想生活状态 | | | | | | | |
| | 3.适合个人目前的处境 | | | | | | | |
| | 其他 | | | | | | | |
| 外在精神方面的得失 | 1.带给家人声望 | | | | | | | |
| | 2.有利于择偶与建立家庭 | | | | | | | |
| | 其他 | | | | | | | |
| 外在物质方面的得失 | 1.优厚的经济待遇 | | | | | | | |
| | 2.足够的社会资源 | | | | | | | |
| | 其他 | | | | | | | |
| 加权后合计 | | | | | | | | |
| 加权后得失差数 | | | | | | | | |

**课堂阅读**

莎莎是一名会计专业的大三学生。她心里很矛盾,既希望工作稳定,又希望工作有挑战性。她个性外向、活泼、能力强、自主性高,目前她考虑的三大就业方向是:考公务员、在国内读研究生、到国外去读MBA。

**莎莎的考虑因素**

| 考虑方向 | 考公务员 | 国内读研究生 | 国外读MBA |
|---|---|---|---|
| 优点 | 满意的工作收入<br>铁饭碗工作<br>稳定轻松,压力较小<br>一劳永逸 | 和国内产业发展不会脱节<br>能建立与师长、同学、朋友的人际关系网<br>较高文凭日后工作升迁较容易 | 圆一个国外留学的梦<br>增长见闻、丰富人生<br>英文能力提高<br>独立性<br>工作升迁较容易<br>激发潜力<br>旅游 |
| 缺点 | 铁饭碗会"生锈",容易产生厌倦<br>不容易升迁<br>不容易转业,而且无法想象自己会做一辈子的公务员<br>不符合自己的个性 | 课业压力大<br>没有收入 | 课业压力大<br>语言、文化环境较不适应<br>花费较大<br>挑战性高<br>没有收入 |
| 其他 | 爸妈支持 | 男朋友的期望(男朋友也是研究生并已工作) | 自己一直想到国外走走 |

**莎莎的职业决策平衡单(原始分数)**

| 考虑项目<br>(加权范围1～5倍) | 第一方案(考公务员) | | 第二方案(国内读研) | | 第三方案(出国留学) | |
|---|---|---|---|---|---|---|
| | 得(+) | 失(一) | 得(+) | 失(一) | 得(+) | 失(一) |
| 1.适合自己的能力 | | —4 | 5 | | 6 | |
| 2.适合自己的兴趣 | | —3 | 4 | | 8 | |
| 3.符合自己的价值观 | 5 | | 3 | | 7 | |
| 4.满足自己的自尊心 | | —2 | 3 | | 7 | |
| 5.较高的社会地位 | | —5 | 3 | | 6 | |
| 6.带给家人声望 | 2 | | 1 | | 2 | |
| 7.符合自己理想的生活状态 | 3 | | 5 | | | —3 |
| 8.优厚的经济报酬 | 7 | | | —1 | | —8 |
| 9.足够的社会资源 | 2 | | 8 | | | —1 |
| 10.适合个人目前处境 | 5 | | 2 | | 1 | |
| 11.有利择偶以建立家庭 | 7 | | 5 | | | —5 |
| 12.未来有发展性 | | —5 | 5 | | 8 | |
| 合计 | 31 | —19 | 44 | —1 | 45 | —17 |
| 得失差数 | 12 | | 43 | | 28 | |

**莎莎加权后的职业决策平衡单**

| 考虑项目<br>(加权范围1~5倍) | 第一方案(考公务员) | | 第二方案(国内读研) | | 第三方案(出国留学) | |
|---|---|---|---|---|---|---|
| | 得(+) | 失(一) | 得(+) | 失(一) | 得(+) | 失(一) |
| 1.适合自己的能力(*5) | | -20 | 25 | | 30 | |
| 2.适合自己的兴趣(*2) | | -12 | 8 | | 16 | |
| 3.符合自己的价值观(*4) | 20 | | 12 | | 28 | |
| 4.满足自己的自尊心(*2) | | -4 | 6 | | 14 | |
| 5.较高的社会地位(*3) | | -15 | 6 | | 18 | |
| 6.带给家人声望(*2) | 4 | | 2 | | 4 | |
| 7.符合自己理想的生活状态(*5) | 15 | | 25 | | | -15 |
| 8.优厚的经济报酬(*3) | 21 | | | -3 | | -18 |
| 9.足够的社会资源(*2) | 4 | | 16 | | | -2 |
| 10.适合个人目前处境(*5) | 25 | | 10 | | 15 | |
| 11.有利择偶以建立家庭(*4) | 28 | | 20 | | | -20 |
| 12.未来有发展性(*3) | | -15 | 15 | | 24 | |
| 合计 | 117 | -60 | 148 | -3 | 139 | -61 |
| 得失差数 | 57 | | 145 | | 78 | |

# 第三节　自我定位　规划人生

面对严峻的就业形势,大学生们有必要按照职业生涯规划理论加强对自身的认识与了解,找出自己感兴趣的领域,确定自己能做的工作,即优势所在,明确切入社会的起点及提供辅助支持、后续支援的方式,其中最重要的是明确自我人生目标,即给自我人生定位。自我定位、规划人生,就是明确"我能干什么""社会可以提供给我什么机会""我选择干什么""我怎么干"等问题,使理想可操作化,为介入社会提供明确方向。

**1.明确自身优势**

自我定位首先要明确自己的能力大小,给自己打打分,看看自己的优势和劣势,这就需要进行自我分析。通过分析,深入了解自身,根据过去的经验选择,推断未来可能的工作方向与机会,从而彻底解决"我能干什么"的问题。只有从自身实际出发、顺应社会潮流、有的放矢,才能马到成功。要知道个体是不同的、有差异的,我们就是要找出自己与众不同的地方并发扬光大。定位,就是给自己亮出一个独特的招牌,让自己的才华更好地为招聘单位所识。对自己的分析一定要全面、客观、深刻,绝不回避缺点和短处。自身的优势,即自己的能力与潜力所在。

**2.发现自己的不足**

(1)性格的弱点。每个人都无法避免与生俱来的弱点,必须正视,并尽量减少其对自己的影响。要注意安下心来，多跟别人好好聊聊，尤其是与自己相熟的父母、同学、朋友等交谈。看看别人眼中的你是什么样子，与你的预想是否一致，找出其中的偏差，这将有助于自我提高。

（2）经验与经历中所欠缺的方面。"人无完人，金无足赤，"由于自我经历的不同、环境的局限，每个人都无法避免一些经验上的欠缺，特别是面对招聘单位纷纷打出数年工作经验条件的时候。有欠缺并不可怕，怕的是自己还没有认识到而一味地不懂装懂。正确的态度是：认真对待，善于发现，并努力克服和提高。

**3. 进行社会分析**

（1）社会分析。社会在进步、在变革，作为即将踏入社会的大学生们，应该善于把握社会发展脉搏。这就需要做社会大环境的分析：当前社会政治、经济发展趋势；社会热点职业门类分布及需求状况；所学专业在社会上的需求形势；自己所选择职业在目前与未来社会中的地位情况；社会发展对自身发展的影响；自己所选择的单位在未来行业发展中的情况，在本行业中的地位、市场占有及发展趋势等。对这些社会发展大趋势的认识，有助于把握各种职业的社会需求，使自己的职业选择紧跟时代脚步。

（2）组织分析。这应是个人着重分析的部分，组织将是你实现个人抱负的舞台。西方关于职业发展有句名言"你选择了一个组织，就是选择了一种生活"。特别是现代组织越来越强调组织文化的建设，对员工的适应生存能力要求越来越高，因而应对你将跻身其中的组织的各个方面做详细了解。在知己知彼的基础上，只有两者之间拥有较多的共同点，才是个人融入组织的最佳选择。

（3）人际关系分析。个人处于社会的庞杂环境中，不可避免地要与各种人打交道，因而分析人际关系状况显得尤为必要。人际关系分析应着眼于以下几个方面：个人职业发展过程中将与哪些人交往，其中哪些人将对自身发展起重要作用；工作中会遇到什么样的上下级、同事及竞争者，对自己会有什么影响，如何相处、对待等。

**4. 明确选择方向**

通过以上自我分析认识，我们要明确自己该选择什么样的职业方向，即解决"我选择干什么"的问题，这是个人职业生涯规划的核心。职业方向直接决定着一个人的职业发展，职业方向的选择应按照职业生涯规划的四项基本原则，结合自身实际来确定。

职业生涯目标的确定，是个人理想的具体化和可操作化。这里的目标是指可预想到的、有一定实现可能的最长远目标。按照马斯洛的需求层次理论，人一般具有生理需求（基本生活资料需求，包括吃、穿、住、行、用）、安全需求（人身安全、健康保护）、社交需求（社会归属意识、友谊、爱情）、尊重需求（自尊、荣誉、地位）、自我实现需求（自我发展与实现）五种依次从低层次到高层次的需求。职业目标的选择并无定式可言，关键是要依据自身实际，适合于自身发展。值得注意的是，随着现代科技与社会的进步，个人要随时注意修订职业目标，尽量使自己职业的选择与社会的需求相适应，一定要跟上时代发展的脚步，适应社会需求，才不至于被淘汰出局。

**5. 规划未来**

（1）职业通路选择与自我提升发展计划。根据职业方向选择一个对自己有利的职业和得以实现自我价值的工作单位,是每个人的良好愿望,也是实现自我的基础,但这一步的迈出要相当慎重。理想的工作单位,如西门子公司就特别鼓励优秀员工根据自身能力设定发展轨迹,一级一级地向前发展。公司认为最好的人才是"有很好的人生目标,不断激励自己",并提出"员工是企业内的企业家"的口号,给员工以充分的决策、施展才华的机会,而不是让他干什么就干什么,管得太死,统得过细。随着职业、职务的变化,必须制定一个完善的自我发展计划以备应对。这主要包括:选择一个什么样的组织,并预测自我在组织内的职务提升步骤,自己如何从低到高拾级而上;预测工作范围的变化情况,以及不同工作对自己的要求及应对措施,如发展过程中出现偏差(工作不适应或解聘)的话,如何改变自己的方向;预测可能出现的竞争,及如何相处与应对,分析自我提高的可靠途径。例如,你想从事销售工作并想有所作为,你的起步可能是一个公司的业务代表,你可以设定通路计划,从业务代表做起,在此基础上努力,经过数年的打拼,逐步成为业务主管、销售区域经理、销售经理,最终成为公司经理。

(2)职业生涯规划的时限。面对发展迅速的信息社会,仅仅制定一个长远的规划显得不太实际,有必要根据自身实际及社会发展趋势,把理想目标分解成若干可操作的小目标,灵活规划自我。一般来说,以 5～10 年的时间为一规划段落为宜,这样就会很容易跟随时代步伐,灵活易变地调整自我。太长或太短的规划都不利于自身成长。具体可有两种方式:一是根据自己的年龄划分目标,如 25～30 岁职业规划、2005—2015 年职业规划;二是根据职业通路中的职位、职务阶段性变化为划分标准,制定不同时期的努力方向,如 5 年之内向部门经理职位冲刺,10 年内成为主管经理。

(3)自我肯定与进步。清楚地了解自我之后,就要对症下药,有则改之,无则加勉。重要的是对劣势的把握、弥补,做到心中有数。注意分析:问题产生的原因,是自身素质问题、人际关系问题还是工作本身的问题;自我修正的可能性与手段,可通过什么方式、方法,是知识学习、专门业务培训还是改变职业方向。对于如何完善自我,有这样几种具体可利用的方法:

①加强学习。大学生要在竞争中立稳脚跟,必须做到善于学习、主动学习。在学期间,要针对自身劣势,制定出学习的具体内容、方式、时间安排,并尽量落于实处。走上工作岗位后,要善于在实践中学习,主动利用组织开展的相应培训提高自己。

②实践锻炼。在校期间,主动参与社会活动,接触各色人群,锻炼自己能力欠缺的方面。如果可能的话,不妨多看、多听、多写,把自己的收获体会用文字表达出来,这对自己的提高更有帮助。参加工作以后,更要主动在实践中锻炼才干,不断总结、不断提高。

③求助他人。家庭、同学、朋友、师长和专业咨询机构都可以成为个人提高的有力支援,关键要学会求得他人帮助。对自己了解最深的莫过于自己周围最亲密的人,多听听他们的经验与教训以及对自己的评价,尤其是注意他们对自己的职业选择和通路发展的建议与评价。各类专业咨询机构在指导个人认识和选择职业方面都有一套比较完整的测评手段,可以借助他们加深自我认识,从而全面了解自我。

## 课后练习

1.如何制定属于自己的职业规划行动方案？

2.你知道什么是职业决策平衡单吗？面对选择,你该如何把握职业发展方向？

3.大学即将毕业,你如何进行自我定位,合理规划自己的人生？

## 推荐阅读

[1]（美）RobertD. Lock 著,钟谷兰,曾垂凯,时勘等译.把握你的职业发展方向.中国轻工业出版社,2006

[2]（美）RobertC. Reardon 等著,侯志瑾,伍新春等译.职业生涯发展与规划.高等教育出版社,2005

[3]曹振杰主编.职业生涯设计与管理.人民邮电出版社,2006

[4]赵效编著.青年职业规划.经济管理出版社,2005

# 参考文献

1. 龙立荣,方俐洛,凌文轾.职业成熟度研究进展.心理科学,2000
2. 宋景华,刘立功.大学生职业发展与就业创业指导.北京:高等教育出版社,2010
3. 方伟,王少浪.大学生职业生涯与发展规划.北京:世界图书出版公司,2011
4. 周志远,刘育明,宋英立.大学生职业生涯发展规划与就业指导.北京:科学出版社,2011
5. 魏卫.职业规划与素质培养教程.北京:清华大学出版社,2008
6. 钟谷兰,杨开.大学生职业生涯发展与规划.上海:华东师范大学出版社,2008
7. [加]Jeff Deniels.职业生涯规划概念知识手册.北京:清华大学出版社,2009
8. (美)奥托·克劳格等.赢在性格.王善平等,译.杭州:浙江人民出版社,2005
9. 黄俊毅等.大学生职业生涯规划.北京:清华大学出版社,2010